陕西师范大学一流学科建设基金资助

陕西师范大学西北历史环境与经济社会发展研究院学术文库

古代西南地理问题新论

New Knowledge on Ancient Matters of Geography in the Southwest of China

周宏伟◎著

中国社会科学出版社

图书在版编目（CIP）数据

古代西南地理问题新论／周宏伟著．—北京：中国社会科学出版社，2018.5

ISBN 978－7－5203－1484－8

Ⅰ.①古…　Ⅱ.①周…　Ⅲ.①历史地理—研究—西南地区—古代　Ⅳ.①K927

中国版本图书馆 CIP 数据核字(2017)第 279235 号

出 版 人　赵剑英
责任编辑　张　林
特约编辑　谌凤萍
责任校对　朱妍洁
责任印制　戴　宽

出　　版　中国社会科学出版社
社　　址　北京鼓楼西大街甲 158 号
邮　　编　100720
网　　址　http://www.csspw.cn
发 行 部　010－84083685
门 市 部　010－84029450
经　　销　新华书店及其他书店

印刷装订　北京君升印刷有限公司
版　　次　2018 年 5 月第 1 版
印　　次　2018 年 5 月第 1 次印刷

开　　本　710×1000　1/16
印　　张　18
插　　页　2
字　　数　288 千字
定　　价　86.00 元

目　　录

下篇　人文地理问题

前　言

本书所指的古代西南地区，大体以秦岭为北界，以巫山、武陵山、雪峰山为东界，包括今重庆、四川、云南、贵州四省市及其相邻的陕西、甘肃、湖北、湖南、广西等省区的部分区域。

古代西南的地理面貌，无论是自然方面还是人文方面，可以说充满未知，极富诱惑力。我对古代西南地理发生兴趣似乎有些必然。1986 年我开始写硕士论文的时候，研究的对象区域属于黄河上游流域，与西南有些联系。1991 年进行博士论文选题时，最后确定的论文题则是两广农业地理，研究对象虽然一下子转到华南的珠江流域，但与西南仍有瓜葛。博士研究生毕业后回到湖南家乡母校工作，又开始关注洞庭湖流域，还是免不了要与西南打交道。1999 年，由于申报的国家社会科学基金课题“历史时期长江流域的森林变迁研究”得到批准，我的研究视野自然扩展到整个长江流域。在为完成课题任务而收集、阅读和分析相关历史文献资料的过程中，我第一次读到了司马迁《史记》卷 116《西南夷列传》中关于西南古史的这样一段话：

> 始楚威王时，使将军庄蹻将兵循江上，略巴、（蜀）黔中以西。庄蹻者，故楚庄王苗裔也。蹻至滇池，（地）方三百里，旁平地肥饶数千里，以兵威定属楚。欲归报，会秦击夺楚巴、黔中郡，道塞不通，因还，以其众王滇，变服，从其俗，以长之。秦时常頞略通五尺道，诸此国颇置吏焉。十余岁，秦灭。及汉兴，皆弃此国而开蜀故徼。巴蜀民或窃出商贾，取其筰马、僰僮、髦牛，以此巴蜀殷富。

一口气读完后，我略略思考这段原始史料文意，突然头脑中就冒出了一个连自己都感到有些难以置信的看法：千百年来，古今学者对古代长江流域上游的重要地理认识，很可能存在极其严重的错误！之所以当时会有这样的感觉，是因为这段话中的记载内容与我所熟知的自然地理常识完全乖舛：过去大学教科书一直告诉我们说，楚国将军庄蹻所到的“滇池”，即今天的云南昆明滇池，可是，事实上，在今滇池边，并不存在所谓“平地肥饶数千里”的自然地理面貌啊！这是怎么回事？我们知道，尽管历史时期的区域地貌较现时的区域地貌在某些方面会有一些小的变化，但大的地貌类型在不长的历史时期内一般是不会发生沧海桑田式的改变的。我想，《史记》中这样的地貌状况叙述，要么是作者司马迁写错了，要么是司马迁以后古往今来的学者们解释错了。于是，我决心对这个问题做进一步的研究。不过，让我没想到的是，研究这个问题的难度十分之大，因为它差不多牵涉整个西南古史，需要对西南古史的几乎所有问题进行检讨，而西南古史中存在的诸多问题可以说是重重叠叠，有些问题甚至就是永远不得其解的死结。于是，我一边研究森林变迁问题，一边思考西南古史问题。到 2003 年，我的核心研究结论——“滇池”原本是在成都平原——终于出来了。这个结论一出来，也就坐实了西南古史系列传统认识的严重错误性。

一个颠覆式的全新学术结论获得后，我自然希望能尽快与学术界同仁共同分享。正好，2004 年西南大学历史地理学同行蓝勇教授邀请我去该校做学术讲座，我即以“‘滇池’本在成都平原考”为演讲主题。应该说，我的讲座引起了该校同仁的很大震动。对于笔者的观点，他们有部分赞赏的，有完全反对的。应该说，这是对待新的学术观点的正常反应。讲座之后，蓝勇教授又特别把拙文推荐到该校学报发表。蓝教授在拙文前面的按语里曾评论说：

> 周宏伟教授这篇《“滇池”本在成都平原考》提出的观点已经远不仅仅是一个滇池在成都平原的问题，也不仅仅是一个纯历史地理学的问题，而是对整个西南先秦历史提出了强烈的挑战。文中的部分观点我是赞成的。当然，我也敬佩周宏伟教授这种在严谨的研究

基础上敢于怀疑的探索精神。我们期望本文发表后能引起大家关注和讨论，使这个问题及相关的西南古代历史问题更加清晰。

拙文发表之后，确实引起了国内学术界的较多关注，例如暨南大学川籍学者郭声波教授携学生即撰文公开质疑。蓝勇教授曾希望我能够回答郭声波教授的相关质疑，但我并不愿意专文进行回复，因为，我知道，要回答质疑者对该文观点的质疑，不是一篇几千上万字的期刊文章就能说得清的，而是需要对整个西南古史进行深入、细致的解构与重建。于是，这些年来，我逐渐把自己的想法，慢慢地变成一篇篇学术文字，又陆续地在专业刊物上发表出来。至今，与《"滇池"本在成都平原考》一文观点相联系的已公开刊出的文章包括《庄蹻入滇与庄豪入滇非一事辩》《五尺道即石牛道考》《楚秦黔中郡新考》《汉初武都大地震与汉水上游的水系变迁》《从湖泊名称到聚落名称——"成都"的由来与含义探索》等；另外，还有《夜郎人的迁徙历程》这样一篇锁于抽屉十余年的旧作。应该说，这些文章都具有很强的独立性，所持的论点并非先入为主，但其研究结论都能够多角度给予"滇池"本在成都平原观点以坚强有力的支持。这些文章发表后，其中的部分文章又引起了学界同仁尤其是年轻学子们的很大兴趣。如韩凤冉、赵炳清分别对《楚秦黔中郡新考》一文，赵志强对《五尺道即石牛道考》一文，赵炳清和周运中、杨霄分别对《汉初武都大地震与汉水上游的水系变迁》一文，先后写作专文进行商榷、质疑。毋庸讳言，年轻学子们的学术热情是十分可嘉的。不过，从他们的文章内容看，他们大都没有全面系统地了解西南古史的基本材料，也不具备比较准确的地理科学知识和较为深入的地理科学素养，甚至没有完整地阅读我关于西南古史问题的几篇相关论文，因而，他们为维护既有的传统观点而对拙文提出的商榷、质疑，目前来看，基本上是不能成立的。由于近年事务繁多，我不便对这些年轻学子的商榷、质疑问题一一进行答复，但在附录中，收入了我对最近的杨霄商榷文的答复。我想，随着年轻学子们知识的不断丰富，认识的逐渐深化，他们会渐渐理解我关于古代西南地理的系列新观点。笔者这些文章收入本书时，除了题目有所变化、内容有所丰富、表达有所修饰外，主要观点基本上没有变化。

在研究西南古史的时候，我还遇到了其他的一些历史地理问题，如夷水问题、云梦问题、洱海问题、“五谿”问题、里耶古城问题，等等。应该说，这些问题多半此前有学者做过一定探讨，有过一些认识，但相关的一些认识和结论，相互之间存在很多无法调和的矛盾。于是，我试图对相关问题进行科学、合理的解释，便先后写作刊出了《廪君巴人夷水应为今大宁河考——兼说廪君巴人的迁徙原因》《云梦问题的新认识》《〈西洱河图〉与全新世中期以来洱海水系变迁》等文。

现在，能有机会把十多年来断断续续写出的古代西南地理主题的文章，集合在一起出版，是十分令人高兴的事。因为，该书的终于面世，一是可以了却学界一些朋友的多年期望，让大家可以系统、全面、方便地了解我关于西南古代地理问题的观点及其依据；二是可以为自己多年的西南古代地理问题研究作一个阶段性的小结，并使未来可能开展的进一步的相关研究工作有了一个较为坚实的起点与基础；三是可以为西南地区某些地方轰轰烈烈的历史文化遗产保护与利用工作，提供有价值的背景、导向与参考。

作为一本学术著作，是需要有与众不同的学术贡献的。自以为拙作的学术贡献主要有如下十余点。

（1）唐以前，成都平原存在一处名叫“滇池”或“万顷池”的大型湖泊。唐以降，这个湖泊渐湮为平地。

（2）“成都”即得名于附近的“滇池”，滇池、成都二名上古读音近同。作为聚落名称的成都，是水体名称滇池的转化。滇池就是“天池”的意思。

（3）出土文献和传世文献中所见三峡地区巫县“云梦”、朐忍“云梦”，就在三峡地区，与江汉平原“云梦”无关。

（4）嘉陵江上游诸水在历史时期发生过重大的水系变迁。汉初以前，今嘉陵江上游诸水本是古汉水的上游。

（5）全新世中期以来洱海出现的高水面，主要与洱海的出水口西洱河断裂带裂隙的堵塞有关；洱海水面出现的快速下降现象，则主要与西洱河断裂带裂隙的通畅有关。

（6）先秦时期廪君巴人生活过的夷水并不是今清江，而应是今重庆境内的长江支流大宁河。廪君巴人的原居地不是叫作“武落钟离山”，而是叫作“落钟山”。廪君巴人以盐为生，其迁徙的原因在于东周以降大宁河水位的大幅度下降所导致的落钟山食盐外运困难。西周春秋时期，巴人的主要活动中心在鄂西北的汉水支流南河流域。

（7）夜郎部族原居住于四川盆地。战国晚期，岷江、沱江二水中游的大部分夜郎人才被迫南迁云贵高原北盘江地区。夜郎部族在北盘江地区与濮、鸠等族杂居一段时间后，一部分人南迁中南半岛北部，一部分人以“夷獠”的名义返回四川盆地。留在云贵高原北盘江地区的“夷獠”一部分人成为今天仡佬族的祖先。

（8）五尺道乃秦始皇之前110余年的秦惠文王时期由古蜀国人凿通的汉中入蜀道路，也就是汉以降所称的“石牛道”“金牛道”，而非川南入滇道路。

（9）战国楚将庄蹻所到达的“滇池”，就是成都平原的古滇池。后来，另一楚将庄豪所希望到达的地方，才是云贵高原上的滇池。

（10）楚黔中郡约置于公元前361年，管辖地域为以今鄂西北竹山县为中心的鄂陕交界地区。秦黔中郡始建于公元前308年，管辖地域为今丹江流域一带，即所谓“商於之地”。公元前280年，秦黔中郡吞并了部分楚黔中郡地域。秦及先秦时代的黔中郡均与今湘西地域无关。

（11）里耶古城为楚秦汉初的迁陵县治，魏家寨古城为西汉中后期的迁陵县治，大板村遗址为东汉时代的迁陵县治，里外城村为三国西晋时期的迁陵县治，仓库堡遗址为唐代三亭县治。

（12）“五谿（溪）”并不是古代对今湘西地区少数民族居住的五条河流的总称。东汉初期，“五谿”的正确写法本是“武谿”，指的仅是流经今湖南省吉首市一带的沅江支流武水；东汉以降，随着武谿流域人民向周围地区的扩散，“武谿”之名才讹变而为“五谿”。

我一直觉得，对古代西南地理认识的颠覆与重构，有可能是我个人在传统历史地理研究方面最大的学术贡献。不过，由于材料的不足和自身素养的缺陷，上述系列观点的某些方面肯定存在不完善乃至错漏。衷心希望得到学术同仁的不吝指教！

是为序。

周宏伟

2017年5月20日

上　篇

自然地理问题

第一章

成都平原的“滇池”

提要： 自来学界认为上古时期的“滇池”一直就在今云南高原，由此导致西南上古历史中很多问题无从解决。本章通过搜集、分析现代技术资料和历史文献资料，认为战国后期以前的“滇池”必是在今成都平原。只是由于战国后期蜀部族人的南迁，“滇池”之名才被带到今云南高原上。此结论的取得，可以使西南上古历史、地理、民族等方面的诸多谜题获得科学而合理的答案。

一 引言

只要研究西南上古历史地理，研究者无不感到它的扑朔迷离。近人著名学者方国瑜对西南历史地理做过较系统的研究工作，他说，他在研究中“所见地志、考史之作，无虑数十百家，其于西南古地名，虽不乏有精审之论，而大都未能通畅；且或潦草塞责，或存心傅会，以至同一地名之位置，众说纷纭，有相距数百里至千余里，令人迷惑，无助于了解历史的具体情况”①。由于汉以后的千百年来学者们关于西南地区某些古地名的定位矛盾迭出，以至于学界对上古西南地区发生的一些重大而关键的事件至今也无法作出合理的、令人信服的解释。例如，楚将庄蹻入滇可以说是西南古史中最重要的事件之一。然而，关于庄蹻入滇的目的是什么，学者们似乎一直都没有思考过。笔者之所以提出这样一个问题，是因为如果庄蹻所到达的“滇池”——按照传统的、目前公认的说

① 方国瑜：《中国西南历史地理考释》“弁言”，中华书局1987年版，第2页。

法——为今云南滇池的话，那么，在秦楚争战的紧急时刻，楚国怎么会派一支军队去征伐几千里外的偏鄙之地？这实在是有悖于常理。联系到楚人王滇事件中的一些最基本的问题都一直没有定论——像事件发生的时间有楚威王时与楚顷襄王时二说、路线有沿江和沿沅水二说、人物有庄蹻①和庄豪二说，② 于是，笔者觉得，关于西南古史的记载及其传统解释中一定存在某些认识上的重大误区。经过对上古西南地区一些最基本的历史地理问题重新进行系统而科学的考察，现在笔者可以肯定地说，关于西南古史问题的研究，不但相当多的传统观点是错误的，甚至就是现存的某些原始资料本身也是存在错误的。本章对上古成都平原“滇池”的发现与“发掘”，就是改正某些史料错误、推翻西南古史系列传统观点的最重要证据之一。

说成都平原上曾有“滇池”存在，似乎有些让人感到不可思议，然而，现代技术资料和历史文献资料却为之提供了大量无可辩驳的证据。

二　现代技术资料推测

成都平原位于四川盆地西部，介于龙门山与龙泉山之间，北起四川安县、绵阳一带，南抵乐山南面的五通桥，长约 200 千米，宽 40—70 千米，面积约 7337 平方千米（一说 9500 平方千米），是我国西南地区面积最大的平原。成都平原海拔为 450—750 米，由龙门山前出口的岷江、湔江等八条河流所堆积形成的洪积冲积扇联合而成。

20 余年前，地质、地理学者根据在成都平原地区所取得的钻探资料和石油局物探资料推测，成都平原主体部分可能下伏三种地貌：隐伏单斜丘陵、隐伏方山丘陵和隐伏断陷湖盆。其中湖盆中心位于大邑、彭州

---

① 按：楚有二庄蹻，一为楚威王时入滇的将军，一为楚怀王末年暴楚的盗人，这从《荀子·议兵篇》中就基本看得清楚了，后来（宋）王应麟《困学纪闻》卷 12《考史》中更有专门辨析。但直至目前，学术界仍有不少人把二庄蹻视为一人。

② 按：楚威王时庄蹻循江入滇事件见后引《史记·西南夷列传》，楚顷襄王时庄豪溯沅水入滇事件见《后汉书·南蛮西南夷列传》。唐以降至今，学者多认为二史记载皆有错误，于是强行糅合二事为一事，作楚顷襄王时庄蹻溯沅水入滇。参见本书第九章。

东侧，延展方向北东与龙门山及龙泉山两条断裂带的方向一致，长 90 余千米，宽 10—25 千米。隐伏单斜丘陵大致分布在绵竹、大邑以西的龙门山地带和德阳、成都一带。上述二者之间为隐伏方山丘陵分布区。隐伏地形之上，堆积了厚达数 10 米至 100 多米，最厚可达 300—400 米的新生界地层（见图 1—1）①。

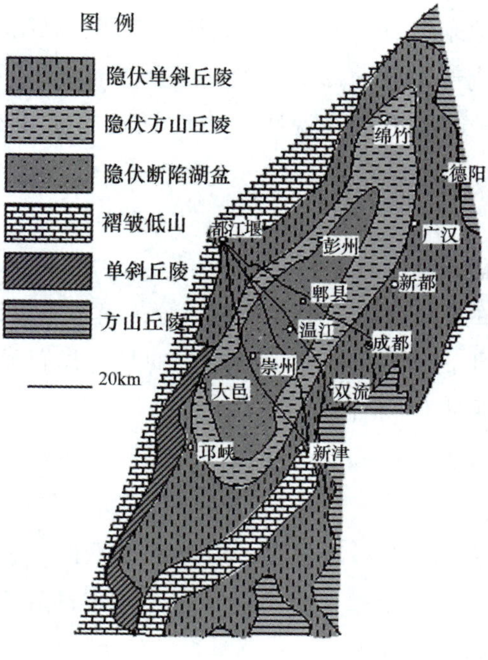

图 1—1　成都平原隐伏地貌图（据四川省地质局有关资料推测）

可见，地质历史上成都平原曾经存在一个由断层陷落而形成的湖泊。那么，这个湖泊在近五千年来的历史时期是不是还有孑遗？回答是很可能的。

我们知道，成都平原内部一般只有一、二级阶地，其中一级阶地在

① 按：上述文字及图 1—1 主要依据西南师范学院地理系编《四川地理》，西南师范学院学报编辑部 1982 年版，第 59 页。

平原区的拔河高度一般为2—3米，两侧为4—6米，研究者根据C^{14}年龄测定其形成时间为距今2500—6700年，属于全新世。[①] 因此，可以说成都平原内部表层相当部分的一级阶地形成时间距今只有5000年以近。我们又知道，成都平原地势具有西北高东南低的特点，因此，历史时期成都平原如果有湖泊的话，位置最有可能是在平原的东南部。成都平原的考古调查结果可以为之提供旁证。近几十年来，考古工作者在成都平原上进行过广泛的考古调查，成都平原地区不断有令学术界震惊的考古发现，但是，在平原东南部地区（指今成都西南部、双流西部、新津北部、崇州东部、温江南部地域）却一直十分沉寂，至今没有唐以前遗存的任何发现报道[②]——这似乎也在说明上古时期这一带很有可能存在大片水域。

三 历史文献资料考证

如果说上述的论证还带有很多推测成分，尚不足以说明问题，那么，我们不妨再求证于古代历史文献。有意思的是，我们确实能够在历史文献中发现成都平原古代湖泊的身影。

来敏《本蜀论》云：

> 荆人鳖令死，其尸随水上，荆人求之不得。令至汶山（今龙门山）下，复生，起见望帝。望帝者，杜宇也，从天下，女子朱利自江源出为宇妻，遂王于蜀，号曰望帝。望帝立以为相。时巫山[③]狭而蜀水不流，帝使令凿巫峡通水，蜀得陆处。望帝自以德不文若，遂

① 钱洪等：《成都平原的形成与演化》，《四川地震》1997年第3期。

② 参见《新中国考古五十年》，文物出版社1999年版，第375—389页；成都市文物考古研究所编著《成都考古发现（1999）》，科学出版社2001年版。

③ 按："巫山"，《太平御览》卷88引《蜀王本纪》作"玉山"。"巫""玉"二字显系形近而讹。因《水经·江水注》成书较早，当以之所引"巫山"为确。此"巫山"当今四川新津、彭山二县交界的龙泉山脉南段。秦、汉时期的"武阳"县治即位于"巫山"之南（见图1—6）。"巫""武"二字，上古声（明母）韵（鱼部）无异，读音略同。"武阳"当是"巫阳"之美义。又，关于上古音系及其拟音，目前学术界意见不完全一致，本书主要以近人著名语言学家王力所定上古音系及拟音为说。

以国禅，号曰开明。①

关于古蜀国时代开明氏鳖令（或作“鳖灵”）“禅代”望帝杜宇氏之事，西汉成都人扬雄《蜀王本纪》②、晋常璩《华阳国志》卷3《蜀志》等皆有记载，文字虽详略不同，但“蜀水不流”，鳖令“凿巫峡通水，蜀得陆处”的意思则一。可见，望帝杜宇氏时期，成都平原上的水域面积曾经很大。

望帝杜宇氏时期相当于公元前600年前后的春秋中期。开明氏鳖令事实上是由于治水的功劳而“禅代”望帝杜宇氏的。其实，开明氏鳖令只是使成都平原上的水域面积较前变小了一些。因为，到战国中期的楚威王时（前339—前329年），成都平原上的水域“滇池”面积依然不小。《史记》卷116《西南夷列传》如是说：

> 始楚威王时，使将军庄蹻将兵循江上，略巴、（蜀）黔中以西。庄蹻者，故楚庄王苗裔也。蹻至滇池，（地）方三百里，旁平地肥饶数千里，以兵威定属楚。③欲归报，会秦击夺楚巴、黔中郡，道塞不通，因还，以其众王滇，变服，从其俗，以长之。秦时常頞略通五尺道，诸此国颇置吏焉。十余岁，秦灭［之］④。及汉兴，皆弃此国而开蜀故徼。巴蜀民或窃出商贾，取其筰马、僰僮、髦牛，以此巴蜀殷富。

《汉书》卷95《西南夷两粤朝鲜传》的记载与之略同。千多年来，

---

① 《水经注》卷32《江水》引。

② 见《太平御览》卷88引。

③ 按：上“蜀”“地”二字，据中华书局1959年《史记》点校本删。

④ 按：“之”字今本《史记》《汉书》皆无，此据杜佑《通典》卷187《边防三·滇》杜注补。因为楚威王前339—前329年在位，秦前207年灭亡，若不补此字，则会出现杜佑所谓“何故云蹻之王滇后十余岁而秦亡”的年代矛盾，而与公认的秦灭亡时间不符。

这段话引起的争论很多，笔者留待他文讨论。[①] 这里，笔者只讨论“滇池”本身的问题。上文中的“滇池”，古往今来的学者们都铁定为今云南省昆明附近。其实，这是大错而特错。正是这一错误，导致西南古史的研究中笼罩起重重迷雾。笔者以为，此之“滇池”非在今成都平原不可。之所以能够这么肯定，是因为上引文中有滇池“方三百里，旁平地肥饶数千里”这样明确的自然情况记载。战国时“三百里”，约当今 122.5 千米[②]。此滇池若为正方形，换算面积则为 900 平方千米以上；若为长方形（设宽约 20 千米，长约 40 千米），换算面积则为 800 平方千米左右；若为正圆形，换算面积则近 1200 平方千米。因此，取其中数，“方三百里”的滇池，其面积应在 900 平方千米左右。而据图 1—1 所示湖盆范围，用方格法测算其面积约在 1200 平方千米以上。考虑到目前发现的战国以前成都平原上古城遗址的分布情况（见图 1—6），笔者估计，地质时期的这

---

① 按：在此需要对上引文简单说明几点：第一，文中“江”不是指今长江，而是指今汉江。“江”在上古可指汉江（参见石泉《古文献中的“江”不是长江的专称》，《文史》第 6 辑，中华书局 1979 年版）。至迟前 361 年“汉中”地区已属楚（见下引文），楚军从汉中进入四川盆地十分便捷。第二，楚“巴、黔中”二郡在今川、渝、陕、鄂四省市交界汉江以南的大巴山脉地区及其附近。《史记·秦本纪》云，秦孝公元年（前 361 年），“楚自汉中，南有巴、黔中”；《史记·苏秦列传》云，楚威王时（前 339—前 329 年）“西有黔中、巫郡，……南有洞庭、苍梧”；《战国策·秦策一》云，秦惠文王初立时（前 337 年），秦“南有巫山、黔中之限”。战国中期楚“巴、黔中”二郡的位置由这三处材料即可大体推知。而最近发现并零星公布的湖南湘西龙山里耶秦简中“洞庭郡”“以洞庭司马印行事”“迁陵以邮行洞庭”之类的记载表明，湘西沅水流域一带当时正是属于“洞庭郡”，而不是传统说法中的黔中郡。参见本书第十一章。第三，“五尺道”即石牛道，亦即古代汉中经剑门关联系蜀地的要道。《水经·沔水注》载：“刻石云：汉明帝永平中，司隶校尉犍为杨厥之所开，逮桓帝建和二年（148 年），汉中太守同郡王升嘉厥开凿之功，琢石颂德，以为‘石牛道’。来敏《本蜀论》云：‘秦惠王欲伐蜀而不知道，作五石牛，以金置尾下，蜀王负力，令五丁引之成道。秦使张仪、司马错寻路灭蜀。’因曰‘石牛道’。厥盖因而广之矣。”因而，所谓“五尺道”很可能是“五石道”之讹。“尺”“石”二字，上古韵部同为铎部，声纽分别为舌音昌母、禅母，不但读音很近，篆书、隶书形状也较近。唐以降学者视五尺道为川南入滇道路，实不成立。一则开通时间不合。五尺道无疑通于战国时期，而川南入滇道路的开通晚至汉武帝时期。《水经·江水注》引《地理风俗记》云：“汉武帝感（司马）相如之言，使（僰道）县令南通僰道，费功无成；唐蒙南入，斩之，乃凿石开阁，以通南中，迄于建宁，二千余里；山道广丈余，深三四丈，其錾凿之迹犹存。”二则道路宽度不合。如果唐人颜师古《汉书注》等所谓五尺道“道广五尺”说可信，那么，将无法解释上引文中“山道广丈余”之语。参见本书第九章。

② 按：此据长沙湖南文管会藏周代铜尺长度（1 尺 =0.227 米）计算。参见梁方仲《中国历代户口、田地、田赋统计》，上海人民出版社 1980 年版，第 540 页。

个湖盆，进入近3000年的历史时期，除东南部一带仍有部分湖泊水体孑遗之外，绝大部分应已淤为平地。由于湖泊水体在成都平原西北部淤高后自然会向相对低平的东南部移徙汇集，只要湖泊出水口不畅，湖泊仍有可能保持较大面积。因此，战国中期“滇池”面积达700平方千米左右事实上也是完全可能的。至于“旁平地肥饶数千里”一句，显然是用来形容战国时期“滇池”周围的平原面积广阔无边。笔者以为，当时产生这样的夸张说法，可能与成都平原特殊的气候条件有关：成都平原的气候特征①之一是一年之中阴、雾天很多（超过300天），空气能见度不高，远望常常是渺渺茫茫，无边无际——上古时期楚人初来乍到，完全有可能形成这里平地“数千里”的错觉。而事实上，古人关于成都平原常有“沃野千里，号为陆海”② 的习惯描述，今成都平原也的确是我国西南地区最大的平原。可见，平地“数千里”这样的说法虽然有些夸张，但还不是太离谱（见图1—2、图1—3）。

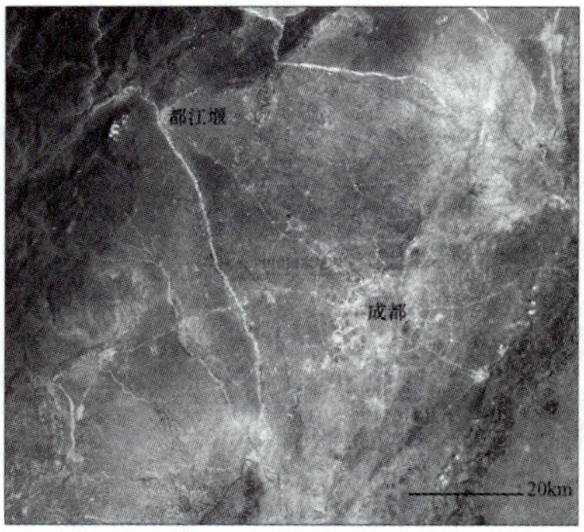

图1—2 成都平原卫星影像

图1—3 成都平原常见景观

今天云南昆明滇池一带的情况又何如？今云南滇池也是断层陷落而成。据有关实测资料③，今滇池南北最长40.8千米，东西最宽12.8千米，北部草海一般深度1米左右，南部外海多为2—3米，湖面面积为

① 上揭《四川地理》第122—127页。

② 《华阳国志·蜀志》。

③ 参见《中国自然地理图集》（第二版），中国地图出版社1998年版，第158页。

287.5—330平方千米。当然，今云南滇池的面积较古云南滇池已缩小了很多。据研究①，元朝初年，滇池水位约为1892米，水面面积约有510平方千米，只是由于元至元十年（1273年）劝农使张立道开挖海口河、疏通螳螂川后，滇池水位才持续下降，水面面积才迅速变小。但是，即使是1273年之前的滇池面积，也明显与“方三百里”的“滇池”的面积相差甚远。可巧的是，云南滇池的情况却与《史记》《汉书》之后的有关历史文献记载基本相符。《后汉书》卷86《南蛮西南夷列传》有云：

> （益州郡）有池，周回二百余里，水源深广，而末更浅狭，有似倒流，故谓之滇池。河土平敞，多出鹦鹉、孔雀，有盐池田渔之饶，金银畜产之富。

类似内容的记载亦见于《华阳国志》卷4《南中志》、三国蜀人谯周所撰《巴蜀异物志》② 中。汉代“二百余里”（以250里计）约当今100千米（计算依据同前），按云南滇池的长（方）形（设宽12千米，长38千米）估算，当时水体面积在450平方千米左右。这说明2000余年前益州郡“滇池”的水面面积与730年前元初的滇池水面面积差距并不大——之所以出现这种情况，应当与云南滇池受到周围山体局限，以及注入滇池的河流短小、携带进湖中的泥沙较少有关。而今滇池旁发现的

---

① 参见新编昆明市情编委会《新编昆明市情》，云南科技出版社1999年版；《元史·张立道传》。

② 见《文选·蜀都赋》刘逵注引。按：（晋）魏完《南中志》记滇池“池周二百五十里”（见《后汉书·郡国志》益州注），这或是因为滇池面积伸缩性颇大（由上引今滇池实测资料可知，今滇池面积的伸缩幅度仍在40平方千米左右）之故。又，《水经·温水注》记滇池为“周三百许里”，这很可能是郦道元受《史记》《汉书》所记蜀地“滇池”里数的影响而径改。有关“滇池”的内容不但见于《水经·温水注》，亦见于《水经·叶榆水注》，从地理学上考虑，二处记载不堪卒读，但有意思的是，二处记载都及于“仆（濮）水”，而“仆水”一段却莫名其妙地出现在《水经·江水注》关于成都之南武阳县的记载中，且与经临邛县的“布仆水”（即《汉书·地理志》中的“仆千水”，见图1—6）联系起来。由此，可知郦氏记“滇池”时对所据资料进行了很多改动，而其中的“仆水”内容又为本章的基本论点提供了重要旁证。

新石器时代先民们傍湖生活的遗址离今湖岸只有1—5千米[1]的事实，也为此提供了一个重要旁证。今滇池周围，除了北面昆明市区一带略微开阔之外，几乎完全为起伏的高山、丘陵环绕，也实在与平地“数千里”的地理形势描述南辕北辙（见图1—4、图1—5）。因此，从自然地理面貌方面考虑，上述《史记》《汉书》上的“滇池”绝不可能是今云南滇池。

图1—4　昆明附近卫星影像

图1—5　昆明附近滇池景观

其实，《史记》之中，除了上述《西南夷列传》有关于成都平原“滇池”的记载，在《货殖列传》里同样也有关于秦汉之际成都平原“滇池”的记载，只是“滇池”被写作“田池”而已。其文曰：

> （卓氏）致之临邛（今成都平原西南缘邛崃一带），大喜，即铁山鼓铸，运筹策，倾滇蜀之民，富至僮千人，田池射猎之乐，比如人君。

引文中“田池射猎之乐”一句中的“田池”二字，从来没有人解释过，甚至至今没有人把它当作地名。其实，“田池”不但是地名，而且可以肯定是“滇池”的异写。何以见得？理由有三。

理由之一，田、滇二字，上古韵部相同（真部），声纽相近（分别为

① 余嘉华主编：《云南风物志》，云南教育出版社1997年版，第74页。

定母、端母)，读音近同，上古时期完全可以通假。

理由之二，引文中“倾滇蜀之民”句的“滇蜀”二字，唐张守节《史记正义》注云：“《汉书》亦作‘滇池’。”查今本《汉书·货殖传》该段文字与《史记》略同，“滇池”二字已被改作“滇蜀”。以此，可肯定今本《汉书·货殖传》中的“滇蜀”二字本为“滇池”，只是到唐以后才为学者据《史记·货殖列传》径改。我们知道，《汉书·货殖传》成文于《史记·货殖列传》之后，班固为什么不依《史记》作“滇蜀”？想来班固应该是有更为坚强的第一手材料依据的。事实上，“倾滇池之民”比“倾滇蜀之民”也更合常理。其一，战国后期秦人大批进入成都平原地区后，必然需要大量的铁质农业生产工具，而在当时的技术条件下，卓氏铁矿的产铁量不可能很大，因而，所产的铁器在本地成都平原地区就会供不应求，完全没有必要舍近求远；其二，当时由今成都平原地区前往云南高原地区的交通条件极端落后，卓氏也完全没有可能把大量笨重的铁器销往今云南滇池一带。对此，句中一个“倾”字实际上就足以说明问题：《说文》云，“倾，仄也”，“仄，侧倾也”，所以，“倾滇池之民”的“倾”字应理解为就近销售之意。显然，只有“滇池”就在成都平原上，“倾滇池之民”才能成立。然而，以“郎中”身份到过西南地区的司马迁①为什么要这样写（改）？笔者以为，虽然司马迁所在的军队很可能是经蜀郡南去今云南高原的，但是，蜀郡“滇池”并非此次“西征”的必经之路，且当时戎马倥偬，作为“郎中”的司马迁，其任务是管理军中的车、骑辎重，军务必定相当繁忙，以此，“西征”途中的他很可能并不知道当时的蜀郡也有一个“滇池”存在；而相反，“昆明”滇池一带是此次司马迁部队“西征”的目的地，其在司马迁头脑中留下深刻印象的可能性理应较大。可能正是由于这样的原因，到6年后的太初元年（前104年）司马迁作为史官正式开始编撰史书时，他

① 按：据《史记·太史公自述》，汉武帝元封元年（前110年），司马迁任郎中时，曾“奉使西征巴蜀以南，南略邛、笮、昆明”。次年（前109年），汉武帝即置益州郡。由于汉武帝元狩元年（前122年）前后司马相如已略定西夷邛、笮等部，开通了经邛都（约今四川西昌）南上云南高原的“灵关道”（《史记·司马相如列传》），因而，司马迁跟随汉朝军队“南略邛、笮、昆明”时很可能是走此道。

才会根据自以为正确但事实上并不全面的实地经验知识，把原图书典籍中明确是在蜀郡的“滇池”字样全部更改。班固编撰《汉书》基本上是依据官方图书资料闭门造车。也许也正是由于班固没有西南地区的旅行经历，他对此处“滇池”问题的处理才显得比司马迁慎重一些：他仅仅是把原典籍中关于卓氏“滇池射猎之乐”一句的“滇池”依司马迁改为“田池”——班固只保留这样的通假处理可以有两个妙处：一方面是《汉书·货殖传》中的这段话意思因此变得模糊，另一方面是如此更改史料别人亦无可厚非。事实上，类似的方法也被班固运用于后述《汉书·地理志》《汉书·沟洫志》中有关成都平原“滇池”字眼的处理。

理由之三，晋左思《蜀都赋》关于卓氏“射猎之乐”地点的描述十分明确地写作“滇池”。《文选》卷4《蜀都赋》如是云：

> 若夫王孙之属、郤公之伦；从禽于外，巷无居人；……拔象齿，戾犀角；鸟铩翮，兽废足；殆而朅，来相与；第如滇池，集于江洲。

由于不知道秦汉之际的成都平原上曾有“滇池”，历来注释者对“第如滇池，集于江洲”八字皆解释不通[①]。按《蜀都赋》的结构是先简略描述汉代蜀郡周围地区的大形势，即“于前……”（描述犍为、牂柯以至交趾等汉代蜀郡以南的广大地区）、“于后……”（描述“华容”“昆仑”一带的今秦岭西部地区）、“于东……”（描述今四川盆地东部的“巴中”“百濮”地区）、“于西……”（描述今川西高原的“岷山”地区）四小部分，然后重点描述汉代蜀郡内部的小景致和人民的安乐生活，即“其封域之内……”者。上引文即出自“其封域之内……”部分，所以，它必是反映汉代蜀郡成都平原地区的景象。依笔者的理解，上引《蜀都赋》段的大意应该是这样的：

---

① 按：刘逵注云：“谯周《异物志》曰：‘滇池在建宁界……。’江洲在巴郡。……滇池、江洲，非一处也。今连之者，说或有在滇池时，或有在江洲时，无有常也。”如此解释，实是于文于理皆不通。建宁、巴郡相距千数百里，卓王孙、郤公等人游猎时绝不可能时在建宁滇池、时在巴郡江洲。其实，在巴郡的是“江州”（今重庆主城区），而非江洲，刘逵所谓“江洲在巴郡”显误。

像卓王孙、郤公那些人外出射猎时，前呼后拥的人很多。……他们拔掉死去大象的象齿，拽出死去犀牛的犀角，把飞鸟的翅膀折断，把走兽的四足残废。他们中有些人累得不行，于是回家休息去了，而有些人又相拥着一起来到滇池边、江洲上游玩。

笔者以为，只有这样理解，才能言通意顺。那么，左思的记载是否确实可信？笔者以为，左思虽没有到过成都一带，但写《蜀都赋》前曾“诣著作郎张载访岷邛之事”①，所以，《蜀都赋》中的描绘显然是有可靠资料与事实作为基础的②。比如，上引《蜀都赋》中所描述的象、犀，汉晋时期蜀郡一带就确有不少③。

基于上面的理由，笔者以为，关于卓氏事迹的记载，古本《汉书·货殖传》可能比《史记·货殖列传》更为可信。《史记·货殖列传》和古本《汉书·货殖传》中有关于卓氏的内容，其依据的原始材料大体上是这样的：

> （卓氏）致之临邛，大喜，即铁山鼓铸，运筹策，倾滇池之民，富至僮八百④；滇池射猎之乐，比如人君。

---

① 《晋书·左思传》。按：张载，安平（属今河北省）人，任著作郎前曾为蜀郡太守。《晋书》卷55有传，可参见。

② 按：有些学者可能会对作为文学作品的“赋”的史料价值持怀疑态度。笔者以为，左思的“三都赋”是应该与其他人的赋相区别的，其中关于山川城邑、鸟兽草木等的记载完全可以作为信史对待。因为，左思在《三都赋序》中如是说：盖《诗》有六义焉，其二曰赋。……先王采焉，以观土风。见“绿竹猗猗”，则知卫地淇澳之产；见“在其版屋”，则知秦野西戎之宅：故能居然而辨八方。然相如赋《上林》而引“卢橘夏熟”，扬雄赋《甘泉》而陈“玉树青葱”，班固赋《西都》而叹以出比目，张衡赋《西京》而述以游海若，假称珍怪，以为润色。若斯之类，匪啻于兹。考之果木，则生非其壤；校之神物，则出非其所。于辞则易为藻饰，于义则虚而无征。且夫玉卮无当，虽宝非用；侈言无验，虽丽非经。……余既思摹《二京》而赋《三都》，其山川城邑，则稽之地图；其鸟兽草木，则验之方志。风俗歌舞，各附其俗；魁梧长者，莫非其旧。何则？发言为诗者，咏其所志也；升高能赋者，颂其所见也。（见《文选》卷4）只要读读这段话，对左思“三都赋”之一的《蜀都赋》所记地理事物的信史价值当不会有任何怀疑。

③ 按：据《华阳国志》卷3《蜀志》，蜀郡“其宝则有……象、犀”。

④ 按：《汉书·货殖传》此句作“富至童八百人”，又《史记·司马相如列传》中有“卓王孙家僮八百人”的记载。据改。

也许有人会说，战国时代尚“方三百里”的“滇池”如果真在成都平原上的话，怎么《汉书·地理志》中不见只字记载？湖泊的消失固是一个必然过程，但“方三百里”的“滇池”也不至于消失得如此之快吧？笔者以为，成都平原“滇池”在《汉书·地理志》中是有记载的，只是这个记载并不是以“滇池”一名出现的。试看《汉书·地理志》“蜀郡”条下的一处文字：

郫，《禹贡》江沱在西，东入大江。

这里的所谓“江沱”，笔者以为就是“江池”，也就是指“滇池”。这么说有两个理由。首先，这里的“江沱”二字肯定不能点断作“江、沱”，否则，这句话的意思就无法理解。今中华书局点校本《汉书》中以“江沱”作一地名是正确的。其次，上古时代，“沱”“池”读音相同（定纽歌韵），本为一字，“池”完全可以异写作“沱”。宋徐铉云：“池沼之池，通用‘江沱’字。”[①] 近人著名古文字学家陈梦家亦说：“金文沱、池一字，以池为池沼，为停水，为城池……沱即池。”[②] 当代的古文字研究者也同样有这样的认识。例如，裘锡圭即指出，“池”在先秦本来就写作“沱”，“池”原来就是由“沱”讹变的一个字[③]。所以，我们现在只要把上引文的“江沱”理解为“江池”，就言通意顺了。顺便说，上古文献中的“沱”字，诸如《尚书·禹贡》“沱、潜既导”“江、沱、潜、汉”“岷山导江，东别为沱”，《诗·召南》“江有沱”及毛传“沱，江之别也”，《说文》“沱，江别（流）[④] 也”之类，都应该理解为“池”，才不至于我们今天以之研究历史地理问题时造成认识上的误区。

为什么班固《汉书·地理志》中要把蜀郡“滇池”写作“江沱”？

---

① （清）段玉裁《说文解字注》第十一篇上二“池”。按：今《说文》本无“池”字，段《注》中“池”字乃段氏所补。

② 陈梦家：《禺邗王壶考释》，《燕京学报》第21期，1937年。

③ 裘锡圭：《文字学概要》，商务印书馆1988年版，第77页；裘锡圭：《诅楚文“亚驼”考》，《文物》1998年第4期。

④ 按：（清）段玉裁《说文解字注》云：“今《说文》衍‘流’字，宜删。”段说是。

这有两种可能。一种可能是两汉时期成都平原上的“滇池”已有别名“江沱（池）”。这种可能性很小。因为在现存的上古文献中，成都平原上有“沱（池）”之名，却无“江沱”之名，“江沱”之名仅见于《汉书·地理志》。另一种可能自然是因为汉代益州郡“滇池”和蜀郡“滇池”同属益州刺史部。这种可能性很大。东汉时代上层士人关于前代的地理知识中只有一个“滇池”，而这个“滇池”就是益州郡“滇池”——这样的错误认识当时可能已经普遍形成。例如，东汉许慎《说文》释“滇”字时就说：“滇，益州池也。”班固写作《汉书·地理志》时，很可能是把蜀郡“滇池”当作益州郡治所“滇池”（当今滇池南岸的晋宁晋城）的误记来进行处理的。像前述《汉书·货殖传》一样，班固在这里仍然是采取模糊处理办法：把蜀郡“滇池”改作今天看来字义模糊的、带有通名性质的“江沱”①，甚至为证明其可靠性，还在郫县（治今郫县）“江沱”一名前冠上《禹贡》作为依据，而事实上《禹贡》中只有“江”或“沱”名，并无“江沱”一名（上例《尚书·禹贡》中的“江沱潜汉”为四水体名，必须断开）。“沱”不作“池”义而被当作某一河流名，大约就是从东汉时期学者们的错误认识开始的。

也许还有人要提出疑问：如果前面的论证完全成立，那么，又如何解释我们今天看到的关于秦蜀守李冰在成都平原地区治水的记载中没有提到“滇池”？笔者以为，正是由于战国后期成都平原“滇池”水域颇广，经常出现水害，不利于秦灭蜀后大批从关中平原迁来的秦人开展农业生产活动，所以，才会有秦昭襄王时（前306年—前251年）蜀郡太守李冰的大规模治水活动出现。李冰在成都平原的治水办法不外分流和疏导，其主要工程有二：一是在“大江”（今岷江）出山口凿“离堆”（又名“湔硼”，今都江堰）分流江水，即所谓“堰其右，捡其左，其正流遂东，郫江之右也”②；二是在成都县境新开二条人工渠道加大泻水，即所谓“穿二江成都中”③。两大工程在减少“滇池”容水量的同时，也

① 按：《汉书·地理志》中另有两处“江沱”，一在蜀郡汶江，一在南郡枝江。

② 《水经·江水注》引《益州记》。按：“其正流遂东”，是指使岷江正流东入湔水。

③ 《史记·河渠书》《汉书·沟洫志》。

可以发挥成都平原上江水的自流灌溉之利。经过李冰这样的治理，“蜀人旱则藉以为溉，雨则不遏其流”，成都平原才真正呈现出“水旱从人，不知饥馑，沃野千里，号为陆海”的景象。[①] 成都平原上的“滇池”不但从此不再泛溢为患，而且其水也能为人们利用起来。《史记·河渠书》所谓“至于（所过）[滇池]，往往引其水益用”，《汉书·沟洫志》所谓“至于（它）[滇池]，往往引其水，用溉田”[②]，皆指此。由于李冰治水可以说是以“滇池”为中心，因而，晋左思的《蜀都赋》中才有李冰“指渠口以为云门，洒滮池而为陆泽”的说法。可见，《史记·河渠书》《汉书·沟洫志》中事实上都涉及成都平原上“滇池”的治理，只是“滇池”二字由于司马迁、班固的误解而分别用字词“所过”“它”掩盖起来了。

在前面论述的基础上，笔者通过对《汉书·地理志》《水经·江水注》《华阳国志·蜀志》等历史文献中的其他有关记载，遥感照片影像中显示的古河道走向情况[③]和古湖泊位置情况，目前成都平原古代遗址的发现发掘报告[④]，以及刘琳《华阳国志校注》[⑤] 中提供的某些政区沿革资料等进行综合考证、分析，初步复原出以战国及秦汉时期为主体内容的成都平原地理概貌如下（图1—6）。

---

① 《水经·江水注》引《益州记》。

② 按：此二处记载中的“所过”“它”字样如不分别正作“滇池”，则皆不可解。“所过”当是司马迁依大概字形而对原资料中“滇池”二字的改篡。因为，“滇”“所”二字篆书形状略近，而在甘肃出土的一片汉简中同有“池”“过”二字隶书（参见张凤《汉晋西陲木简汇编》51·19，上海有正书局1937年版），其字形极近。大约正是由于“所过”二字读不通，因而，班固编撰《汉书·沟洫志》时没有采用司马迁的改法，而是又一次采取模糊处理办法，把原典籍中的“滇池（沱）”二字省改为“它”字，这样，不但“它（佗）”“沱”二字形音（韵部同为歌部，声纽分别为舌音透母、定母）近同，而且“至于它”较“至于所过”句意似也略好。“所过”“它”皆为“滇池”二字的改篡事实上亦可以互证。

③ 按：古河道的判读结果完全依据《四川省地图集》（四川省测绘局1981年版）第27—28页“都江堰灌区”图中的相关内容。

④ 参见《新中国考古五十年》，文物出版社1999年版，第375—377页；成都市文物考古研究所编著《成都考古发现（1999）》，科学出版社2001年版，第1—181页；成都市文物考古研究所《成都金沙遗址的发现与发掘》，《考古》2002年第7期；等等。

⑤ 刘琳：《华阳国志校注》，巴蜀书社1984年版。

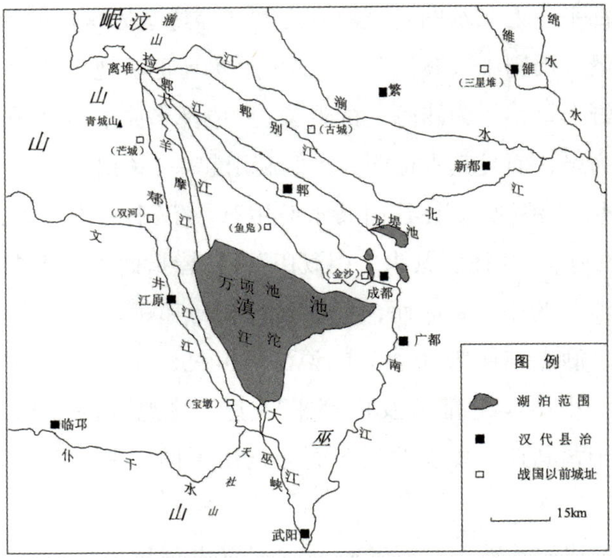

图1—6 前3世纪前后成都平原概貌

晋以后的现存史籍中，虽然我们再也看不到蜀地“滇池”之名[1]，但关于成都附近巨大水体的记载还是能够找到。

《水经注》卷33《江水》云：

> 初，张仪筑城，取土处去城十里，因以养鱼，今万顷池是也。城北又有龙堤池，城东有千秋池，西有柳池，西北有天井池，津流径通，冬夏不竭。[2]

① 按：成都平原“滇池”名称在民间的完全消失大约是在两汉时期。因为生活于西晋时的左思，他所看到的前代图籍上可能还有“滇池”之名，而当成汉时常璩写《华阳国志·蜀志》时，成都平原上的湖泊显然已无“滇池”名称。参见前引《三都赋序》《晋书·左思传》及下文。

② 按：今本《华阳国志》卷3《蜀志》所载与之大略相同，唯“万顷池”作“万岁池”“龙堤池”作“龙坝池”，并佚“西北有天井池”一句。《水经注》此段当采自《华阳国志》。颇疑《华阳国志》原本作“万顷池”，只是因为唐以来成都北面有“万岁池”，所以后来的学者才把“万顷池”改为“万岁池”。其实，“万顷池”在成都之南，而“万岁池”明确是在成都之北（见后引文）。唐以来的学者错把“万顷池”和“万岁池”混而为一了。又，成都平原的冲积土不宜筑城，此所谓张仪筑城取土为万顷池说纯系附会。（唐）崔致远《桂苑笔耕集·西川罗城图记》谓“蜀国无土，昔张仪筑子城，辇土于学射山”，说较可信。

其中“万顷池”的位置显然应是在成都城的南面，大体属于前述“滇池”（“江沱”）的水域范围；而且，“万顷池”既然尚称“万顷”，看来其水体面积在4世纪时还相当之大。因此，“万顷池”应是古“滇池”在两晋南北朝时期的孑遗。关于“万顷池”的记载，现存文献中唯有《水经注》中的此处内容，估计随着“万顷池”大面积湖泊水体的逐渐消失，“万顷池”的名称也慢慢被人们遗忘。“万顷池”范围内作为湖泊意义的水体大约是在6世纪时消失的。证据之一，《隋书·地理志》及《元和郡县图志》卷31《剑南道上》有云，西魏时（534—557年）分郫县置温江县，后周时（557—581年）又开置新津县（治今新津县）；到唐龙朔三年（662年），广都县西部正式改置双流县（治今双流县）。成都西南温江、新津、双流三新县的相继设置，很可能是“万顷池”水域变为大片陆地后区域人口数量增加的结果。证据之二，唐时，温江县（治今温江县城）“西十里”有水名“泜江”[①]，其位置显然是在原“滇池”或“万顷池”的水域范围。中古时代，“泜”（《广韵》直尼切）与“池”（《广韵》直离切）读音极近。“泜江”当是“万顷池”消失后在湖区留下的一条重要江道，大约也就是流经今温江县境的岷江干流（一名金马河）。“泜江”在唐宋文献中逐渐被改写作“皁水（江）”[②]。笔者以为，之所以出现这个写法，可能是因为“皁”与“白十”（《字汇补》照基切，读音与“泜”近同）二字构件相同。众所周知，部分汉字构件的位置常可移动，如“崖”“崕”之类。

至于唐以降文献中多见的“万岁池”，其位置在成都之北，前身很可能是上引《水经注》中的“龙堤池”。“万岁池”的记载，历唐、宋以至明代都能找到：

《新唐书》卷42《地理志六》成都县条：

（成都）北十八里有万岁池，天宝中，长史章仇兼琼筑堤，积水

① （唐）李吉甫《元和郡县图志》卷31《剑南道上》。

② 参见（宋）乐史《太平寰宇记》卷73《永康军》、（宋）王存《元丰九域志》卷7《成都府路》等。

溉田。

《宋史》卷386《王刚中传》：

> 成都万岁池广袤十里，溉三乡田，岁久淤淀，刚中集三乡夫共疏之，累土为防，上植榆柳，表以石柱。

元朝时，“万岁池”被作为成都地区三月三的节日游宴之所[①]，一直到明末天启年间成书的《成都府志》中也还有“万岁池”名[②]。因此，估计“万岁池”湖泊水体及其名称的消失时间要晚至有清一代。

成都平原古代湖泊“滇池”消失的主要原因无疑可归结为二：一是自然方面的原因，即穿过成都平原的岷江等河流携带来的泥沙在“滇池”中的大量淤积[③]；二是人为方面的原因，即鳖令、李冰、文翁等人对“滇池”出水口的不断开凿疏导和人们在淤积、排干的土地上必然进行的垦殖活动。

四 结语

综上所考，我们可以大体知道成都平原古代湖泊“滇池”其名称在古代文献中的演变过程：“滇池”为主阶段（战国、秦时期）→“（江）沱（池）”为主阶段（两汉时期）→“万顷池”阶段（两晋南北朝时期）。“滇池”本在成都平原结论的取得，可以使本章开头提到的楚威王时（前339—前329年）庄蹻入滇的目的问题得到合理的解释：楚国如果征服了古蜀国所在的今成都平原一带，就可以在西南面对秦国形成威胁，

---

① （元）费著《岁华纪丽谱》，上海古籍出版社《四库全书》影印本。

② （天启）《新修成都府志》卷2《山川志》，1962年熊承显抄本影印本。

③ 按：据岷江都江堰紫坪铺站1955—1974年实测资料统计，岷江上游的年平均输沙量为805万吨。以此标准计算，从战国中到隋初的约1000年中，岷江上游的总输沙量超过80亿吨，而“滇池”显然要接纳这些泥沙中的绝大部分。参见中国科学院西部地区南水北调综合考察队《川西滇北地区水文地理》，科学出版社1985年版，第157—158页。

这样，在秦楚争战中，楚国便能够居于有利的地位。[①] 而几十年后的楚顷襄王时（前298—前263年），另一楚将庄豪沿沅水所到的滇池才是今云南滇池。庄蹻入滇与庄豪入滇时间不同、路线不同、目的地虽名同而实异，断不应该混为一谈。[②] 那么，接着的问题是，“滇池”之名为什么会搬到云南高原？原因其实很简单：那就是众所周知的古蜀人南迁。公元前316年，由于秦人在灭掉古蜀国后大批进入成都平原等地，蜀部族人被迫南迁今云南高原地区，尤其是集中在今滇池、抚仙湖一带[③]：蜀部族人

---

① 按：楚在秦夺得蜀地之前就曾拥有蜀地，从前309年（楚怀王二十年）齐湣王所致楚怀王书中也能看得出来。《史记·楚世家》所引齐湣王书如下：寡人患楚之不察于尊名也。今秦惠王死，武王立，张仪走魏，樗里疾、公孙衍用，而楚事秦。夫樗里疾善乎韩，而公孙衍善乎魏；楚必事秦，韩、魏恐，必因二人求合于秦，则燕、赵亦宜事秦。四国争事秦，则楚为郡县矣。王何不与寡人并力收韩、魏、燕、赵，与为纵而尊周室，以按兵息民，令于天下？莫敢不乐听，则王名成矣。王率诸侯并伐，破秦必矣。王取武关、蜀、汉之地，私吴、越之富而擅江海之利，韩、魏割上党，西薄函谷，则楚之彊百万也。且王欺于张仪，亡地汉中，兵挫蓝田，天下莫不代王怀怒。今乃欲先事秦！愿大王孰计之。从《史记·六国年表》等记载可知，秦杀陈壮夺取蜀地、秦惠王死、武王立、张仪走魏诸事皆发生在前310年。由齐湣王书文意看，他写信给楚怀王时，可能并不知道秦已夺得蜀地，因而，信中仍有“王取武关、蜀、汉之地，私吴、越之富而擅江海之利”之语，以为蜀地与武关、汉中（部分）、吴、越诸地一样当时皆是楚属地。又，在此需要简单说明的是，秦夺蜀所杀的陈壮即楚将庄蹻。陈壮，《史记·张仪传》《战国策·秦策一》中作陈庄。陈、滇二字，上古韵部相同（真部），声纽相近（分别为舌音定母、端母），读音极近，像众所周知的上古陈、田二字通假一样，亦可通假。因此，陈壮（庄）即滇壮（庄），也就是滇地庄蹻的意思，与《史记·秦本纪》中“秦嬴”的称呼类似。参见本书第十章。

② 按：庄蹻与庄豪二人之间应有亲缘关系。《后汉书·南蛮西南夷传》曰：“滇王（庄豪）者，庄蹻之后也。”可证。庄豪之所以入滇为王，很可能是因为受到与蜀部族一同南迁今滇池地区的庄蹻余部的召唤。参见本书第十章。

③ 按：《华阳国志·南中志》“晋宁郡”条说：“汉武帝元封二年，叟反，遣将军郭昌讨平之，因开为郡，治滇池上，号曰益州郡。”据《后汉书》之《董卓传》《刘焉传》唐李贤注：“汉代谓蜀为叟。”可见，汉代在云南高原滇池等地出现的所谓“叟”人，毫无疑问就是蜀部族人。之所以称“叟”，很可能是古蜀部族在战国后期沿“灵（零）关道”南迁云南高原后汉朝人对其后代的一种错误译称。上古音中，蜀、叟二字声纽相近（分别为禅母、生母），韵部相邻（分别为屋部、幽部），读音很近，甚至在汉晋西南方音中有可能读音相同，比如《尚书·牧誓》伪孔传即云：“蜀，叟。”也有可能是汉朝人为了区别蜀部族人与蜀郡汉民而给蜀部族人的一种专称。

在这里把“蜀文化”发展成为“滇文化”。现存的有关古代文献记载[①]、今天的考古发现与研究[②]皆表明，蜀文化与滇文化之间具有明显的承继性与类同性。

可以说，“滇池”本在成都平原结论的取得，也为西南上古民族、历史、地理诸多谜题的开启提供了一把金钥匙。

［本章原题《“滇池”本在成都平原考》，刊《西南师范大学学报》（哲学社会科学版）2005 年第 5 期。本书收入时恢复了部分删节内容］

---

① 按：《华阳国志·南中志》云，晋时南中宁州（辖域约当今昆明一带为中心的云南省东北部）“夷人大种曰昆、小种曰叟，皆曲头木耳，环铁裹结，无大侯王，如汶山、汉嘉夷也”。晋时汶山郡辖域当今川西北岷江上游流域，为古蜀部族发源地；汉嘉郡辖域当今川西青衣江、大渡河流域，属“灵（零）关道”经过区。所谓“汶山、汉嘉夷”者，当为滞留在川西地区的古蜀部族人后代。由此可见，晋时南中宁州夷人尚与汶山、汉嘉夷人风习相类。

② 按：徐学书《关于滇文化和滇西青铜文化的再探讨》（《考古》1999 年第 5 期）、吴怡《从出土文物看古代滇蜀关系》（《南方丝绸之路文化论》，云南民族出版社 1991 年版）、冯汉骥《西南古奴隶王国》（《历史知识》1980 年第 4 期）等文中提供的一些考古发现材料以及某些论述，可以参考。参见本书第六章。

第二章

“成都”名称的来历

提要：“成都”名称的含义解释一直颇为棘手。尽管自宋以来，关于成都名称的解释已不下九种，但没有一种解释能够令人信服。由于早期蜀地与中原及其以东地区的文化有着异乎寻常的联系，且古蜀人的语言“颇与华同”，成都一词当就是古夏（汉）语。成都名称约在古蜀国开明王朝晚期（战国晚期）出现，其时“成”的读音可能为端纽耕韵，“都”的读音可能为端纽鱼韵。汉代西南地区的“×都”地名，是附近存在湖泊水体的标示。成都即得名于附近的“滇池”，滇池、成都二名上古读音近同。作为聚落名称的成都，是水体名称滇池的转化。滇池就是“天池”的意思。滇池、成都名称最早的文字书写者，是战国晚期楚威王时进入古蜀国的楚人。成都一名由来与含义的破解，对于古代成都平原自然环境、西南地区民族历史的新认识提供了十分重要的支持。

一 引言

成都是四川省省会，四川省的政治、经济、文化中心，拥有悠久的城市历史与灿烂的城市文化。例如，早在汉朝时，成都即与洛阳等四地并列为五大都会之一；到唐朝时，益州成都由于商业贸易活动十分繁荣，与东南地区的财富中心扬州齐名，时人有“扬一益二”之说。“成都”的得名时间也相当之早，四川省青川县出土的属于战国晚期（前238年）的吕不韦戈铭文中就已有“成都”一名出现①。然而，对于“成都”名

① 黄家祥：《四川青川县出土九年吕不韦戈考》，《文物》1992年第11期。

称的含义，自宋以来，学者们尽管有过各种各样的说法，却一直未能获得令人满意的结论（参见后）。这不能不说是这座国家历史文化名城的巨大遗憾，也不能不说是历史学界、地名学界、历史地理学界学者们的巨大遗憾。

众所周知，地名是人们给予某一特定空间位置上自然或人文地理实体的专有名称。研究地名的起源、语义、分布及其演变规律等地名学问题，往往与地理、历史、语言、民族等学科都有极其密切的关系①。我国历史悠久，很多重要地名也像成都一样，虽然有着十分古老的源头，但同样不甚清楚其准确含义。于是，研究古老地名的准确含义，常常成为地方历史研究中的不解难题。那么，如何才能获得一个古老地名的准确含义？笔者以为，要科学考察一个古老汉字地名的含义，有四个方面的工作可能需要特别重视。一是要确定该地名的语言系属。这是因为，历史上我国境内很多族群或民族没有本族文字，这些族群或民族活动地区的地名往往需要借助汉字进行记录。如果不能确定一个地名的语言系属，自然也就失去了获得该地名正确含义的语言学基础。二是要构拟该地名的古代读音。这是因为，古今汉字的读音往往会有变化，甚至是很大的变化，同一汉字的读音不同可能意味着巨大的含义差异（如多音字），而读音近同的不同汉字却可以具有相同的含义（如通假字）。于是，正确构拟一个地名的早期读音，对于探讨该地名的准确含义意义重大。三是要分析该地名的文字构成。汉字属于表意文字，历史早期记录自然、人文地理事物命名的文字一般情况下往往与字形相联系。也就是说，我们通过分析一些地名的用字，就有可能大致判断出该地名的类型与性质。例如，属于水体性质的地名，用字可能含有“水”的偏旁、部首；属于聚落性质的地名，用字可能含有“邑”的偏旁、部首。四是要复原该地名得名时的环境背景。地名是在语言发展到一定阶段或比较晚的阶段上由普通名词形成的②。地名的命名往往与命名时的自然环境背景有密切的关系。历史早期本来属于泛称性质的一些普通名词，如山、水、树等自然

---

① 史为乐：《谈地名学与历史研究》，《历史研究》1982 年第 1 期。

② ［苏联］B. A. ЖУЧКЕВИЧ：《普通地名学》（崔志升译），高等教育出版社 1983 年版，第 9 页；褚亚平、尹钧科等：《地名学基础教程》，中国地图出版社 1994 年版，第 92 页。

地理事物名词，其中具有标志性意义的部分，像大山、大江、大湖、大树之类，到语言较为成熟的阶段往往会以某种形式固定为专有性地名。因此，了解地名得名时所在区域的自然环境背景，对于早期地名含义的解释具有十分重要的意义；反过来，获得了地名的准确含义，对于复原地名所在地的历史环境也常常会有很大帮助。在探讨中国历史地名含义的过程中，如果研究者能够从历史、地理、语言文字等多角度进行认真、严肃的考察，而不是望文生义、牵强附会，那么，所取得的研究结论应该就会具有较强的科学性、合理性、可靠性。

基于上述思考，笔者尝试在简单回顾、评述以往学者关于“成都”名称的相关研究基础上，通过确定成都名称的语言系属和早期文字读音，最后解释成都名称的含义。文中观点或有偏颇，谨请有识者不吝教正！

二 “成都”之旧释

自古迄今，关于“成都”名称由来、含义的说法，归结起来大约有九种。试略作述评。

一是乐史说。该说见于宋乐史《太平寰宇记》中，出现的时间最早，也流传最广。《太平寰宇记》卷72有云：“成都县，汉旧县也。以周太王从梁山止岐山，一年成邑，二年成都，因名之曰成都。”也就是说，乐史以“成”为建成，以“都”为都城，于是，二字合起来的意思大致就是“建成都城”。虽然这个说法最早出现，也影响最大，却是完全不成立的。今人任乃强曾经评论说：

> 这一推断，显然有三重错误。(1) 蜀族与周族都是从唐虞以后，分别从梁州与雍州发展起来的。在周族迁岐以前，这两族没有过政治军事的交涉和经济文化的联系。这就不能说蜀国的都城，得名于周族迁岐的成就。(2) 周太王去豳迁岐，是举国迁徙，所至即成都邑；……哪能有“一年成邑，二年成都”的旧说可据。(3)“一年成聚，二年成邑、三年成都”是《史记·五帝本纪》称道舜由匹夫崛起，群众向往，积年发展过程的话，也是“成都”二字最早的出

典，不当误加到周太王的身上来。就引据典实来说，也根本错误了。[①]

袁庭栋也认为，乐史《太平寰宇记》所记内容是硬套《史记·五帝本纪》中帝舜“一年而所居成聚，二年成邑，三年成都”的传说，与四川之事无关[②]。因此，尽管近些年仍然有不少人用“一年成邑，二年成都”来解释成都的含义，但从学术角度来说，该观点不应该再坚持下去。

二是温少峰说。温氏认为，“成都”二字是用汉字对音记录的古代蜀族人的语言，属于氐羌系，其义为“成族人居住的地方”或“蜀族人居住的地方”[③]。该说相比前说甚有新意，也得到任乃强、袁庭栋等先生的认同。不过，所论由于多是使用现代地名材料和零星的民族语言材料辗转推测，缺乏强有力的直接历史文献依据支撑，仍然难以自圆其说。比如，既然蜀语是氐羌系语言，作为氐羌系语言对音的“成都”二字，为什么其含义接近现代汉语的意思？又如，单凭成、蜀二字古音双声而不管韵部分别为阳声、阴声的巨大差距，如何能用“成”字的读音来对译“蜀”字的读音？

三是徐中舒说。徐氏从《国语·晋语一》有“狄之广漠，于晋为都”一句出发，认为“都”就是古代边境上没有城防建设的自由都市。于是，联系到四川荥经出土的早期漆器上有“成亭”的疑似字样、江陵凤凰山与长沙马王堆两地漆器上有“成市草”字样，而认为“这一批漆器分属成亭、成市所造，后来成都这个自由都市就是从成亭、成市逐渐成长起来的”[④]。该说把新的考古发现材料与有关文献联系起来，观点独到。但问题是，我们现在不但无法确定带“成市草”之类字样的漆器是否真的

---

① 任乃强：《赞同〈试为“成都”得名进一解〉》，《社会科学研究》1981年第1期；郭付人、谭继和等：《成都城市研究》，四川大学出版社，1989年10月第1版。

② 袁庭栋：《话说四川》，巴蜀书社1985年版，第33页。

③ 温少峰：《试为“成都”得名进一解》，《社会科学研究》1981年第1期。

④ 徐中舒：《成都是古代自由都市说》，《成都文物》1984年第1期。

产自成都[①]，而且，对"狄之广漠，于晋为都"一句的准确含义学术界甚至都没有达成共识[②]。因此，不能不说成都为边境自由都市之说疑问颇大。

四是沈仲常、黄家祥说。该说与徐中舒说一样，也认为出土的带有"成市""成亭"的戳印铭文，应当是成都未得名以前的"成都"名，即春秋至战国中晚期"成都"一名的前身，而长沙马王堆一号汉墓出土的有"成市"字样的戳记和印有"成市草"和"成市饱"戳记的漆器当为成都所生产；成都在汉初时尽管已经有"成都"一名，但当时的社会一般阶层可能还是较为流行"成市"和"成亭"之名[③]。由于该说同样没有证据证明带"成市草"之类字样的漆器必定产自成都，因而，作者据之推测的"成亭""成市"与成都名称之间的关系就很难得到认可。

五是李金彝、王家祐说。该说基于《山海经》中有山名曰"成都载天"，认为该山就是"成山""成侯之山"，得名自古蜀国的"成侯"，而成都就是古蜀国的成侯对自己居处的称呼；由于蜀人由青藏高原逐渐东迁至成都平原，故成侯仍名其居处曰"成都"[④]。应该指出，作为该说关

---

① 按：除"成市草"外，汉代及其以前出土漆器上尚见"市府""南乡""北市""蕃禺"等戳印字样，除蕃禺可确定为今广州无疑外，其余名称多被学者指为成都辖属（见俞伟超、李家浩《马王堆一号汉墓出土漆器制地诸问题——从成都市府作坊到蜀郡工官作坊的历史变化》，《考古》1975年第6期）。应该说，这样的说法目前尚不能被证实，因为我们找不到有关"成市"是秦汉时代"成都市"的简称，"市府""南乡""北市"之类的名字属于成都市域的明确材料。其实，我国漆器生产历史悠久，战国时的漆器产地就已有不少。有学者曾指出，江汉地区江陵凤凰山等地战国墓葬出土的漆器应是当地的产品，因为，一则这类漆器在胎体制作、髹漆、彩绘等方面与同墓出土的其他漆器并无明显差异，不像是异地制作；二则成都与江汉地区距离遥远，长途贩运易于磨损的漆器，会大幅度提高产品成本，而昂贵的漆器不是身份普通的凤凰山167号墓墓主所能奢求的；三则楚国时期江汉地区是重要的漆器产地，云梦睡虎地秦墓漆器的大量出土，就说明直至秦代该地尚具有较强的漆器生产条件和能力。（后德俊：《湖北科学技术史稿》，湖北科学技术出版社1991年版，第170—171页）这一论证是合乎情理的。

② 按：《国语·晋语一》的全句为："狄之广莫，于晋为都。晋之启土，不亦宜乎？"三国韦昭注云："广莫，北狄沙漠也。下邑曰都，使如为晋下邑。"近人马长寿释云："此言北狄众多，晋国只有一种办法就是'启土安疆'，才能战胜狄人。"（马长寿：《北狄与匈奴》，广西师范大学出版社2006年版，第9页）笔者以为，从其上下文看，该句大意似应是：戎狄地区地广人稀，而晋国境内却聚落相望；晋国在戎狄地区开疆拓土，难道不是好事吗？

③ 沈仲常、黄家祥：《从出土的战国漆器文字看"成都"的得名》，《四川文物》1985年第4期。

④ 李金彝、王家祐：《成都考》，《地名知识》1986年第4期。

键论据的所谓古蜀国“成侯”与“成都载天”之间的关系只是一种十分牵强的推测，因为，“成侯之山”见于《山海经·中山经》，“成山”分别见于《山海经·南山经》《山海经·大荒南经》，“成都载天”山则见于《山海经·大荒北经》，而众所周知《山海经·山经》《山海经·大荒经》的成书年代不同（前者约成书于战国中晚期，后者约成书于战国末至秦汉初[①]），且诸山所在方位不一，似不应该被混同为一处。以此，该说也就难以成立。

六是谭继和说。该说从南方古多巢居、干栏式居住建筑出发，认为成都古居住形式即是名为“笼”的巢居，成都的“成”字为“巴蜀图语”文字，是干栏式木结构巢居的象形；都字的最初含义是水泽会聚之地；古成都地势低洼，池沼密布，故称为都；先有“水都”，后有“人都”[②]。应该说，谭说以“成”字为干栏式木结构巢居的巴蜀图语象形，并没有令人信服的依据，但关于“都”字含义的认识在一定程度上与笔者的观点接近，尽管其中存在误引、误解。遗憾的是，谭说未能提供古代成都平原环境的直接文献资料或考古资料依据，也就无法对成都平原的历史环境作进一步的解读。

七是刘冠群说。该说先指“成都”二字是蜀语音译的中原文字，然后，认为古蜀人“成都”这两个音节的实际语音相当于或接近于现代汉语的“dudu”，而蜀语“dudu”就是蜀都的意思；由于译名时蜀国已经灭亡，故不译为“蜀都”而译为“成都”；成都就是蜀国“终了的都邑”的意思[③]。应该说，该说成立的关键前提是“成都”二字为非汉语系统的古蜀语记音，可是，作者文中并没有提供可以证明成都二字为非汉语系统古蜀语的有力依据；当然，即使当时存在不同于古汉语的古蜀语，所谓不译为“蜀都”而译为“成都”的说法也完全是无依据的推测。这样，自然也就很难让人认同作者的观点。

八是孙华说。该说从古蜀国王族为开明氏出发，认为开明氏从帝鳖

---

① 参见万群《从汉语史角度看〈山海经〉的成书年代》，《中国典籍与文化》2013 年第 2 期。

② 谭继和：《自然经济对古代成都城市发展的历史影响》，《天府新论》1986 年第 3 期；《成都古为巢居氏族居住地续说》，《成都文物》1988 年第 1 期。

③ 刘冠群：《“蜀”与三都得名管见》，《四川地方志通讯》1984 年第 2 期。

灵就是崇帝鳖灵的异写，也就是崇伯鲧，而崇伯鲧善筑城，所筑的城称为“崇墉”，即《诗经·大雅·皇矣》之谓；新莽时益州名庸部，又古有能筑城的庸成氏，因而，成都之“成”就是“庸成”之“成”，“成都”二字的含义就是成人聚居的地方，或者说是庸成氏或开明氏聚居的地方①。该说的理据无疑十分曲折，但作者显然回避了这样一些众所周知的基本事实：鳖灵传说为“荆人”，蜀王开明氏在古蜀国的统治大约开始于春秋晚期或战国前期，崇伯鲧传说是夏朝开国者大禹的父亲，《诗经·皇矣》的“崇墉”明确在今陕西关中平原中部——要把这些在时间、空间上相距悬远的物事合理联系起来实在没有什么可能。

九是徐学书说。该说通过对《山海经》等古代文献的研究，认为岷山即古史传说中上帝及众神所居的“圣山”昆仑山（海内昆仑山）；昆仑山分三成（层、级），又名“成山”；成都的得名源于“成山之顶的上帝下都”，即天庭、天堂；开明氏五世蜀王迁都，为标榜蜀国上应天命，借用天堂之名作为新都城之名②。我们知道，《山海经》的内容多怪异、神话，史料价值十分有限，没有其他可靠史料佐证，很难把书中的内容视为信史，当然，据之进行的复杂推演、联系也就不能令人信服。因此，徐说虽然别出心裁，但缺乏说服力。

可见，古今学者们关于成都的含义解释虽然各不相同，迭有新说，且常常能给我们有益的启示，但无论是古说还是今识，在史料依据上、解释方法上、时空逻辑上都存在不少缺陷、缺环，故皆难于成立。

三 “成都”之新解

1. “成都”的语言系属

要讨论“成都”二字的语言系属，必须要确定古蜀语的属性。以往有学者认为，“巴蜀与中原应该是同一种语言，只是有部分不同的方言，和不同的新字，在当时有些突出”③；“巴蜀地区的语言和秦、晋、齐、楚

① 孙华：《成都得名考》，《四川文物》1991 年第 3 期。
② 徐学书：《“成都”释名——天堂·圣山·乐园》，《中华文化论坛》2007 年第 4 期。
③ 蒙文通：《古族甄微·巴蜀史的问题》，巴蜀书社 1983 年版，第 252 页。

一样，基本上属于一个系统，仅方言有所不同”①；“古蜀地的居民应该是一种在语言上与汉语有亲属关系的民族”②。而近年，更多的学者倾向于认为古蜀语言非华夏语言系统③，觉得“蜀与华夏不同族，言语异声，文字异形”，“蜀语早在秦灭蜀后不久即基本消失”④。笔者以为，要确定一个古远族群的语言系属，最为关键的有两点：一是要弄清楚该族群主体的来源，了解语言系属的可能方向；二是要分析该族群语言的词汇和结构，找到语言系属的实际依据。通过这两方面的讨论，应该能够帮助我们判断古蜀语是不是古夏（汉）语。

首先看看古蜀人族群主体的来源。要弄清楚该族群的主要来源，必须要了解成都平原地区的古文化背景。按《华阳国志·蜀志》开篇所说：

> 蜀之为国，肇于人皇，与巴同囿。至黄帝，为其子昌意娶蜀山氏之女，生子高阳，是为帝喾，封其支庶于蜀，世为侯伯。历夏、商，周武王伐纣，蜀与焉。

虽然关于颛顼的传说争议颇多，但近于史实的颛顼高阳氏是上古时期中原地区的部落首领，主要活动在以今河南濮阳为中心的豫、鲁、冀三省交界一带⑤。于是，这里所谓“封其支庶于蜀”，意思自然就是指古蜀人从中原地区西迁于古蜀国所在的成都平原一带。从目前已有的考古发现来看，古蜀地区的早期文化与中原夏、商王朝确实有着十分密切的关系。例如，三星堆遗址出土有与河南偃师二里头夏文化遗址相似的陶杯、高柄豆等器物，三星堆遗址真武仓包包祭祀坑出土的3件近似长方

---

① 童恩正：《古代的巴蜀》，重庆出版社2004年版，第99—100页。

② 赵振铎：《古蜀语词汇论纲》，《云南师范大学学报》（哲学社会科学版）2009年第1期。

③ 汪启明：《古蜀语诸家论述纂要》，《楚雄师范学院学报》2012年第2期。

④ 段渝：《四川通史·先秦》，四川人民出版社2010年版，第282页。

⑤ 参见《史记》卷1《五帝本纪》“集解”引皇甫谧，中华书局1955年版，第12页；何浩《颛顼传说中的神话与史实》，《历史研究》1992年第3期；沈长云《夏族兴起于古河济之间的考古学考察》，《历史研究》2007年第6期。

形的铜牌饰，与二里头遗址出土的铜牌饰基本相同①。以此，严肃的考古学者都认为，以成都平原为中心的古蜀地区早期文化——三星堆文化，应来自中原地区。如杜金鹏根据考古材料并结合文献记载指出，三星堆二期文化很可能是在夏末商初时，由迁入成都地区的夏遗民，与当地土著居民相结合所创造的一种新型文化遗存，它所包含的一些二里头文化因素，可能就是由夏遗民带来的夏文化分子，而四川地区的“禹迹”，并非指夏禹本人的遗迹，其实是夏遗民迁入四川地区的一种历史反映而已②。孙华等同样认为，三星堆文化与二里头文化（包括中原以东的古文化）在宗教观念、服饰标识、礼仪用器等方面有着异乎寻常的联系，这种联系不像是通常文化交流的遗留，更像是两地人群间具有亲缘关系的印迹；加上三星堆文化分布区有一系列与中原及其以东地区相同和相似的古代地名、古史传说和宗教崇奉等现象，完全有理由相信，三星堆文化所代表的三星堆王国的上层社会有来自中原及其以东的人群③。不妨以作为民族文化“化石”的古地名为例子。据统计，商代甲骨文中有含“蜀”字地名的记载60多条，且殷王多次“至蜀”“在蜀”，有的学者认为这个蜀就是指当时的成都平原地区，有的学者则不以为然。例如，胡厚宣认为，西南地区有“群山之高、三峡之险”等自然条件的阻碍，“殷人入川，大非易事，卜辞中的蜀，绝不能如此之遥”，指出卜辞中的蜀当为春秋时期的鲁地之蜀，在今山东汶上一带④；也有学者认为卜辞之蜀或是春秋时期的中原之蜀，在今河南长葛一带⑤。这样的说法是符合空间逻辑的。不过，笔者觉得，殷代以降的山东、中原之蜀，与四川之蜀当是有联系的，即四川之蜀可能源自山东、中原之蜀（即文献所谓“蜀

① 四川省文物考古研究所三星堆工作站、广汉市文物管理所：《三星堆遗址真武仓包包祭祀坑调查简报》，《四川考古报告集》，文物出版社1998年版。

② 杜金鹏：《三星堆文化与二里头文化的关系及相关问题》，《四川文物》1995年第1期，收入氏著《夏商周考古学研究》，科学出版社2007年版，第187—196页。

③ 孙华、苏荣誉：《神秘的王国》，巴蜀书社2003年版，第155页。

④ 胡厚宣：《卜辞中所见殷代农业》，《甲骨学商史论丛》第二辑，齐鲁大学国学研究所1945年版；郑杰祥：《殷代地理概论》，中州古籍出版社1995年版，第168—169页。

⑤ 杜勇：《说甲骨文中的蜀国地望》，《巴蜀文化暨三峡考古学术研讨会文集》（黎小龙主编），西南师范大学出版社2006年版，第60—64页。

山氏”遗民），为山东、中原之蜀的西迁。因为，除了古代山东、四川皆有蜀之名号外，比较古代山东、成都附近的某些其他地名，确实也可以看出其间可能存在某种联系。例如，古代山东中部的主要河流为汶水（古济水支流，今黄河支流），主要山体为蒙山（今沂蒙山），这在《尚书·禹贡》中有明确记载；而古代西蜀的主要山体称岷山、蒙山或汶山（今岷山山脉），主要河流称江或汶江（今岷江），这从《尚书·禹贡》《汉书·地理志》中可以发现。汶、蒙、岷三字，其实上古读音近同：汶，明纽文韵；蒙，明纽东韵；岷，明纽真韵[①]。这种相距遥远的两个区域的地名出现类同现象，应该不是偶然的巧合。以此，我们完全可以说，商代蜀地文化确是东夷、中原文化的分支或移植。

既然商代蜀地文化是东夷、中原文化的分支或移植，那么，商代及其以后古蜀国人民尤其是上层统治者所使用的语言，应该就是东夷、古代中原地区流行的夏语，也就是上古汉语。对此，后来文献中其实有明确而直接的记载。晋刘逵注《蜀都赋》引《地理志》说：

> 蜀守李冰凿离堆，穿两江，为人开田，百姓飨其利。是时蜀人始通中国，语言颇与华同，故言开国于中古也。[②]

《地理志》的作者已不清楚，东汉或晋时人的可能性当较大。所谓“是时蜀人始通中国，语言颇与华同”一句，意思显然是说：前316年秦灭亡蜀国之后，李冰于秦孝文王时（前250—前249年）被任命为蜀郡太守，这时蜀人与关中、中原地区人民的交往才真正开始；蜀国人民和关中、中原地区人民一样，也是使用华夏（汉）语言。但是，今天的学者对这句话的理解似乎存在很大的问题。比如，刘琳认为这证明蜀亡之后，其遗民大部分逐渐为华夏族所同化[③]；赵振铎等则认为，这是说“蜀地受秦的影响在语言上的变化，变得同中土的语言一致了”[④]。笔者以为，这

---

① 李珍华、周长楫编撰：《汉字古今音表》（修订本），第168、1、161页。

② 《文选》卷4《左太冲蜀都赋一首》，岳麓书社1995年版，第156页。

③ 刘琳校注：《华阳国志校注》卷3《蜀志》，第193页。

④ 赵振铎、黄峰：《〈方言〉里的秦晋陇冀梁益方言》，《四川大学学报》1998年第3期，第51—55页。

样的认识是很值得商榷的。因为，其一，语言是一个民族或族群的标志性文化特征。在一个民族遭受异族入侵和统治的时期，如果被入侵和被统治民族不讲本族语言而讲入侵者、统治者的语言，往往就会遭到本族人的鄙视和唾弃①。这样，从理论上讲，要使代表民族或族群特征的语言在一个不长的时间内趋于消失，可能性并不大。其二，古蜀国以成都平原地区为中心，到战国后期时，其人口数量绝不会很少②。如果古蜀人真的都是操一种与华夏语言系统完全不同的所谓“蜀语”，那么，作为入侵者和统治者的秦人要在数十年的短时期内使蜀语消失而让古蜀人改用秦人的语言，事实上是不可能的——试想，在既没有行政命令强制（即使是秦始皇统一全国后也只是要求“书同文”），也不可能有足够教学力量参与的古远时代，一个庞大的地域群体要进行语言的整体性转换，不要说在数十年的短时期内绝不可能实现，就是在数百年的长时期内也未必能够完成。古今中外找不到这样的例子。其三，古蜀国人与秦人、楚人之间似乎是可以进行直接交流的。例如，《华阳国志·蜀志》中有这样一段记载：

> 周显王之世，蜀王有褒、汉之地（指今汉中盆地一带），因猎谷中，与秦惠（文）王遇。惠王以金一笥遗蜀王，王报珍玩之物，物化为土。惠王怒。群臣贺曰：“天奉我矣，王将得蜀土地。”惠王喜，乃作石牛五头，朝泻金其后，曰“牛便金”，有养卒百人。蜀人悦之，使使请石牛。惠王许之。乃遣五丁迎石牛。既不便金，怒，遣还之，乃嘲秦人曰：“东方牧犊儿。”秦人笑之曰：“吾虽牧犊，当得蜀也。”

由此则故事可见，蜀人、秦人之间进行交流的语言虽有少量用字差

---

① 邢福义、吴振国主编：《语言学概论》，华中师范大学出版社 2002 年版，第 27 页。

② 按：据《汉书·地理志》，汉末仅蜀郡即有 26 万余户、124 万余人。此前的战国、秦时，蜀地中心区（大体包括蜀郡、广汉郡）的人户数当亦可观。例如，据《水经注》卷 37《叶榆水》引《交州外域记》称，古蜀国灭亡后仅南迁的蜀王子（安阳王）一支即曾领兵 3 万人进入骆越地区。

异，如当时蜀人似是把壮士称作“丁”①，把牛称作“犊”②，把儿童称作“儿”③ 的，并不符合其时秦地、中原的习称，但由于语言结构基本相同（如“东方牧犊儿”的语序为：修饰名词“东方”+中心名词“牧犊儿”，属于典型的汉语偏正结构词组），似不存在严重的语言交流障碍，而秦人无疑是使用古夏语的。再看《史记》卷116《西南夷列传》中的一段文字：

> 始楚威王时，使将军庄蹻将兵循江上，略巴、（蜀）黔中以西。庄蹻者，故楚庄王苗裔也。蹻至滇池，（地）方三百里，旁平地肥饶数千里，以兵威定属楚。欲归报，会秦击夺楚巴、黔中郡，道塞不通，因还，以其众王滇，变服，从其俗，以长之。

有研究者曾论证楚将庄蹻所到达的这个以“滇池”为中心、“平地肥饶数千里”的地方即是古蜀国所在的成都平原地区④，甚可信（参见后）。由此时庄蹻统治蜀地只需“变服，从其俗”而不需通其言的情况似可推测，楚人、蜀人之间好像同样不存在严重的语言障碍，因为楚人也是讲古夏语的。

其次，看看古蜀人族群语言的词汇、结构。在晋常璩《华阳国志·蜀志》中，还有两处可以窥知古蜀国人语言情况的很有价值的记载：

> （1）九世有开明帝，始立宗庙。以酒曰醴，乐曰荆。人尚赤，

---

① 按：《华阳国志》关于古蜀国的记载多出自西汉扬雄《蜀王本纪》。《蜀王本纪》[（明）郑朴辑本] 中同有“五丁力士”“五丁士”“五丁”的称呼。显然，扬雄是在用后缀“力士”“士”对古蜀国的用语“丁”进行解释，以便时人理解。

② 按：《吕氏春秋·季春》“驹犊”并称，《说文》释犊为“牛子”，可见秦地、中原以“犊”为小牛，而此处蜀人所称的犊显然是指秦人所称的牛，与秦地略有不同。

③ 按：其时秦人称儿童为“婴儿”，见《吕氏春秋·察今》。

④ 周宏伟：《“滇池”本在成都平原考》，《西南师范大学学报》（人文社会科学版）2005年第4期；周宏伟：《庄蹻入滇与庄豪入滇非一事辨》，《西南大学学报》（哲学社会科学版）2009年第1期。

帝称王。[①]

开明氏九世大约即当楚威王时楚将庄蹻到来的战国晚期[②]。所谓“以酒曰醴，乐曰荆”，是说古蜀国人的语言把酒水叫作“醴”、把乐器叫作“荆”的。有意思的是，作为上古汉语代表作的《诗经》，其中也是把酒水称为“醴”的，像“酒醴维醹”（《诗·大雅·行苇》）、“且以酌醴”（《诗·小雅·吉日》）、“为酒为醴”（《诗·周颂·丰年》）之类。这里之所以把“乐”理解为乐器，是因为“乐”的本义就是指乐器。《说文·木部》云：樂（乐），“象鼓鞞，木其虡也”。而蜀人把乐器叫作“荆”，则可能是因楚人记录者不知道古夏（汉）语乐器别称“金”而使用的借字。荆，见纽耕韵；金，见纽侵韵，二字声同韵近[③]，读音几乎一样，完全可以通假。记录下这样的古蜀语用词，大约是初来蜀地的楚人记录者对蜀人部分用词的好奇所致，因为从《楚辞》的用语来看，当时的楚人是把酒称为“酒”、乐器称为“乐”的[④]。所谓“帝称王”，是说古蜀国国君开明氏九世当时改称为“王”，而不是像之前一样称“帝”。与之相关，《华阳国志·蜀志》在此段之前还有这样一段记载：

> 周失纲纪，蜀侯称王。……后有王曰杜宇，教民务农，一号杜主。……七国称王，杜宇称帝，号曰望帝，……自以功德高诸王。

过去，学者往往依据这条材料，而认为“蜀人语言与华夏族异，所谓‘帝’、‘王’皆中夏译语，非其本称”[⑤]。笔者以为，从这两处相关记载看，古蜀国统治者显然认识到“帝”“王”“侯”三者是有含义差异的，即帝的地位要高于王、王的地位要高于侯。顺便说，古蜀国最高统

① 按：《华阳国志》著者常璩为晋人，虽然距古蜀国的灭亡时间已近600年，但《蜀志》所记较汉代扬雄《蜀王本纪》似更可信赖。参见顾颉刚《〈蜀王本纪〉与〈华阳国志〉所记蜀国事》，顾颉刚《论巴蜀与中原的关系》，四川人民出版社1981年版。

② 参见周宏伟《“滇池”本在成都平原考》；周宏伟《庄蹻入滇与庄豪入滇非一事辨》。

③ 李珍华、周长楫编撰：《汉字古今音表》（修订本），第356、429页。

④ 如《楚辞·九歌》：“蕙肴蒸兮兰藉，奠桂酒兮椒浆。”《楚辞·离骚》：“奏《九歌》而舞《韶》兮，聊假日以媮乐。”

⑤ 刘琳校注：《华阳国志校注》卷3《蜀志》，第193页。

治者开明氏九世之所以此间突然不称帝而改称王，自然不会是主动的，而当是前述楚将庄蹻率军来到蜀地“以长之”的结果——其时楚国等东方七大国国君尚是称王，偏居一隅的古蜀国怎能称帝？我们知道，古代中原帝、王、侯皆可为一国之君的称呼，如果古蜀人不是使用古汉语而是作为翻译用词，显然不应该有帝、王、侯之别，也无所谓改称与否。可见，古蜀人语言中这样的代表性字词，与上古中原汉语基本一致。

（2）武都有一丈夫，化为女子，美而艳，盖山精也。蜀王纳为妃。不习水土，欲去。王必留之，乃为《东平之歌》以乐之[①]。无几，物故。蜀王哀之。乃遣五丁之武都担土，为妃作冢，盖地数亩，高七丈。上有石镜。今成都北角武担是也。后，王悲悼，更作《臾邪歌》《陇归之曲》。

所谓“东平之歌”“臾邪歌”“陇归之曲”这样的歌曲名，似乎就是蜀王所作歌曲的原名，而不是翻译过来的。因为，如果是翻译，应该不会用“东平”“臾邪”“陇归”这样带有古汉语方言意味[②]、含义却不很清楚的词语，也不会有这么明确的“歌”“曲”之别。在古代中原，“曲合乐曰歌，徒歌曰谣”。[③]显然，“歌”“曲”有别，是古代中原文明的产物。像夏朝王族就早有哀而作歌的习惯，太康失国之后其昆弟五人所作的《五子之歌》[④] 即其例。蜀王因悲恸而作的《臾邪歌》《陇归之曲》何其相似乃尔！这几首歌曲名称与前面所提的“东方牧犊儿”一样，显然也属于典型的汉语偏正结构词组，如“东平之歌”“陇归之曲”“五子之

---

① 《蜀王本纪》有云：“武都人有善知蜀王者，将其妻女适蜀。居蜀之后，不习水土，欲归。蜀王心爱其女，留之，乃作《伊鸣之声》六曲以舞之。”与此差别不大，似为一事。“东平之歌”“伊鸣之声”之所以名称不同，疑由文字识读、口耳传说而致讹，因为东、伊形近，平、鸣音近。

② 按：“臾邪歌”之“臾”当通“堬”，“陇归之曲”之“陇”当通“垄”，可能都是坟墓的意思。《方言》第十三有云：“冢，秦晋之间谓之坟，或谓之培，或谓之堬（音臾），……或谓之垄。”似可证。“陇归之曲”，蜀汉来敏《本蜀论》作“幽魄之曲”，似亦可证。

③ 《十三经注疏·毛诗正义》卷5《魏风·园有桃》，北京大学出版社1999年版，第365页。

④ 《史记》卷2《夏本纪》，第85页。

歌”三者的语序皆为：修饰词 + 结构助词“之” + 中心名词。由这样几无差别的歌曲名称可见，古蜀语的语言结构与上古汉语的语言结构基本一致。

综合上述的分析可知，在秦灭蜀之前，古蜀地区人民尤其是上层人士，应该是使用古夏（汉）语的。然而，在西汉扬雄《蜀王本纪》中却又有这样一段相关记载：

> 蜀王之先，名蚕丛、柏濩、鱼凫、蒲泽、开明。是时人萌，椎髻左言，不晓文字，未有礼乐。①

这该如何解释？我们知道，扬雄是西汉末年蜀郡人，其生活时代去古蜀国灭亡的战国后期尚不甚远，因而，他留下的文字应该具有较高的可信度。文字是记录语言的符号。扬雄这里所谓“椎髻左言，不晓文字，未有礼乐”一句，其实是在告诉我们，古蜀国开明时期社会的文明程度相比同时期中原地区的华夏文明还有很大的差距。以此，如果“椎髻左言，不晓文字”不存在文字错误，它反映的语言文字状况是：古蜀人在与中原华夏族群交流时不但存在某些语言障碍，且存在严重的文字隔阂，即古蜀人不识中原华夏族文字。对此，通过分析扬雄《方言》的有关内容和成都平原的相关考古发现，能够对古蜀人的语言和文字问题有更进一步的认识。

先看《方言》。《方言》记录了大致属于古蜀国范围的以“梁益之间”“蜀汉”“雍梁”“西南”等词为标志的方言词20余条。扬雄关于家乡蜀地方言的这些典型性记录应该最具有地方性特征，因而，这些方言词很可能是古蜀语的残留。从目前学者们对这些方言词本身的既有研究

① 《文选》卷4《左太冲蜀都赋一首》刘逵注引，第155页。按：“椎髻左言”，《太平御览》卷166所引作“椎髻左衽”，不同，但作“左言”“左衽”二者皆可通。绝大部分学者认为作左言正确。如作左言，则当是指古蜀语言与中原语言在交流时有些不顺畅。《左传·昭公四年》“不亦左乎”杜预注：“左，不便。”不过，左言一词在史籍中少见，而左衽一词在史籍中多见，指的是服饰习惯，如早在《论语》中即有“微管仲，吾其被发左衽矣”。因此，作“椎髻左衽”或更可信。

结果看，有人已认识到“汉代的梁益方言是一种非常孤立的方言”①。这样的结论是有相当道理的。在四川盆地这样一个较为封闭的区域，尽管相当部分的语音在缺乏文字的约束下可能会变化很大，但同样还有相当部分的语音仍然可能保持较为古老的面貌。前引《华阳国志》谓古蜀人“以酒曰醴，乐曰荆”，实际上已一定程度反映出蜀地方言的古老性，而通过分析《方言》中的某些例子，同样能够发现汉代蜀地某些方言词汇所具有的古老特征。特征之一，是汉代蜀地方言似与遥远的中原及其以北、以东一带的方言有渊源关系。例如《方言》第二云：“鋠，槻，裁也。梁益之间裁木为器曰鋠，裂帛为衣曰槻。鋠又斫也，晋赵之间谓之鋠鋠。”这似可以反映梁益、晋赵二地域的方言“鋠”是同源的，而所谓晋赵之间，约当今山西河北一带；又如，《方言》第十一云“蚍蜉，齐鲁之间谓之蚼蟓，西南梁益之间谓之玄蚼”，则可反映齐鲁、西南梁益二地域对“蚍蜉”的称呼接近。齐鲁之间，约当今山东一带。这似乎也暗示着古代西南蜀地与山东、中原之蜀存在某种联系。特征之二，是汉代蜀地方言的一部分似有十分古老的历史。例如，《方言》第十三谓“鼻，始也。兽之初生谓之鼻。梁益之间谓鼻为初，或谓之祖”。“鼻”的本字是“自”，上古音属于从纽脂韵，而初、祖二字的上古读音分别属于初纽鱼韵、精纽鱼韵。② 显然，不但初、祖二字读音甚近，就是自、祖二字，其声纽同为齿头音，韵部皆阴声韵，读音亦很接近。可见，梁益之间“鼻”的读音来源确实可能十分古远。除了某些读音的古老性，古蜀语显然也存在内部语音上的不统一。例如，前录《华阳国志·蜀志》有谓“后有王曰杜宇，教民务农，一号杜主”，是说“杜宇”或读作“杜主”，而扬雄《蜀都赋》中则作“杜鄘”；又如，《蜀王本纪》中的蜀王“鳖灵”，在蜀汉来敏《本蜀论》等书中又作“鳖令”；《蜀王本纪》中的“子圭鸟”鸟，在《说文》中作“子嶲”，在《华阳国志·蜀志》中作“子鹃”。由于古蜀语相比同时代的中原汉语确实存在相当多的语词读音差异，在这个意义上，扬雄因此说古蜀人“左言”是大体成立的。但是，

① 李恕豪：《扬雄〈方言〉中的秦晋方言》，《四川师范大学学报》1992 年第 1 期，第 76—82 页。

② 李珍华、周长楫编撰：《汉字古今音表》（修订本），第 72、83、106 页。

需要指出的是，汉代的梁益方言与前代的古蜀语可能已有很大不同。这是因为，前316年古蜀国灭亡后，有大批古蜀国人陆续离开了古蜀国的中心地带成都平原一带[①]，而自此时以迄汉初，则有大批关中等地的移民相继来到成都平原一带。史籍中如是记载：

（1）《华阳国志·蜀志》：

> 周赧王元年（前314年），秦惠王封子通国为蜀侯，以陈壮为相。……以张若为蜀国守。戎伯尚强，乃移秦民万家实之。

（2）《汉书·食货志》：

> 汉兴，接秦之敝，诸侯并起，民失作业，而大饥谨，凡米石五千，人相食，死者过半。高祖乃令民得卖子，就食蜀汉。

我们知道，文化传播的媒介主要是人的迁移和流动，而在古代社会，移民、战争、入侵和占领等是文化传播的主要途径。由于成都平原的主体族群在秦汉时期发生了转换，因而，当代方言学者们倾向于把秦汉时代西南梁益方言视作秦晋方言区的次方言[②]，大体是合理的。

再看考古发现。近几十年来，成都平原考古发掘出的古蜀国时期器物不少，但器物上往往只有一些无法识别的图像、符号（这些图像、符号有一些学者认为是文字，但专业考古学者不认为是文字，因为这些图像、符号虽然可能包含、表达某种意义，但不可能组成词句或文章[③]），并没有发现甲骨文、金文之类的古华夏成熟文字，这似乎在很大程度上就证实了古蜀人“不晓文字”的情形。之所以如此，原因可能在于古蜀

---

① 蒙文通：《越史丛考·安阳王杂考》，中华书局1983年版，第63—81页；石硕：《汉代西南夷中“嶲”之族群内涵——兼论蜀人南迁以及与西南夷的融合》，《民族研究》2009年第6期。

② 刘君惠等：《扬雄方言研究》，巴蜀书社1992年版，第140—141页；李恕豪：《扬雄〈方言〉与方言地理学研究》，巴蜀书社2003年版，第40页。

③ 例如，长期从事巴蜀符号研究的学者王仁湘说：“巴蜀符号不大可能是文字，而是一种图画语意符号。……它应当是巴蜀时代的部族徽识，是区别彼此的图标。”参见王仁湘《寻找古蜀时代的文字》，《中国社会科学报》2013年12月6日第A06版。

先人离开中原的夏末或商初，华夏文字尚属于草创阶段（这从河南偃师二里头遗址出土陶器上的刻划符号①就可以看得出来），还没有后来才趋于成熟的甲骨文，而四川盆地僻处西南，地形条件的封闭性很强，商周时代与中原的交往十分有限，绝大部分蜀人也不可能在与中原人的有限交往中学会中原文字。《华阳国志·蜀志》有曰："有周之世，限以秦、巴，虽奉王职，不得与春秋盟会，君长莫同书轨"，即大致反映了此点。所谓"虽奉王职，不得与春秋盟会，君长莫同书轨"，意思是说古蜀国国王之所以不参与春秋盟会，主要原因是古蜀国国王所使用的文书、车轨制度与其他国家不同。"莫同书"，换言之，也就是"不晓文字"。其实，众所周知，能够讲汉语而不能识用汉字的情况一直到今天在部分汉族人群和少数民族人群中还较广泛地存在。之所以如此，自然是因为语言可以在日常生活中学会，而文字学习是需要进行专门性教育的。随着楚将庄蹻领兵在楚威王时期（前339—前329年，当蜀开明氏九世时期）来到蜀地成都平原，古蜀人"不晓文字"的局面可能才从此结束。

基于上论，我们可以认定，古蜀人应该是使用上古汉语蜀方言的族群。因此，"成都"应该是古汉语地名。

2. "成都"的上古读音

"成都"二字既然属于古汉语地名，那么，在该地名得名的时代，该如何读音？笔者以为，要构拟成都二字的古代读音，首先自然要确定成都的得名时代。关于成都名称的最早文献材料有如下两处：

（1）《华阳国志·蜀志》：

九世有开明帝……开明王自梦郭移，乃徙治于成都。

（2）《太平寰宇记》卷72引《蜀王本纪》：

蜀王据有巴、蜀之地，本治广都樊乡，徙居成都。

---

① 中国社会科学院考古研究所编著：《偃师二里头》（中国大百科全书出版社1999年版，第202页）指出："（二里头遗址三期）发现的刻划符号，主要出自大口尊的口沿内侧和其他器类的口部。有粗细不同的竖线、十字形、交叉形、镞形、树枝形等，有的近似象形文字。"

古蜀国自蚕丛开国至开明氏九世国亡，约历 13 代国王①，延续时间大约相当于春秋晚期②至战国晚期，即约当前 5 世纪初期至前 3 世纪末期（前 316 年）。由此可知，成都古聚落的得名时间大约是在古蜀国开明氏王朝最后一个国王九世开明尚在位时期③。众所周知，周代及其以前时代的汉语属于上古汉语，处于这个时期的汉语语音也就是上古音。这样，从时间上看，古蜀国人民所使用的汉语自然属于上古夏（汉）语，其语音应该就属于上古汉语的蜀地方言音。从夏商之交的三星堆文化时期到春秋战国时代，延续时间超过 1000 年。在如此漫长的时间里，成都平原古蜀人使用的古夏语言脱离中原古夏语独立发展，不可能不出现语言的演变和地方性特点，而且，在没有文字约束的情况下，一些语音的演变往往会相当之大。前引《蜀王本纪》所谓“左言”，前述《华阳国志》《方言》中蜀地使用的某些独特性语词，当就是这种现象的反映。于是，我们可以认为，战国时的古蜀国方言，一方面某些语词保留了上古汉语早期的读音，另一方面某些语词又发生了相当的变化，这样，“成都”二字的蜀地读音，很可能与同时代甚至秦汉时代的关中、中原一带读音有相当的差别。由于古蜀国使用成熟文字记录语言的开始时间很可能是在战国晚期楚将庄蹻大军在成都平原建立统治之后，而如前所述，庄蹻统治蜀人的办法是“从其俗，以长之”，自然，楚人记录古蜀国地名的方式也当是“从其俗”，即用楚国方言字词按古蜀人的语言习惯进行记录。于是，作为蜀地语词的“成都”二字，其读音理应与战国晚期的楚地方言读音一致或接近。

按照有关古汉语语音学工具书的看法，上古“成”字属禅纽耕韵，

---

① 按：《后汉书·张衡传》注引《蜀王本纪》，谓“五代有开明尚，始去帝号，复称王也”，与此所引《华阳国志》不同。如果开明尚为五世而不是九世，则约历 9 代国王。

② 按：《华阳国志·蜀志》云：“周失纪纲，蜀先称王。蜀侯蚕丛，其目纵，始称王。”严重的“周失纪纲”时代即约自春秋晚期开始。

③ 按：近年成都附近发现的金沙聚落遗址群，呈现西北—东南向的明显带状分布；该聚落群最早在商末周初形成规模，西周时期繁荣稳定，到春秋时期已经衰落。（据傅顺等《成都金沙遗址区古环境初步研究》，《江汉考古》2006 年第 1 期）之所以该聚落群在春秋时期趋于衰落，很可能是因为古滇池的西南向收缩所导致的聚落用水环境发生变化。金沙聚落的衰落之时，有可能就是成都古聚落的兴起之时。

可拟音为 ʑǐeŋ[1]；“都”字在端纽鱼韵，可拟音为 ta[1]。① 这当然是周秦汉时代中原地区古夏（汉）语雅言的读音。那么，在战国晚期的楚地夏（汉）语方言中，“成都”二字的读音是不是会和中原雅言一致？尽管我们今天已无法完全还原战国晚期的楚人方言，但是，对于“成都”二字，从楚人留下的诗歌《楚辞》的用韵中，还是能够有所了解的。

先看“成”字。在屈原等人所作的《楚辞》中，有三处使用“成”字作为韵脚。试摘录如次。

其一，出自《少司命》的篇章：

秋兰兮青青，绿叶兮紫茎；满堂兮美人，忽独与余兮目成。

其二，出自《天问》的篇章：

鲧何所营？禹何所成？康回冯怒，地何故以东南倾？

其三，出自《远游》的篇章：

恐天时之代序兮，耀灵晔而西征；微霜降而下沦兮，悼芳草之先零！聊仿佯而逍遥兮，永历年而无成！谁可与玩斯遗芳兮，晨向风而舒情。高阳邈以远兮，余将焉所程？

由上可见，“成”字及其与之叶韵的青、茎、营、倾、征、零、情、程诸字，在当时的楚方言中皆应在耕部韵（平声），即与中原雅言一致 。由于屈原（约前 339—前 278 年）生活的时代与楚威王时（前 339—前 329 年）楚将庄蹻领兵进入蜀地的时代十分接近，楚人用来记录蜀人语言的“成”字，亦当是在耕部（平声）。然而，“成”字的声部如何？据《说文》：“成，就也。从戊，丁声。”丁，上古端纽耕韵，可拟音 tieŋ[1]。② 也就是说，成字如果从丁声，则声部为舌头音端纽，与周秦汉时代中原

① 李珍华、周长楫编撰：《汉字古今音表》（修订本），第 361、93 页。

② 同上书，第 363 页。

雅言声部为舌上音禅纽不同。由于“古无舌上音”，作为舌头音的端纽，应该是成字最古老的声部。事实上，成字的这个声部，现在从越南语中仍可以得到支持。在今越南语中，“成”字是写读作 Thành① 的。这个读音与成字可能的早期读音 $tieŋ^{1}$ 相比较，其声部皆为舌头音，韵部皆为阳声韵，二者相当接近，但是，与古汉语雅言以及今汉语所有方言的声部发音皆不相同②。之所以今天的越南语中还能保留接近于早期汉语借词的读音，很可能与前 256 年蜀王子（安阳王）将兵三万人进入今越南北部建立统治有关③：越南语中最早的一批汉语借词可能就是伴随着安阳王的势力进入的。

其实，类似成字的读音变化及通假，古汉语中可以举出不少，如田→陈、奠→郑即是例子。田、陈二字，上古通用，皆定纽真韵；而至中古，陈已变为澄纽真韵④。奠、郑二字，上古亦通用，皆定纽耕韵；而至中古，郑已变为澄纽劲韵⑤。端、定二纽皆舌头音，而禅、澄二纽皆舌上音。可见，成、田、奠诸字上古读音变化的共同特点是声纽有从舌头音转变为舌上音的趋势。这也都符合清人钱大昕“古无舌上音”的著名观点。

再看“都”字。都，《说文》释云：“有先君之旧宗庙曰都。从邑，者声。”那么，“者”在先秦时代的中原读什么音？由于先汉古籍中有者字与著、诸等字通假的例子，如《商君书·来民》“者于律也”、《诅楚文》“卫者侯之兵以临加我”中之“者”即分别与著、诸通假，因而，者字在先秦时代的读音当属于端纽鱼韵或章纽鱼韵⑥。同样考虑到“古无舌上音”，者字的早期读音应为端纽鱼韵。这样，“都”字读音也就可能同样属于端纽鱼韵，可拟音为 ta^{1} 或 $tĭa^{1}$。这个读音，在《楚辞》中也可以得到证明。

在《楚辞》中，有四处使用“都”字作为韵脚，出处如次。

---

① 《汉越词典》编写组编：《汉越词典》，商务印书馆 1994 年版，第 69 页。
② 李珍华、周长楫编撰：《汉字古今音表》（修订本），第 361 页。
③ 蒙文通：《越史丛考·安阳王杂考》，第 63—81 页。
④ 李珍华、周长楫编撰：《汉字古今音表》（修订本），第 162 页。
⑤ 同上书，第 375 页。
⑥ 同上书，第 109、316、83 页。

之一，出自《离骚》的尾章：

乱曰：已矣哉！国无人莫我知兮，又何怀乎故都？既莫足与为美政兮，吾将从彭咸之所居。

之二，出自《远游》的篇章：

绝氛埃而淑尤兮，终不反其故都。免众患而不惧兮，世莫知其所如。

之三，出自《招魂》的篇章：

魂兮归来！君无下此幽都些。土伯九约，其角觺觺些。敦胲血拇，逐人伂駓駓些。参目虎首，其身若牛些。此皆甘人。归来归来！恐自遗灾些。

之四，出自《大招》的篇章：

朱唇皓齿，嫭以姱只。比德好闲，习以都只。丰肉微骨，调以娱只。魂乎归来！安以舒只。

由上可知，“都”字及其与之叶韵的居、如、觺、駓、牛、灾、姱、娱、舒诸字，在当时的楚语中皆应为鱼部韵（平声）。也就是说，楚语的“都”字读音与中原雅言近同。

可见，在战国晚期的蜀地汉语方言音中，“成”字当属于端纽耕韵，“都”字当属于端纽鱼韵，即“成都”二字的读音很可能是接近 $tie\eta^{1}$、$t\breve{\imath}a^{1}$的。

3. “成都”的文字含义

要了解成都的正确含义，应该从“都”字含义的解释开始。都在上古时虽是一个多义字，但这些含义多是从聚落城邑的含义引申出去的，与今天对都字的理解基本一致。由于都字右部从邑，所以，学者多以为聚落城邑是其本义。上引《说文》、三国张揖《广雅·释诂三》中“都，聚也”的解释，即证实了这一点。然而，学者们一直不大注意到的是，古代“都”也有湖泊水体的意思。例如，《水经·涞水注》解释临湖的“潴城”一名时明确说，“水泽所聚谓之都，亦曰潴，盖即水以名城也”，而《水经·漾水注》中也保存了一个释“都”字为湖泊水体的西南地区地名命名实例：“（武都），天池大泽在西，故以‘都’为目矣。”① 这是说，武都之所以以“都”为名，就是因为在该聚落的西面有一个天池大泽②。可见，古代“都”有湖泊水体的含义是无可置疑的。

尽管武都之“都”是湖泊水体的意思可以无疑，但是，古代西南地区含“都”的其他类似地名是否也是如此？不妨先把汉代西南地区所见的除“成都”之外的四个含“都”的聚落地名附近的地理环境状况一一考释如下。

（1）邛都。西汉时县名，始见于《汉书·地理志》“越嶲郡”条，其下云“有邛池泽”，地当今四川省西昌市。据《后汉书·南蛮西南夷传》记载：

> 邛都夷者，武帝所开，以为邛都县。无几而地陷为汙泽，因名为邛池，南人以为邛河。后复反叛。元鼎六年，汉兵自越巂水伐之，以为越巂郡。

这里提及的邛都立县不久地陷而为邛池的说法，是不成立的。因为，今天在邛海（即古邛池）边发现的一批新石器遗址及出土的陶器、网坠等人类活动的情况③就很好地证明，至迟在史前时代邛海已经形成。所谓邛都县“无几而地陷为汙泽”的故事，可能指的是原建立于邛池边的邛都县城，由于邛池某年水位上涨、湖面扩大，而部分沦没于邛池之中。显然，邛都之得名，就是因为附近有邛池之故。

① 《水经注》卷6《涞水注》，第101页；卷20《漾水》，第314页。

② 参见周宏伟《汉初武都大地震与汉水上游的水系变迁》，《历史研究》2010年第4期。

③ 西昌市文物管理所：《四川西昌市横栏山新石器时代遗址调查》，《考古》1998年第2期。

（2）广都。西汉时县名，始见于《汉书·地理志》“蜀郡”条。《华阳国志·蜀志》云：“广都：（蜀）郡西三十里，元朔二年置；有盐井、渔田之饶；大豪冯氏有渔池、盐井。”由于汉广都县治的位置历来无法确定，以致有学者怀疑《华阳国志》说广都在“（蜀）郡西三十里”可能记载错误①。其实，只要对照《续汉书·郡国志》广都县下注引任豫《益州记》所云“县有望川原，凿石二十里，引取郫江水灌广都田”的记载，就知道《华阳国志》的记载是正确的，因为只有广都在成都之西，才可以“引取郫江水灌广都田”。西汉扬雄《蜀王本纪》有言：“蜀王本治广都樊乡，徙居成都。”也就是说，广都曾经是古蜀国国王移居成都前的旧治所在。广都的位置其实约在古滇池（《水经注·江水》称为“万顷池”，估计晋时古滇池已经淤浅分割为一些水道和小水体，故有“渔田之饶”）边，因为晋永宁元年赵廞逃离成都时“曾乘小船顺水至广都”②。隋仁寿二年（602年），因避炀帝（杨广）讳，广都改称双流。汉及其以前广都的具体位置即约在今双流县城之北（见图2—1）③。

（3）新都。西汉时县名，始见于《汉书·地理志》“广汉郡”条。《华阳国志·蜀志》云，该县“有金堂山，水通于巴”。据嘉庆《新都县志》载，新都旧县治在清代新都县（今新都区）治东二十里④，约当青白江区城厢镇（旧金堂县城）东一带。这与《水经·江水注》“雒水（今沱江）又南径新都县……与绵水合”的情形相合。城厢镇以东的今金堂县城一带，地处都江（郫江、沱水，今毗河）、雒水下流交汇处，地势较低，因雒水受古金堂山（今龙泉山脉）的阻挡，汉晋时代经常行水不畅，以致在河道及附近低洼处容易滞水、积水而形成湖泊性水体。西晋左思《蜀都赋》有所谓“浸以绵、雒”者，晋刘逵注曰：“言益州之有绵、雒，犹扬州之有五湖。”⑤ 可证。后该地湖泊水体当因淤浅、通峡而消亡。汉新都之得名疑即与绵、雒积水区有关（见图2—1）。

① 刘琳校注：《华阳国志》卷3《蜀志》，巴蜀书社1984年版，第249页。

② 《华阳国志》卷8《大同志》。

③ 按：图中“滇池”位置参考了上揭周宏伟《“滇池”本在成都平原考》一文附图。

④ （嘉庆）《新都县志》卷3《建置沿革志》。

⑤ 《文选》卷4《左太冲蜀都赋一首》，第152、161页。

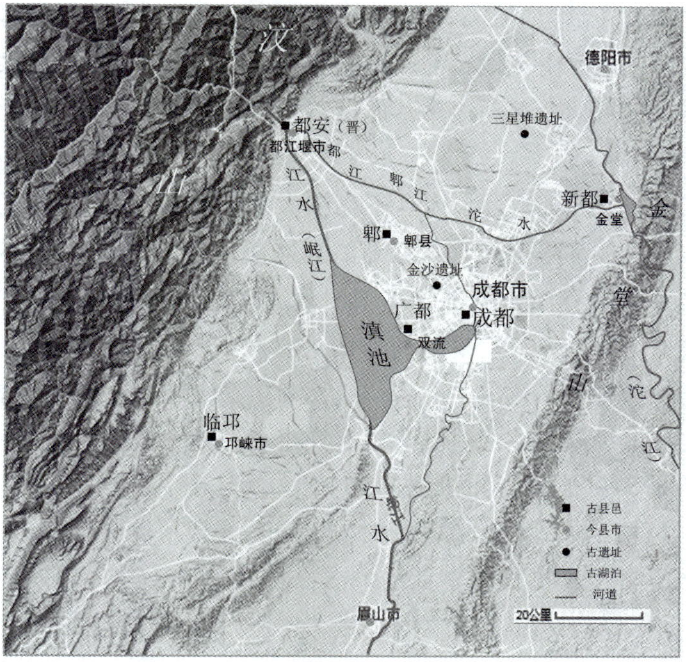

图 2—1 战国秦汉时代的成都、广都与新都

（4）莋都。西汉时县名，初为沉黎郡治地。《史记·西南夷传》云：元鼎六年（前 111 年），汉武帝“以邛都为越嶲郡，莋都为沉黎郡”①。后改名为定莋县，并入越嶲郡。《汉书·地理志》“越嶲郡”条定莋县下载：“有盐。步北泽在南。都尉治。”唐颜师古注曰：“本莋都也。”② 可知汉莋都县即当今四川省盐源县一带。步北泽当在今盐源县城南的低洼积水地带，当时的面积应该不小，由于历史时期的淤浅，现存水体面积已不是很大。笮都的得名应与这个步北泽有关。

由诸例可见，像武都一样，邛都、广都、新都、莋都诸城邑附近也都是有湖泊水体存在的，汉代西南的“×都”名称，确实是地名得名时附近存在湖泊水体的标示。因此，我们完全可以推定，成都的得名，也当是由于当时聚落附近存在的湖泊水体。《华阳国志·蜀志》所谓“蜀以

① 《史记》卷 116《西南夷传》，第 2997 页。

② 《汉书》卷 28 下《地理志》，第 1600 页。

成都、广都、新都为三都，号名城”，可能是后人不解三个名称含义后的附会之说。位于西南夷地区的邛都、莋都二地已远离古蜀国，之所以也用古蜀国命名习惯命名湖边聚落，自当是秦灭蜀后蜀人南迁过程中沿途滞留[①]所致。

我们知道，成都附近今天是不存在大型天然湖泊水体的。但是，在唐及其以前，成都附近是有大型湖泊水体存在的，最著名的、规模最大的就是“滇池”。对此，前述笔者《“滇池”本在成都平原考》一文已有详细论述。可以补充其发现的尚有两处材料：一是西汉扬雄《蜀都赋》中有关于“滇池”的内容，亦即“（成都）西有盐泉、铁冶，橘林、铜陵，邙连盧池，澹漫波沦；其旁则有期牛、兕旄，金马、碧鸡”一句[②]。这里的所谓“盧池”当为滇池的误写[③]。二是东汉刘熙《释名·释兵》中所云：“盾，……隆者曰滇盾，本出于蜀，蜀滇所持也。”[④]刘熙之所以强调蜀地所制“滇盾”是“蜀滇所持”，当是为了区别汉代成都平原上的蜀郡之“滇”与云贵高原上益州郡之“滇”。近年通过对成都金沙遗址的孢粉分析所获得的结论——遗址区古植被以草本植物占优势，局部地区为低洼的湿地，生长着大量喜湿的蕨类植物[⑤]，也在相当程度上说明成都附近应该存在大片低洼积水的地带。需要指出的是，滇字在汉代读“真”声（《说文·水部》：“滇，益州池名，从水，真声。”），章纽真韵，可拟音ȶĭen^{1}[⑥]；但在汉以前的上古汉语早中期，由于无舌上音的情况存在，滇字应当属于端纽真韵，读如tĭen^{1}，即如前述上古时代“陈”读如“田”一样。而“都”的湖泊水体含义，有可能是从都的聚落含义引申来的，

---

① 参见蒙文通《越史丛考·安阳王杂考》，第63—81页；石硕《汉代西南夷中“巂”之族群内涵——兼论蜀人南迁以及与西南夷的融合》，《民族研究》2009年第6期。

② （宋）章樵注：《古文苑》卷4《扬雄赋三首·蜀都赋》，中华书局1985年版。

③ 按：与之相关的内容可参考《史记·货殖列传》：“（卓氏）致之临邛（今四川邛崃一带），大喜，即铁山鼓铸，运筹策，倾滇蜀（《汉书》作‘滇池’）之民，富至僮千人，田池射猎之乐，比如人君。”另晋左思仿扬雄赋而新作的《蜀都赋》中相应内容亦作“滇池”。由此而知，“盧池”必是“滇池”或“田池”之误。之所以出现这样的错误，应是扬雄《蜀都赋》的传抄者根据汉晋以后的有关滇池在云南的地理知识臆改所致。古代成都平原及其附近并不存在所谓“盧池”之名。

④ （清）毕沅：《〈释名〉疏证》，中华书局1985年版，第218页。

⑤ 傅顺等：《成都金沙遗址区古环境初步研究》，《江汉考古》2006年第1期。

⑥ 李珍华、周长楫编撰：《汉字古今音表》（修订本），第163页。

甚至，“都”字很有可能是对池、泽二字的同音异写。于是，通过分析池、泽二字的音义，应该有利于我们对“都”字含义的正确理解。

“池”在今天就是积水洼地（坑）的意思。但值得注意的是，在先秦时代，“池”却常常指人工的沟渠、水道。如《左传·僖公四年》云：“楚国方城以为城，汉水以为池。”《说文·阜部》：“隍，城池也。有水曰池，无水曰隍。”《周礼·秋官·雍氏》郑玄注：“池谓陂障之水道也。”《礼记·月令》郑玄注：“穿地通水曰池。”在先秦秦汉时代，池与沱二字经常混用（《说文》中有“沱”字而无“池”字，原因或在此）。这大约是部首“也”与“它”常常混用的缘故。对此，有学者论证说：

> 由地下出土古文字资料看，春秋到秦汉之际，“也”与“它”之字形分别明显，各成发展系列。……“也”与“它”是两个字形来源完全不同，各有其发展线索的字，二者既非同源又非同字。考察以“也”或“它”为偏旁的字例，可以看出，二者相混大都是隶变之后才发生的，如“蛇”，马王堆帛书等资料中均从“它”，在武威医简及其后的汉隶中才出现从“也”的写法；金文“匜”均从“它”，信阳楚简从“金”从“它”，……武威汉简从“也”，写作“鉇”……。这表明上述从“也”的字，大多是隶变及其定型阶段才出现的。我们认为这是由于“也”“它”二字（字符）在隶变过程中形体越来越相近，遂致混同。①

尽管“也”与“它”混用，但池字的上古读音并不从“也”，而是从“它”。也就是说，池字最初的读音是与沱字近同的，即为定纽歌韵，可拟音为 dĭai^1 或 dai^{1}②。这从《楚辞》中“池”字的叶韵情形也可以得到证实。屈原《楚辞·少司命》有云：

> 与女沐兮咸池，晞女发兮阳之阿；望美人兮未来，临风恍兮

---

① 黄德宽：《说“也”》，《第三届国际中国古文字学研讨会论文集》，香港中文大学 1997 年版，第 826—828 页。

② 李珍华、周长楫编撰：《汉字古今音表》（修订本），第 38、295 页。

浩歌。

又《楚辞·招魂》亦云：

> 仰观刻桷，画龙蛇些。坐堂伏槛，临曲池些。芙蓉始发，杂芰荷些。紫茎屏风，文缘波些。文异豹饰，侍陂陁些。轩辌既低，步骑罗些。兰薄户树，琼木篱些。魂兮归来！何远为些。

显然，池是与阿、歌、蛇、荷、波、陁、罗、篱、为九字叶韵的，诸字皆当属歌部韵。池之所以会与沱的读音近同，可能不但是因为二字字形相近，而且也是因为二字含义相近。《说文·水部》："沱，江别流也，出岷山东，别为沱。从水，它声。"这就是说，沱的意思是指成都平原上由古长江（今岷江）别出的水道或支汊。显然，这与前述池的人工沟渠、水道含义很是相近。这似乎也可以证明陈梦家"金文沱、池一字"① 说的正确性。随着汉代沱、池二字的分开，进入中古时代，池的读音才渐渐演变为澄纽支韵，可拟音 ȡĭe^1。② 也就是说，滇池二字，在汉或先汉时代的西南地区，本应读如 tĭen^1 dĭai^{1}或 tĭen^1 dai^1。

"泽"本也是指水聚集的地方。《释名·释地》："下而有水曰泽。"泽字最初的读音为定纽铎韵，可拟为 deak^{4}③。这就是说，上古时代，泽字的读音不但与沱、池二字甚为接近，含义也很是接近。不过，在西南地区，从《汉书·地理志》中有"天池大泽""邛池泽""临池泽"这样带两个通名的名称来看，当是先汉时代本已有"天池""邛池"的方言名称，后来，随着汉代中原人民的大量进入，开始在古蜀地区对水体地名进行某种形式的规范或统一，才又加入当时流行的湖泊水体名后缀"泽"字。这与今"青海湖"的名称来历颇为类似。

由于在汉或先汉时代的西南地区，滇池二字可能读如 tĭen^1 dĭai^{1}或 tĭen^1 dai^1，而前述成都二字很可能读如 tieŋ^1 tĭa^{1}或 tieŋ^1 ta^1，这样，滇池、

---

① 陈梦家：《禺邗王壶考释》，《燕京学报》第 21 期，1937 年，第 207—230 页。

② 李珍华、周长楫编撰：《汉字古今音表》（修订本），第 38 页。

③ 同上书，第 378 页。

成都二名声纽皆舌头音、韵部皆阴声韵，读音自然也就近同。值得注意的是，在史籍中，古代成都平原地区“沱（池）”字与“都”字的通假是有实例可寻的，这就是“沱江”也可以写作“都江”。沱水（江）之名最早见于《尚书·禹贡》，即所谓“岷山导江，东别为沱”，这说的是岷江出山口进入成都平原后，东向分汊出一条“沱”水。这条沱水其实是古蜀国开明氏时期开凿的分流岷江江水的一条人工河（见图2—1）。《水经注·江水》即曰：“江水又东别为沱，开明之所凿也。”① 如前所述，沱（池）的本义也就是指的人工沟渠、水道。沱水（江）的分汊位置，自然就是后来李冰“作大堰”的地方，亦即蜀晋时的都安（今都江堰市）。扬雄《蜀都赋》中所称的“都江”当指该河。蜀晋时期都江也被称为“郫江”（今柏条河、毗河），而北面分出的新河被称为“捡江”（“湔江”异写，今青白江），这也就是《益州记》所云：“江至都安，堰其右，捡其左，其正流遂东，郫江之右也。”② 由于郫江流经成都附近，唐宋时代又名“成都江”。《太平寰宇记》卷72就说：“郫江，一名都江，一名成都江。”可见，沱水（江）得名最早，都江实际上是沱江的异写。

考虑到滇池、成都二名读音近同，而前述又有邛池边的主要聚落就称为邛都的例子，于是，我们似有理由说，成都作为滇池边的主要聚落，其名称应是由滇池水体名称转化而来。之所以会出现这样的转化，当是古蜀国绝大部分时期只有语言而没有文字所致。由于战国秦汉时代古蜀地区开始用汉文字记录地名，作为水体名称的滇池，记录者必须要把水体名称与水体边的聚落名称相区别。其实，类似的情况在春秋早期的楚国就已经存在。如清华简《楚居》有云：“至武王酓达，自宵徙居免，焉始□□□□□福。众不容于免，乃溃疆涅之陂而宇人，焉抵今曰郢。”③ 这句话的意思是说，楚武王时因新都免可供人民居住生活的陆地有限，于是把附近的积水泽地“涅”排干而让人民居住，自此之后，楚人也就把这样的地方叫作“郢”。显然，带“郢”字地名的得名与“涅”字有

---

① 按：由于《水经注》作者郦道元在编辑文献时常存在错误，《水经注》在流传过程中也产生不少缺漏，今本《水经注》此条被误置于李冰与都安“作大堰”之前。

② 《水经注》卷33《江水》引。

③ 参见清华大学出土文献研究与保护中心编、李学勤主编《清华大学藏战国竹简（壹）》，中西书局2010年版，第181、187—188页。

密切关系。另外，楚地的地名“五渚”，也确实是可以写作“五都”的[①]。“渚”的上古读音自然也从“者”，端纽鱼韵，与“都”字的读音相同。那么，“滇池”是什么含义？前引刘宋范晔《后汉书》所谓“末更浅狭，有似倒流”的解释，自不可信，因为这是把“滇”视为“颠”的通假字而引申出倒流的含义。滇、颠确实可以通假。三国文颖注司马相如《上林赋》“文成颠歌”有曰：“颠与滇同也。”[②] 而“颠”与“天”亦是音同义通的。《说文·一部》即曰：“天，颠也。”于是，笔者以为，“滇池”当就是天池的意思，或者说是天池的异写，为的是区别于当时同在古蜀国境内武都附近的“天池”（也就是前引《汉书·地理志》所称的“天池大泽”）。在古代西南地区，我们甚至可以找到“滇池”又名“天池”的实例。古代西南地区的“滇池”地名并不止一处，除了本章论及的成都附近的滇池、昆明附近的滇池，迟到明代，四川叙州府（治今宜宾市）、会川卫（治今会理县）尚保留有“滇池”地名，而叙州府的滇池就是叫天池的。试看清初顾祖禹的记载：

（1）《读史方舆纪要》卷70《四川五》：

> 天池（叙州）府西二十里。一名滇池。又名波凌池。《志》云：池长五十里，阔七里，风起则波浪凌山。

（2）《读史方舆纪要》卷74《四川九》：

> 《志》云：（会川）卫南六十里有迷郎关，一名迷水镇，旧有滇池，今堙。

所谓叙州“天池”，即当今宜宾市区西宜宾县城所在的金沙江谷地一带，应为历史时期因金沙江河道水流不畅而形成的一个规模相当庞大的

---

① 刘信芳：《释五渚》，《中国历史地理论丛》1987年第2辑，第129—133页。

② 《文选》卷8《司马长卿上林赋一首》，第302页。

堰塞湖；该堰塞湖大约因明万历四十六年（1618 年）溃坝①而致消失，现这里仍残留有数处叫天池的地名。天，上古为透纽真韵，可拟音 thien¹②，与滇的拟音 tǐen¹ 显然十分接近。需要说明的是，由于这两个“滇池”的所在地正好分别位于古代蜀人南上云贵高原的熊耳道、灵关道这两条主要道路（也就是《华阳国志 · 蜀志》所谓“熊耳、灵关为后户”者③）边，故其命名者很有可能就是战国晚期秦灭蜀后那些滞留于南迁途中的蜀人。最近，在距宜宾天池不远的金沙江边石柱地遗址的考古发掘中就确实发现了古蜀人的踪迹④。有学者在研究古云梦问题时曾经指出，春秋时期的楚地人之所以要使用云、郧、䢵、涢等一些同音、近音字表示江汉平原区的同类地理事物，应是在地理专名尚未广泛使用的情况下，为书面上区别该区域各地的同类地理事物而采取的办法⑤。现在看来，古蜀人之所以使用天池、滇池、成都这样读音近同的名称来称呼水体及其相关的聚落，除了与楚地类似的原因，还有可能与古蜀人只有语言、没有文字有密切关系。考虑到前述楚人有“五渚”异作“五都”的例子，又有楚将庄蹻领军在楚威王时期（前 339—前 329 年，当蜀王开明氏九世时）“王滇”（统治古蜀国）的历史，而“滇池”名称的最早文字记录就出现在庄蹻王滇时期，楚人对水体、聚落名称也确有同音异写的习惯，于是，我们可以认为，“滇池”“成都”名称最早的文字书写者或记录者，应当不是来自“不晓文字”的古蜀人，而是来自楚威王时期初来乍到古蜀国的楚人对古蜀人语言的书面记录。

四 结论与启示

综上所论，笔者以为主要可以获得如下几点重要认识。

---

① 按：（清）彭遵泗《蜀故》卷 23《瑞应灾异》云：“万历戊午，（叙州）马湖、青羊二江合涌，逆上岷江，水立十丈。”似是堰塞湖溃坝之景观。

② 李珍华、周长楫编撰：《汉字古今音表》（修订本），第 209 页。

③ 按：熊耳即熊耳峡，居成都以南的岷江上，故熊耳道为水道；灵关道自成都西南走，通邛都，是为陆路。

④ 据报道，战国晚期至西汉早期，石柱地遗址文化主要受到了巴蜀文化的影响，发现了大量圜底罐、釜甑、铜鍪、柳叶剑、字符印章等巴蜀文化的典型器物。参见李万涛《蜀人南迁留遗踪：四川宜宾石柱地遗址》，《大众考古》2014 年第 10 期。

⑤ 周宏伟：《云梦问题的新认识》，《历史研究》2012 年第 2 期。

其一，古蜀语“成都”二字属于古夏（汉）语。早期蜀地与中原及其以东地区的文化有着异乎寻常的联系，商代蜀地文化应是中原文化的分支或移植。分析《华阳国志·蜀志》等史籍中的相关记载可以知道，古蜀人虽然“不晓文字”，但语言确实“颇与华同”，古蜀人与秦人、楚人之间的交流不存在十分严重的语言障碍。

其二，“成都”得名约在古蜀国开明氏晚期，即战国晚期，属于汉语语音发展史的上古时期。上古时期的汉语语音自然就是上古音，而古蜀地区由于其地理封闭性，一部分汉语语音可能保持着较古老的面貌，另一部分汉语语音可能发生了改变。由于古蜀国使用文字记录语言的时间很可能开始于战国晚期楚威王时楚将庄蹻“王滇”，而楚人记录古蜀国地名自然是用楚国方言字词。这样，作为蜀地语词的“成都”二字，其读音理应与战国晚期记录古蜀国地名的楚人所使用的楚地方言音一致或接近。在当时的楚地方言音中，“成”字属于端纽耕韵，“都”字属于端纽鱼韵，即“成都”二字很可能是接近 tieŋ^{1} tĭa^{1}读音的。

其三，“成都”之所以得名，是因为附近的湖泊水体“滇池”（读如 tĭen^{1} dĭai^{1}）。汉代西南地区的“×都”的地名，如武都、邛都、广都、新都、莋都等，城邑附近都有湖泊水体存在，可以说“都”是“×都”地名得名时附近存在湖泊水体的标示。滇池和成都上古读音近同。作为聚落名称的“成都”，即是作为湖泊名称的滇池的转化。滇池也就是“天池”的意思。滇池、成都名称的最早文字记录者，不是“不晓文字”的古蜀人，而应是战国晚期楚威王时来到古蜀国的楚人。

通过对“成都”地名的考释，我们可以发现，要科学、合理地解释我国历史早期出现的地名确实不是一件容易的事，它往往涉及历史、地理、语言文字等多方面问题。一些古老地名的含义之所以不得其解、颇多争议，往往是由于研究者没有完全弄清楚与之相关的历史、地理、语言文字诸问题。相反，一些古老地名的含义得到破解、确认，则常常能够帮助我们更深入地认识一些相关的历史、地理、语言文字问题。比如，上述成都得名于滇池结论的获得，可以使我们对于成都平原地区古代的自然环境、西南地区古代的民族历史、民族语言等问题产生全新的认识。又如，汉代莋都的位置学界一直有争议，有说在四川汉源的，有说在四川盐源的。知道了“×都”地名的含义，那么，莋都的位置在今盐源就是无可怀疑的。再如，今天四川盆地区域的特有地名“×沱”，如仁沱、陈家沱、金刚沱等，一般字典都把其中的“沱”解释为河流中可以停船的水湾，而并不清楚其含义来源。其实，这个“沱”字，当就是古代西南地区“×池”地名的现代残留，因为，“沱”字不但基本保留了“池”字在西南地区的远古读音，而且，河流中可以停船的水湾一般属于水流流速较慢、水面较宽的滞水河段，这显然也与“池”的停水含义类同。

“成都”一名由来与含义的破解，不但可以为近年研究者关于古代成都平原自然环境、西南地区民族历史的新认识①提供进一步的支持，而且可以为中国传统地名学命名理论②增添新的内涵——像“×都”之类暗藏湖泊名称的聚落地名应是我国古代“因水命名”地名中十分特殊的一类。当然，本章提供的“成都”名称含义解释模式应该具有相当的样本意义，或许能够为很多不得其解的中国古老地名的含义探索提供帮助。

（本章原题《从湖泊名称导聚落名称——“成都”的由来与含义探索》，刊《中国历史地理论丛》2015 年第 4 期）

---

① 参见周宏伟《“滇池”本在成都平原考》；周宏伟《庄蹻入滇与庄豪入滇非一事辨》。

② 参见华林甫《中国地名学史考论》，社会科学文献出版社 2002 年版，第 23—40 页。

第三章

三峡地区的“云梦”

提要： 自唐以来，学者一直都视“云梦”作为湖泊水体专名或游猎区专名的。本章通过对出土文献和传世文献中三峡地区“云梦”材料的分析，指出其中的“云梦”不在江汉平原，而就在三峡地区：一个是巫县云梦，一个是朐忍云梦。这样的认识是能够得到两湖平原长江南北、淮河以北有关云梦记载的支持的。进而指出，早期云梦应不是专名，而是古夏（汉）语楚地方言对具有游赏意义的水体不大但植被繁茂之区的通称，其本来含义即为草泽或泽草。三峡地区云梦的存在是古代峡江水文环境变化的一个缩影。

一 引言

关于先秦迄汉晋时期的“云梦”，自唐以来，曾经是古代两湖平原地理研究和楚国历史研究中颇受学者关注的问题，因为，作为楚地重要地理事物的古云梦，其性质、位置、范围一直令人捉摸不定。主要问题有二：一是云梦与云梦泽是否一回事，一是云梦泽是否跨江南北。学者们之所以关注这两个问题，是因为这两个问题的解决，可以使我们对于古代江汉—洞庭平原自然环境状况的了解有极大的帮助。到20世纪80年代初，这两个问题在历史地理学界终于形成基本共识，那就是：第一，“云梦”是一个包括多种地貌、范围极为广阔的楚王游猎区，“云梦”与“云梦泽”是两个不同的概念；第二，云梦泽位于湖北江陵（荆州）以东的江汉之间，跨江南北的云梦泽历史上并不存在。[①] 问题既然基本解决，共识既然大体达成，那么，学界关于这两个问题的后续讨论自然也就不多见了。此后的20多年里，研究者除了补充、细化、加强、发挥以前的主要观点[②]，关于云梦和云梦泽问题的看法较前似乎并没有根本性的不同。

笔者曾经也认为学界取得的上述共识是正确的，并在有关论著中采用过上述观点。然而，近年笔者在进行有关长江中游地区历史地理与环境变迁问题的研究时，发现导致上述共识产生的对象问题本身，即引起唐以来学者甚多疑惑的云梦问题，其实并不是真问题。之所以说它不是真问题，是因为该问题的产生是基于对“云梦”含义的错误理解——云梦实不是传统认识上的专名，而是楚地人对宜于游赏的水少草茂之地的通称（参见后文）。这样，过去学界所达成的上述共识也就完全失去了支撑。应该说，历来学者关于该“问题”所做的文献考证、论述乃至地貌考察、沉积物技术分析等多方面研究工作，尽管所指向的主要对象“问题”事实上并不存在，但是，仍然具有十分重要的学术意义。例如，这些论著中所提供的丰富文献资料、地质地貌资料和获得的某些研究、考释成果，对于笔者揭破云梦之谜就具有相当重要的启示作用。为此，本章即在前辈学者有关云梦与云梦泽“问题”的研究基础上，主要通过对三峡地区“云梦”的情况进行考证、解释，从一个侧面说明过去学者所关注的与云梦相关的主要“问题”并非真问题的理由。

三峡地区位于四川盆地与江汉平原之间，而长江是历史时期联系两区域的重要通道。然而，十分令人不解的是，在先秦秦汉时代，该区域

---

① 参见谭其骧《云梦与云梦泽》，《复旦学报》（社会科学版）1980年增刊《历史地理专辑》，第1—11页。下引谭氏观点皆出此文，不另注。另参张修桂《云梦泽的演变与下荆江河曲的形成》，《复旦学报》（社会科学版）1980年第2期，第40—48页；石泉《先秦至汉初“云梦”地望探源》，湖北省社会科学院历史研究所编《楚文化新探》，湖北人民出版社1981年版，第91—101页；蔡述明、官子和《跨江南北的古云梦泽说是不能成立的——古云梦泽问题讨论之二》，《海洋与湖沼》1982年第2期，第129—142页。石泉、蔡述明等文后结集为《古云梦泽研究》（湖北教育出版社1996年版）一书。

② 参见周凤琴《云梦泽与荆江三角洲的历史变迁》，《湖泊科学》1994年第1期，第22—32页；蔡述明等《全新世江汉湖群的环境演变与未来发展趋势——古云梦泽问题的再认识》，《武汉大学学报》（哲学社会科学版）1998年第6期，第96—100页；张修桂《中国历史地貌与古地图研究》，社会科学文献出版社2006年版，第131—136页。

居然存在两个称为“云梦”的地方。

二 吕后《二年律令》中的“云梦”

张家山汉简《二年律令》是张家山二四七号汉墓出土全部律令的总称，包括27种律和1种令，内容涉及西汉初年政治、经济、军事、地理、社会生活等多方面。由于其发布施行的时间为汉初吕后二年（前186年），故有此称。张家山汉简《二年律令》有一篇《津关令》，其中有这样一段话：

> 相国上南郡守书言：云梦附窦园一所，在朐忍界中，任徒治园者出入扜关，故巫为传，今不得，请以园印为传。扜关听……①

对于这段内容中关键的“云梦附窦园一所”，上述张家山汉简的整理者并没有进行解释。张家山汉简整理者之所以没有对“云梦附窦园一所”进行解释，大概是因为看来简单的几个字实在不容易解释：传统认识中的云梦在江汉平原，何以附属于云梦的窦园会放在数百里外的朐忍县（今重庆云阳西）？从这一点上来说，其治学态度是严谨的。但另有研究者却尝试进行解释，即以“云梦”为《汉书·地理志》中提及的江汉平原地区几处“云梦”，而疑“附窦园”为云梦苑囿所附属的一处别苑，在朐忍县境内；至于这一段文字的意思是说，“因巫县无法（不知何因）给‘任徒治园者’核发通过扜关的传，而由南郡守向中央朝廷奏请用‘治园’官印来替代传作为凭信，可能因为涉及到皇家苑囿而需向上级请示”。② 显然，研究者这样的解释并没有告诉我们为什么附属于江汉平原云梦的窦园要置于数百里外的朐忍县境内？

那么，这段话的准确意思是什么？毫无疑问，要解释这段话，我们必须要了解“云梦”到底是什么意思。笔者以为，云梦并不是唐以来学

---

① 张家山247号汉墓竹简整理小组：《张家山汉墓竹简（二四七号墓）》（注释修订本），文物出版社2006年版，第87页。

② 杨建：《张家山汉简〈二年律令·津关令〉简释》，丁四新主编《楚地出土简帛文献思想研究》，湖北教育出版社2002年版，第316—341页。

者所指的湖泊水体专名或游猎区专名，而是一个普通名词。因为，在先秦至汉晋时代，传统的楚地区域，可考的云梦之地有多个。试举四例如下。

（1）江汉平原东北的䢵地“云梦”。《左传·宣公四年（前605年）》记载有这样一个故事：

> 初，若敖娶于䢵，生鬭伯比。若敖卒，从其母畜于䢵，淫于䢵子之女，生子文焉。䢵夫人使弃诸梦中。虎乳之。䢵子田，见之，惧而归。夫人以告，遂使收之。

故事中的若敖为西周末年楚国国君，前790—前764年在位，此间的楚人主要活动于南条荆山地区（今湖北荆山山脉一带），势力还没有大规模进入江汉平原。[1]“䢵”或可写作“郧”[2]，也就是指西周至春秋时期的郧国。郧国为西周分封于汉东的方国之一，嬴姓。郧国具体位置何在？晋初杜预注之曰：“梦，泽名。江夏安陆县城东南有云梦城。”[3] 此云梦城或曰郧城[4]，也就是古郧国国都所在。《汉书·地理志》江夏郡下有郧乡县，谓为“楚郧公邑”，意指该县在楚国时为郧县范围。唐颜师古注《汉书·地理志》江夏郡云杜县条，引东汉应劭之言曰：“《左传》‘若敖取于䢵’，今䢵亭是也。”按汉安陆、郧乡、云杜三县县域当今湖北安陆、云梦、应城、汉川、仙桃、京山、潜江等县（市）一带，则古郧国地域当包含有江汉平原北部的广阔区域。

那么，所谓䢵地之“梦”又在什么地方？据《史记正义》引《括地

---

① 周宏伟：《新蔡楚简与楚都迁徙问题的新认识》，《北大史学》第14辑，北京大学出版社2009年版，第44—81页。

② 《通典》卷183《州郡十三·安陆郡·安州》有曰：“䢵或作郧。䢵、郧、涢皆音云。”按：江汉平原及其附近区域古代有郧、郧城、郧乡、涢水等地名多处，这类地名皆当与“云（梦）”有关。参见下文。

③ 《春秋左传正义·宣公四年》杜预注。

④ 《春秋左传正义·桓公十一年》杜预注云：“郧国在江夏云杜县东南，有郧城。”梁刘昭注《续汉书·郡国志》江夏郡条引杜预曰：“（云杜）县东南有郧城，故国。”《水经注》卷31《涢水》云：“辽水又西南流，至安陆县故城西，故郧城也。”

志》云："云梦泽在安州安陆县东南五十里。"①唐李吉甫亦云：云梦泽在安州"（安陆）县南五十里。"② 1975年，云梦县睡虎地秦简《大事记》的出土，使我们知道秦安陆县本治今云梦县城③，自汉以降，安陆县才北移治于今安陆市区的。因此，此云梦泽的位置即在后魏以来的云梦县城一带。李吉甫又说，"云梦县，本汉安陆县地，后魏大统末于云梦古城置云梦县；云梦泽，在（云梦）县西七里。"④ 上述杜预所说的晋时"江夏（郡）安陆县城东南"的云梦城，其实也就是汉代的江夏郡首邑西陵县所在。李吉甫还说："故汉所理江夏郡，前书多言在安陆；其云梦县东南四里，涢水之北，有江夏古城，（后）周所理；据山川言之，此城南近汉水，余址宽大，则前汉江夏郡所理也。"⑤也就是说，周秦以来，今云梦县（治）所在地的历史身份曾有过如下变化：

> 邧（郧，国都）→郧（县治，楚）→安陆（县治，秦）→西陵（县治兼江夏郡治，西汉）→邧亭（东汉）→云梦（县治，后魏以降）

按《汉书·地理志》江夏郡下有载："西陵，有云梦官。"云梦官之置早在汉以前已有，因为，今出土的秦封泥中就存有一枚"左云梦丞"封泥⑥。既然有"左云梦丞"，自然还当有"右云梦丞"与之对应。云梦龙岗出土的秦简即有"诸假两云梦印玺及有到云梦禁中者得取

---

① 李泰等著，贺次君辑校《括地志辑校》卷4《安州·安陆县》，中华书局1980年版。

② 《元和郡县图志》卷27《江南道三·安州》，中华书局1993年版，第650页。

③ 上揭谭其骧《云梦与云梦泽》。

④ 《元和郡县图志》卷27《江南道三·安州》，第651页。

⑤ 《元和郡县图志》卷27《江南道三·安州》，第649页。笔者按：梁刘昭注《续汉书·郡国志》江夏郡条引杜预曰："古邧国在（軑侯国，今湖北黄冈东）东南，有邧城。"唐张守节《史记正义》引《括地志》云："西陵故城在黄州黄（山）［冈］西二里。"《元和郡县图志·江南道三·黄州》亦云："黄冈县，本汉西陵县地，故城在今县西二里。"可见，晋唐间人有时把汉西陵与后来迁至黄冈（今新洲）的晋西陵误混为一谈。石泉在《唐至北宋时著称的安州云梦泽》（上揭石泉、蔡述明《古云梦泽研究》第69—77页）文中已有驳正，可参见。

⑥ 参见周伟洲《新发现的秦封泥与秦代郡县制》，《西北大学学报》（哲学社会科学版）1997年第1期，第30—37页。

灌□□……”（278 简）[①] 的记载。西陵的这个云梦官，当沿袭自秦时的“左云梦”官。云梦官的设置自然应与西陵附近周楚以来存在的“云梦”相关。汉代的江夏郡城西陵，确实如上录李吉甫所言，就是后魏所称的“云梦古城”、后周所称的“江夏古城”，也就是位于今云梦县城关的“楚王城”。据楚王城考古发掘简报[②]，该城平面呈“日”形，由一条城垣分割的大城和小城组成，城址总面积约 1.9 平方公里，夯土城墙总长约 9700 米，现东、南、北三面及中部尚有高出地面 2—4 米的土垣，东西长约 1900 米、南北宽约 1000 米，城外有宽 40 余米的护城河环绕，四周分布着近 10 个大型墓地，东北角有一座烽火台；从出土器物推测，该城约始建于战国中晚期，约在西汉初期兴建中城垣，至东汉早期废弃。西汉初期之所以兴建中城垣，或许是为了区别江夏郡与西陵县同治一地的情形：大城为郡治，小城为县治。显然，这与上引文献记载中云梦县的历史政区变化情况是相当吻合的。从文献记载看，今云梦县附近历史上称为“云梦泽”的水体先后有两处，一在县西七里（如上引《元和郡县图志》载），一在县南，县西的云梦泽不知何时消失，而南近的云梦泽至迟到明代已经淤平。[③] 可见，云梦城附近被唐以后人称为云梦泽的水体面积必定不大，否则，不至于今天完全淤塞不存。今楚王城遗址附近只有东面存在一片不大的湖泊水体——曲阳湖。

由于这里是古郧国都城所在，且是出现云梦称呼的地方，估计很早就已置有管理云梦的官员，自然，对云梦的管理也最为完善。云梦睡虎地秦简《大事记》的出土，使我们知道秦始皇三十七年“十一月，行至云梦”[④]的云梦，就在今天的湖北省云梦县，而云梦龙岗秦简《禁苑律》的出土，更使我们清楚地知道当时对云梦的管理确实已制定有较详细的制度[⑤]。大约正是因为这里管理较好，所以，东汉时期先后南巡的和帝、

---

① 刘信芳、梁柱编著：《云梦龙岗秦简》，科学出版社 1998 年版，第 27 页。

② 参见湖北省文物考古研究所等《'92 云梦楚王城发掘简报》，《文物》1992 年第 4 期，第 42—51 页。

③ 《读史方舆纪要》卷 77《湖广一·德安府·云梦县》“云梦泽”条引旧县志。

④ 《史记》卷 6《秦始皇本纪》。

⑤ 参见南玉泉《云梦龙岗秦简的法律形式与内容》，中国政法大学法律古籍整理研究所编《中国古代法律文献研究》第 2 辑，中国政法大学出版社 2004 年版，第 17—29 页。

桓帝，在章陵（今湖北枣阳南）祭祀刘氏先祖之后，都有幸云梦、临汉水的行程[①]。二帝所幸之云梦，从其行程先云梦后汉水的次序考察，应为今云梦县一带无疑。

（2）江汉平原西部的沮水“云梦”。沮水发源于鄂西北山区，在今湖北枝江注入长江。鄂西沮（漳）水流域是前689年楚武王从荆山山区进入江汉平原地区后的楚国统治中心鄀郢所在。[②] 史籍中关于“云梦”二字的联称，即见于楚庄王时（前613—前591年）令尹孙叔敖治理沮水的事迹。孙叔敖是以治水而名垂史册的。据裴骃《史记集解·循吏列传》所引《皇览》，孙叔敖的主要治水事迹之一即为“激沮水作云梦大泽之池也”。一直以来，这句话被后世学者解读为孙叔敖开凿了一条沟通长江的运河。[③] 笔者以为不然，因为沮水与漳水汇合后本来就是南注大江的，孙叔敖实无必要多此一举“拦截沮水与漳水作大泽，泽水南通大江”。按《说文》云：“激，水碍衺疾波也……一曰半遮也。”以此，《皇览》这句话的正确含义，应该是指孙叔敖通过在沮水河中修筑堤堰之类的障碍物，使沮水分流而入附近的相对低洼地区，形成一个自然—人工湖泊，即所谓“云梦”或“大泽之池”。也就是说，《皇览》这句话应该句读作“激沮水作云梦，大泽之池也”，“大泽之池”是对云梦的解释，意即靠近大泽的面积较小的壅水之地（参见后）。春秋战国间，由于这个“云梦”就在楚国都城鄀郢、栽郢（纪南城）附近[④]，地位自然十分重要，以至于后来也需要设置专门的“云梦官”来对它进行管理。现存传世文献中，沮水流域的云梦官先见于《汉书·地理志》南郡编县条下，再见于《晋书

---

① 《后汉书》卷4《孝和帝纪》，卷7《孝桓帝纪》。

② 参见上揭周宏伟《新蔡楚简与楚都迁徙问题的新认识》。

③ 谭其骧《黄河与运河的变迁》（《地理知识》1955年第8期）中说：“西方一渠当为杨水，是沟通长江与汉水的一条人工运河。工程的关键是在郢都附近，拦截沮水与漳水作大泽，泽水南通大江，东北循杨水达汉水，所经过的地方正是当时所谓云梦，约当在长江沙市一带到汉水沙洋一带。这条运河是在公元前六世纪初楚相孙叔敖主持下，广大劳动人民开凿的。”史念海《中国的运河》更视孙叔敖的此项工程为我国“最早的运河”（陕西人民出版社1988年版，第12页）。

④ 参见上揭周宏伟《新蔡楚简与楚都迁徙问题的新认识》。

·地理志下》荆州编县条下。按晋编县治今湖北当阳东北①，而编县旧城，亦即汉编县城，既在晋编县城西南“百四十里”，则其位置约在今当阳东南沮漳二水交汇一带，很可能就是三国时因关羽败走而著称于后世的“麦城”② 遗址（今当阳两河镇麦城村）。根据汉编县的位置和附近的地形条件，此云梦的具体位置与范围，大体是在今当阳东南部的沮漳河西一带。晚至明代，由于沮漳河下流“水合势盛”，尚被当地人称为“沱江”。③ 这个名字有可能是从楚国时期流传下来的，因为上古沱、池一字④，沱江也就是池江，其取意或与沮漳河下流经过“大泽之池”有关。

由于沮漳河下游的“云梦”与汉晋时期编县二者地理位置相近，因而，编县云梦官的管理对象为附近的这个“云梦”无疑。上述的西陵云梦官和此编县云梦官分居江汉平原东、西，或是分别继承秦左、右云梦丞的职置而来。我们知道，按秦汉时期职官制度，一般行政机构中，丞为副职，守、令、长为正职。如此，则云梦丞之上，或许还有“云梦守”“云梦令”或“云梦长”之名目。由云梦官（尤其是编县云梦官）一职延续时间颇长的情况，亦可推想该职置管理职责的重要。

（3）长江以南的江南“云梦”。关于江南之云、梦的材料，首见于《左传·昭公三年（前539年）》，其文曰：“十月，郑伯如楚，子产相。楚子享之，赋《吉日》。既享，子产乃具田备，王以田江南之梦。”这说的显然是楚王与郑伯等人一道去“江南之梦”地区游猎。而时隔不久，许国国君来楚，楚王、郑伯与许国国君等人又一次去江南之梦地区田猎。《左传·昭公四年（前538年）》云：“王正月，许男如楚，楚子止之，遂止郑伯，复田江南，许男与焉。”按此时楚国国都（鄢郢）位于今沮漳河流域的当阳季家湖古城遗址⑤，因此，这两次楚王等人去游猎的江南之

① 《水经注》卷32《漳水》云：“漳水东南流，又曲西南，径编县南，（编）县旧城之东北百四十里。”按1晋里约等于415.8米，则“百四十里”约当今58公里。结合今漳水的实际流向、水道距离和《读史方舆纪要》卷77《湖广三·承天府·荆门州》“编县城”条的有关内容考察，晋编县城约在今当阳东北淯溪镇一带。

② 《水经注》卷32《沮水》云：“沮水又南迳楚昭王墓，东对麦城，故王仲宣之赋《登楼》云：西接昭丘是也。沮水又南，与漳水合焉。”

③ 《读史方舆纪要》卷77《湖广三·承天府·当阳县》“沱江”条引《水利考》。

④ 陈梦家《禺邗王壶考释》，《燕京学报》第21期，1937年。

⑤ 参见上揭周宏伟《新蔡楚简与楚都迁徙问题的新认识》。

梦，应该不会离当时的楚都太远。1969 年，湖北枝江百里洲镇八亩滩王家岗一带曾出土过八件春秋早期的青铜器（三鼎、二簠、一方壶、一盘、一匜），这批铜器的组合、形制、纹饰，都与河南郏县出土的春秋铜器相似。[①] 我们知道，今郏县地离许国（都今河南许昌）、郑国（都今河南新郑）皆近，在春秋早中期不是属于许国就是属于郑国。百里洲发现的春秋铜器，抑或与来江南之梦地区田猎过的许国国君或郑国国君有关。

还有一件与江南之梦有关的事情，就是 20 余年后吴军攻破楚都郢，楚昭王出逃所经过的“云”地。《左传·定公四年（前 506 年）》曰：

（冬十有一月）庚辰，吴入郢……楚子涉睢，济江，入于云中。王寝，盗攻之，以戈击王。

这里的“郢”已不是指鄀郢，而是指新的郢都江陵纪南城；睢即沮水，江即长江。因此，楚昭王“济江，入于云中”，显然是来到了长江以南的“云”地之中。[②] 这个江南的云地当时也可被称为“云梦”。《战国策·楚策一》有曰：“吴与楚战于柏举，三战入郢。君王身出，大夫悉属，百姓离散。蒙谷……以浮于江，逃于云梦之中。”可见，上述江南之梦、江南之云、江南云梦实为一处。那么，此江南云梦的具体位置何在？按西晋初杜预称“南郡枝江县西有云梦城”[③]，这里的云梦城，当即因江南之云梦而得名，其位置自然就在江南云梦附近。根据《水经·江水注》

---

① 湖北省博物馆：《湖北枝江百里洲发现春秋铜器》，《文物》1972 年第 3 期，第 65—66 页。

② 据《史记·楚世家》，楚平王十年（前 519 年），“楚恐（吴），城郢”“楚乃恐，城郢”，所谓“城郢”即指建设新都栽郢（江陵纪南城）之事（参见上揭周宏伟《新蔡楚简与楚都迁徙问题的新认识》）。十余年后的前 506 年，吴人果攻郢，而昭王的逃跑路线——自郢（荆州纪南城）西逃渡睢（沮）水，先入旧都鄀郢（今当阳季家湖古城），再南渡江入“云（梦）”中，然后，顺江而下兼陆行北往郧（䢵）国都城，无疑是十分符合其时的军事、地理形势的。上揭石泉文大体采杨守敬说，把昭王“涉睢，济江，入于云中”的逃跑路线，释为西渡睢（沮）水，复东返渡汉水，进入今湖北钟祥、潜江、京山一带的“云中”地域。笔者以为，这样的解释是与常理相舛的，因为，吴军攻郢的背景正是在今潜江附近汉水边的“雍澨”等地五败楚军之后（《左传·定公四年》所谓“败诸雍澨，五战及郢”），不能设想昭王西逃后又会折返迎着吴军的进攻方向东逃。

③ 《春秋释例》卷 6《土地名》昭公三年“江南之云梦中”条。

中的相关记载考察，晋初的这个云梦城其实就是汉代的枝江县治，东晋南朝时期所称的“上明城”或“三明城”①，宋代所称的“郧城”②，也就是今湖北松滋旧治老城镇。因此，楚国的这个江南云梦即在今松滋、枝江（江南部分）一带。宋时枝江百里洲一带尚有水体被称为“沱㵪”③，明时松滋境内另有“郧城”④ 之名。后世该区㵪、郧之类的地名，当是春秋楚江南之“云”名称的直接遗存（参见后）。春秋时这里之所以被称为“江南之梦”，自然是相对于江北的云梦而言的。

（4）淮河以北的陈地“云梦”。《史记·高祖本纪》中记载有这样一个著名事件：

（汉六年，前 201 年）十二月，人有上变事告楚王（韩）信谋

① 《水经注》卷 34《江水》云：“江水又东，径上明城北。……其地夷敞，北据大江；江汜枝分，东入大江，吴（枝江）治（百里）洲上：故以枝江为称。”可见，吴以前，枝江县治即上明城。吴以降，由于枝江县治东移至百里洲上，因而，西晋初杜预才有“南郡枝江县西有云梦城”之说。那么，何以枝江县治会被称为“上明城”？按缪荃孙所辑《元和郡县图志阙卷逸文》卷 1《山南道·松滋县》（《元和郡县图志》，第 1052 页）有曰：“三明故城，亦谓之桓城，在江陵府松滋县西一里，居上明之地，而桓冲所筑，故兼二名。苻坚南侵，冲为荆州刺史，渡江南上明，筑城以御之。上明在县东三十步。”由此可见，上明城即三明城（桓城）。之所以有一字之差，显然是因为上、三二字形近而传抄致讹。上、三二字，其实又是“云”字之形讹。据《说文·雲部》，“云，古文，省雨”，即同今简化字。今出土楚地简帛文献，如睡虎地简（，33.20）、马王堆帛书（，《老子》乙 184 上）等，古隶书“云”字多无雨头，字形与“三”（，马王堆帛书《老子》甲 25）、“上”（，睡虎地简 23.3；，《武威汉代医简》79）甚近，如果字迹潦草、漫漶，很容易误作“三”“上”。（参见《汉语大字典（缩印本）》，湖北辞书出版社、四川辞书出版社 1992 年版，第 1689、2、3 页；陆锡兴编著《汉代简牍草字篇》，上海书画出版社 1989 年版，第 2 页）因此，颇疑“上明”“三明”乃“云明”之讹。而文献所谓“三明故城，亦谓之桓城”，应为古代云（上古匣纽文韵，可拟 ɣĭwən[1]）、桓（上古匣纽元韵，可拟 ɣuan[1]）二字因读音甚近（参见李珍华、周长楫编撰《汉字古今音表（修订本）》，中华书局 1999 年版，第 169、205 页）而谐音附会所致，与桓冲筑城本无关系。因为，上述三明故城（桓城）与上明的位置关系显然是矛盾的：三明故城（桓城）既在上明之地，居松滋县西一里，怎么又说“上明在（松滋）县东三十步”？明，中古明母庚部；梦，中古明母东部，读音近同，故知“云明”极可能为“云梦”之异写。可用作为辅证的是，宋时该地仍称“郧城”（参见下注）。

② 《方舆胜览》卷 27《湖北路·江陵府》（江苏广陵古籍刻印社 1992 年版，第 588 页）云：“今松滋楚城号郧城。”

③ 陆游《入蜀记》卷 5，中华书局 1985 年版，第 48 页。

④ 《读史方舆纪要》卷 78《湖广四·荆州府·松滋县》云：“又郧城，在县（治今老城镇）东南五十里。”此郧城位置当今松滋市南海镇磨盘洲。

反，上问左右，左右争欲击之。用陈平计，乃伪游云梦，会诸侯于陈，楚王信迎，即因执之。

该事件在《史记》卷56《陈丞相世家》中有更详细的记载。过去，学者皆据裴骃《史记集解》引韦昭之言，以此云梦“在南郡华容县”。其实，这样的说法是完全错误的。因为，其一，汉初之陈地当今河南淮阳一带，距南郡华容所在的今湖北潜江南直线距离在450公里以上。高祖刘邦此行的目的是想通过“伪游云梦，会诸侯于陈”而拘执韩信，显然，高祖从驻地关中东去陈地，实在没有必要往南方绕一个大圈；退一步说，即使刘邦愿意往南方绕上一大圈，在仅约半个月的时间里①，以当时的交通条件，除非不顾劳顿日夜兼程②，否则，是很难完成关中→南郡→陈一线千百公里的旅程的。其二，汉初封予韩信的楚国，封域包括秦东郡、会稽、泗水、陈郡、薛郡等③，与今两湖平原一带无涉。如果汉高祖所游的云梦不在陈地附近，都下邳（治今江苏睢宁北）的韩信自然没有必要专程来陈地迎接高祖。④ 因此，汉高祖所“伪游”的云梦，理应就在陈地左近。考陈之西南商水县（治今河南商水）一带，中古时期确实还有楚时“云梦”遗迹存在。一是有较大面积的楚时所作陂塘水体。《太平寰宇记》卷10《河南道·陈州》“商水县”条有云：“驿马沟，在县西南十三里。古老传云：楚相孙叔敖截汝坟之水作塘，下有柘塘陂九百顷，遂乃凿此沟。”柘塘陂到明代仍然存在，不过名字已改作“北池湖”。顾祖禹引当地《志》书说：北池湖“在（商水）县北十五里，汇上游诸水而成，方四十里，又东合于颍水。”⑤ 二是用于游憩、观光的楚时所筑章华台。“商水县”条又云：“章华台，在县西北三里。……《春秋后语》：‘楚襄王二十年（前287年），为秦将白起所逼，北保于陈，更筑此台。’”

① 据前引《史记·高祖本纪》后文，谓汉六年十二月高祖执韩信“后十余日，封韩信为淮阴侯，分其地为二国”。可见，高祖从听到人告韩信反到伪游云梦而执韩信，时间只能为半个月左右。

② 据张家山汉简《二年律令·行书律》，汉初“邮人行书，一日一夜二百里。”

③ 周振鹤：《西汉政区地理》，人民出版社1987年版，第8—9页。

④ 《史记》卷56《陈丞相世家》。

⑤ 《读史方舆纪要》卷47《河南二·开封府·陈州》。

《春秋后语》为晋孔衍所撰，其说当有依据。显然，商水附近这样的水体环境与人工建筑，差不多是前述江汉平原沮水云梦、华容云梦有关内容的翻版。顺便说，商水县在宋以前称溵水县，以县境有溵水（约当今沙河）而名。溵水，或写作濦水、㶏水。《说文》：“濦，水，出颍川阳城少室山，东入颍。”《集韵·欣韵》云：“濦……或作殷。”殷，上古影母文部，与后文所论“云”“雝（雍）”等字的读音极近，疑为通假字。可见，云梦之名很可能是前287年楚都郢由纪南城迁陈时楚顷襄王等带到陈地的。随着楚都的再迁，楚国的灭亡，陈地楚贵族的流散，云梦这个由楚贵族带来陈地的名称，也就慢慢被人遗忘了。不过，陈地的云梦名称至迟到南北朝时应还存在。因为，太平真君十一年（450年）二月，北魏太武帝拓跋焘曾“欲猎于云梦，发使告（宋文帝刘）义隆，勿相猜阻”，为此，宋魏之间在颍水流域陈地附近一带进行了一系列军事行动①。这个云梦就是指的陈地云梦。

由上例可见，“云梦”确实不是传统认识中的专有名称。知道了此点，上述《津关令》中的“云梦”内容就很容易解释了。

笔者以为，汉初时，朐忍、巫二县应为邻县（两县之间尚无后来的鱼复县之置），只不过朐忍为巴郡所辖，巫为南郡所辖②，治地分别为今重庆云阳县双江镇旧县坪和巫山县城；扞关，传世文献如《史记·张仪列传》《华阳国志·巴志》《水经注·江水》中皆写作“扞关”（扞关应为扜关之误③），属于战国秦汉时期置于峡江上的著名水关（当今奉节县城东瞿塘峡一带），正好位于汉初巴、南二郡郡界附近。这段话的大概意思应是说：云梦附建有寞园一所，在巴郡朐忍县境内，修建园林的工匠来自南郡巫县，需要经扜关出入，通行证以前由巫县颁发，但现在巫县不发了，请用寞园的印信作为通行证；扜关的守关者遵令执行。由此文意可知，在今云阳县境，其时必定有一个云梦存在。那么这个云梦何在？

---

① 《魏书》卷97《刘义隆传》。

② 据新近公布的荆州纪南松柏汉墓出土木牍之“南郡免老簿”“南郡新傅簿”“南郡罢㾮簿”内容，汉初南郡即辖有巫县。参见荆州博物馆《湖北荆州纪南松柏汉墓发掘简报》，《文物》2008年第4期，第24—32页

③ 陈直：《史记新证》“肃王四年，蜀伐楚，取兹方，于是楚为捍关以拒之”条按语，天津人民出版社1979年版，第93页。

根据近年的考古发现证据[①]可知，汉朐忍县即治今云阳县旧县坪可以说是确定无疑的。旧县坪遗址今离三峡大坝蓄水前江面的高度为20—70米。[②] 可是，阚骃《十三州志》却说："朐忍地下湿，多朐忍虫，故以为名。"[③] 这说明，南北朝及其以前，朐忍所在的今云阳县一带长江河段的江面高度，至少要较蓄水前的江面高度高20米（高水位）至70米（低水位）以上（即江面海拔达到145米以上），才谈得上"地下湿"。而上引张家山汉简《二年律令·津关令》中朐忍云梦的记载，证明此三峡江段当时确实是有较高水位的壅水的。刘逵所谓"巴东有泽水，人谓有神龙，不可鸣鼓，鸣鼓其傍，即便雨也"[④]，即是说的这种情况。巴东，晋郡名，辖朐忍、奉节、南浦等县。大约到北周后期，今云阳、奉节县一带的三峡江段壅水才基本消退，因为，朐忍县治之所以东迁位于汤溪口的旧云阳县城（云阳镇），可能就是由于一方面朐忍城位置高悬，已经不便水上交通；而另一方面，汤溪口一带却有大片平地出露，且靠近江面，很是便于水运。[⑤] 朐忍云梦的位置，很有可能就是指经过朐忍县的江段。司马相如所见之云梦，有所谓"缘以大江，限以巫山"[⑥] 之说，且后来"云阳"之得名，很可能就是因为在"云"之北面。楚地方言中本是把具有水体意义的薮称为"云"的。楚昭王时（前515—前488年）楚大夫王孙圉使晋对晋大夫赵简子即如是说：

> 楚之所宝者……又有薮曰云，连徒洲，金、木、竹箭之所生也。龟、珠、角、齿、皮、革、羽、毛，所以备赋，以戒不虞者也；所以共币帛，以宾享于诸侯者也。[⑦]

---

① 吉林省文物考古研究所、云阳县文物管理所：《重庆云阳旧县坪台基建筑发掘简报》，《文物》2008年第1期，第22—31页。

② 四川联合大学历史系考古专业：《四川省云阳县旧县坪遗址试掘简报》，四川大学考古专业编《四川大学考古专业创建三十五周年纪念文集》，四川大学出版社1998年版，第425页。

③ 《太平寰宇记》卷147《云安军》"云安县"条引。

④ 《文选》卷4《赋乙·蜀都赋》刘逵注。

⑤ 《隋书》卷29《地理志》"巴东郡云安县"条下注云："旧曰朐忍，后周改焉。"此云安县，即治旧云阳县城。

⑥ 《史记》卷117《司马相如列传》。

⑦ 《国语》卷18《楚语下》。

从附近的地貌情况结合历史文献记载分析，今云阳县东龙洞乡很可能是朐忍云梦及其附属窦园的所在（见图3—1）。所谓窦园，既然为云梦之附，自然应该靠近朐忍云梦。《说文》云：“窦，空也。”今云阳、奉节一代属喀斯特地貌分布区，有石灰岩溶洞发育。窦园应就是朐忍云梦附近的一处以洞穴景观为主的官府园林。试看属于朐忍（奉节）县境的两处文献记载。

(1)《水经·江水注》：江之左岸有巴乡村，村人善酿，故俗称巴乡清，郡出名酒。村侧有溪，溪中多灵寿木。中有鱼，其头似羊，丰肉少骨，美于余鱼。溪水伏流，径平头山，内通南浦故县陂湖。

(2)《太平寰宇记》卷148《夔州·奉节县》：“龙洞溪，在州西一百里。《舆地志》云：永安宫前有南乡峡，峡西八十里有溪，溪中有灵寿木。此即是龙洞溪，即善酿酒之村也。”

《水经·江水注》中特别值得注意的是“溪水伏流”四字：这说明古龙洞溪是通过地下河而南注峡江的，所谓“内通南浦故县（在峡江南）陂湖”是时人的误识。窦园，可能就是因龙洞伏流而得名。而现在这段伏流早已成为地上河。有水草、山林、洞穴之地，自当是一处难得的游憩之区，较符合“云梦”所要求的基本条件。很可能楚王在巡视巫县（参见下）以后，还来朐忍一带巡视过。司马相如《子虚赋》中即有名“云阳之台”的建筑。①

由上论可知，《二年律令·津关令》中的云梦，就是在今三峡地区的云阳、奉节一带。但是，朐忍云梦并不是三峡地区最早的云梦，在先汉时期，云梦之名其实就已经在三峡地区出现。这事实上也可以反证《二年律令·津关令》中的云梦就在朐忍。

三　楚襄王与宋玉所游的“云梦”

从现有文献记载来看，巫山地区的云梦之名早在战国时期就已出现。

---

①《史记》卷117《司马相如列传》。

我们知道，在《文选》中，收录有楚人宋玉的三篇著名赋文，而其中的《高唐赋》《神女赋》都与巫山有关。在二赋前，都置有一篇序。《高唐赋》前序文说：

> 昔者楚襄王与宋玉游于云梦之台，望高唐之观。其上独有云气，崒兮直上，忽兮改容，须臾之间，变化无穷。①

《神女赋》前序文则说：

> 楚襄王与宋玉游于云梦之浦，使玉赋高唐之事。

二句中的高唐“云梦”，自三国张揖释为“云梦，楚薮也，在南郡华容县，其中有台馆”②以来，至今学界几无异说。也就是说，千百年来，二赋序文中的“云梦”一直被认为在江汉平原上。应该说，这种认识是错误的。因为，从《高唐赋》的序文内容，就可以看出这种解释的无理性：如果云梦之台（野）不在高唐之观（朝云之馆）附近，楚襄王与宋玉怎么看得清楚高唐观上云气的变化无穷？因此，云梦之台（野）必定就在高唐所在的楚巫县（治今重庆市巫山县城）附近。因为，楚襄王与宋玉既然能“于云梦之台，望高唐之观”，或于“于云梦之野，望朝云之馆”，那么，云梦之台（野）与高唐之观（朝云之馆）不可能相隔悬远，高唐既在巫县，云梦亦必在附近③。

根据战国时期楚人宋玉《高唐赋》的内容分析，“高唐”无疑是楚巫县附近的一处浩荡水体。高唐是何含义？自古以来众说纷纭，莫衷一是。其实，由西汉楚地人王逸注《楚辞·刘向〈九叹·远游〉》“枉玉衡于炎火兮，委两馆于咸唐”句有“咸唐，咸池也”之释，可知唐即池，故高

---

① 《文选》卷31《杂拟下·江文通〈杂体诗三十首〉》李善注引《宋玉集》作：“楚襄王与宋玉游于云梦之野，望朝云之馆，有气焉，须臾之间，变化无穷。”文字略有不同，但含义没有本质差异。

② 《文选》卷19《情·宋玉〈高唐赋〉》李善注引《汉书音义》。

③ 《文选》卷19《情·宋玉〈高唐赋〉》李善注引颜师古《汉书注》有曰：“云梦中高唐之台。”

唐也就是指地势较高的一片池水——这与《高唐赋》的内容正相符合。这个“高唐”之所以形成，当是由于巫峡地区的长江江水下泄不畅。也就是说，高唐是因山崩、滑坡而在峡江上形成的一处具有堰塞湖性质的壅水河段。汉高诱所谓“（禹）决巫山，令江水得东过”①、晋郭璞所谓“巴东之峡，夏后疏凿”② 之类的传说，实际上就可以作为巫山高唐的注脚。巫山高唐的存在，自然意味着巫山一带的长江先汉时期水位较高，而长江较高的水位必然导致由巫山县城附近注入长江的大宁河下游水位抬高，正好大宁河入江口附近有一大片地势高于今大宁河面（蓄水前）但大大低于周围高大山体的谷地，在先汉峡江高水位时期可以部分沦于水下，水洲相间，与江汉平原一带的云梦甚类——这大约就是古巫县云梦之野的所在。巫山县城历来相传的楚王宫位置③正好可以居高望泽，这个楚王宫很可能就是古“云梦之台”所在④（见图3—1）。

试看《高唐赋》中的描述。前面三段：

惟高唐之大体兮，殊无物类之可仪比。巫山赫其无畴兮，道互折而曾累。登巉岩而下望兮，临大阺之稸水。遇天雨之新霁兮，观百谷之俱集。濞汹汹其无声兮，溃淡淡而并入。滂洋洋而四施兮，蓊湛湛而弗止。长风至而波起兮，若丽山之孤亩。势薄岸而相击兮，隘交引而却会。崪中怒而特高兮，若浮海而望碣石。砾磊磊而相摩兮，巆震天之磕磕。巨石溺溺之瀺灂兮，沫潼潼而高厉，水澹澹而盘纡兮，洪波淫淫之溶㵝。奔扬踊而相击兮，云兴声之霈霈。猛兽惊而跳骇兮，妄奔走而驰迈。虎豹豺兕，失气恐喙。雕鹗鹰鹞，飞扬伏窜。股战胁息，安敢妄挚？

于是水虫尽暴，乘渚之阳，鼋鼍鳣鲔，交织纵横。振鳞奋翼，蜲蜲蜿蜿。中阪遥望，玄木冬荣，煌煌荧荧，夺人目精。烂兮若列星，曾不可殚形。榛林郁盛，葩华覆盖。双椅垂房，纠枝还会。徙

① 《淮南子》卷19《修务训》高诱注。
② 《文选》卷12《江海·郭景纯〈江赋〉》。
③ （光绪）《巫山县志》卷31《寺观》引《元一统志》云：“楚王宫在县东北一里。”
④ 参见本书第七章。

靡澹淡，随波暗蔼；东西施翼，猗狔丰沛。绿叶紫裹，丹茎白蒂。纤条悲鸣，声似竽籁。清浊相和，五变四会。感心动耳，回肠伤气。孤子寡妇，寒心酸鼻。长吏隳官，贤士失志。愁思无已，叹息垂泪。

登高远望，使人心瘁；盘岸巑岏，裖陈硙硙。磐石险峻，倾崎崖隤岩岖参差，纵横相追。陬互横忤，背穴偃跖。交加累积，重叠增益。状若砥柱，在巫山下。仰视山巅，肃何千千。炫耀虹蜺，俯视峥嵘，窐寥窈冥，不见其底，虚闻松声。倾岸洋洋，立而熊经，久而不去，足尽汗出。悠悠忽忽，怊怅自失。使人心动，无故自恐。贲育之断，不能为勇。卒愕异物，不知所出。縰縰莘莘，若生于鬼，若出于神。状似走兽，或象飞禽。谲诡奇伟，不可究陈。上至观侧，地盖底平。箕踵漫衍，芳草罗生。秋兰茝蕙，江离载菁。青荃射干，揭车苞并。薄草靡靡，联延夭夭。越香掩掩，众雀嗷嗷。雌雄相失，哀鸣相号。王雎鹂黄，正冥楚鸠。秭归思妇，垂鸡高巢。其鸣喈喈，当年遨游。更唱迭和，赴曲随流。

显然，这三段主要是描写高唐的水势及高唐、巫山一带丰富的动物、植物和复杂的地貌状况。而接下来的一段：

有方之士，羡门高溪。上成郁林，公乐聚谷。进纯牺，祷琁室。醮诸神，礼太一。传祝已具，言辞已毕。王乃乘玉舆，驷仓螭，垂旒旌，旆合谐。紬大弦而雅声流，冽风过而增悲哀。于是调讴，令人惏悷憯凄，胁息增欷。于是乃纵猎者，基趾如星。传言羽猎，衔枚无声。弓弩不发，罘罕不倾。涉莽莽，驰苹苹。飞鸟未及起，走兽未及发。何节奄忽，蹄足洒血。举功先得，获车已实。王将欲往见，必先斋戒。差时择日，简舆玄服。建云旆，霓为旌，翠为盖。风起雨止，千里而逝。盖发蒙，往自会，思万方，忧国害，开贤圣，辅不逮，九窍通郁，精神察滞。延年益寿千万岁。

其内容则是为楚襄王在巫山地区设想的游猎场面。《战国策·楚策一》中也有一段关于楚王在江汉平原云梦游猎的记载：

> 于是，楚王游于云梦，结驷千乘，旌旗蔽天。野火之起也若云霓，兕虎嗥之声若雷霆，有狂兕牂车依轮而至，王亲引弓而射，壹发而殪。王抽旃旄而抑兕首，仰天而笑曰：“乐矣，今日之游也！”

比较起来，巫山地区的游猎场面，无疑没有楚王在江汉平原上“云梦”游猎的场面浩大，如“结驷千乘，旌旗蔽天”变成了“乘玉舆，驷仓螭，垂旒旌，旆合谐”。仓螭者，黄龙也。即楚王所乘由飞龙牵引的玉舆代替奔马牵引的轮车。这显然是为适应高山深谷特点而不得不作的因地制宜的改变。可见，高唐应该构成了楚王“云梦”胜地的一部分（图3—1）。

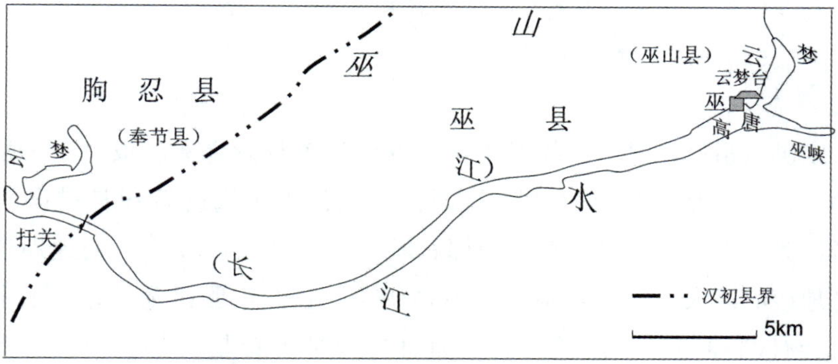

图3—1　三峡云梦位置示意图

除此之外，古夷水（今大宁河）在巫县附近注入长江。由于先秦时代高唐附近长江壅水，也造成夷水下游的高水位。这是可以得到考古学证据支持的（参见本书第七章）。

大约正是因为巫县楚国时期即辟有云梦之观览场所，有修筑云梦观览设施的经验，汉代作为巫县邻县的朐忍才会延请巫县工匠来修建该县的“云梦附窦园”。

四　余论

如上所论，我们知道在三峡地区的巫山县、云阳县楚汉时代都是存在“云梦”的，《高唐赋》《神女赋》二序文和吕后《二年律令·津关令》中的云梦不是指的江汉平原的云梦。于是，我们不禁要问，“云梦”到底是什么含义？

前面已经提到，楚人把薮称为云。薮的本义是指无水或少水的、多有禽兽活动的地域，与泽差不多是相反的概念。如汉初《韩诗》释《诗经·国风·郑·大叔于田》云：“禽兽居之曰薮。”① 《周礼·天官·大宰》东汉郑玄注云：“泽无水曰薮。”②《周礼·地官·司徒》东汉郑玄注则云：“泽，水所钟也；水希曰薮。”③

至于“梦”的含义，东汉王逸注宋玉《楚辞·招魂》“与王趋梦兮，课后先”一句时，留下两种不同的解释：

(1)“梦，泽中也。楚人名泽中为梦中。”

(2)“梦，草中也。”④

宋洪兴祖补注时，可能对王逸的这两种解释觉得无法取舍，于是合而为一，称“楚谓草泽曰梦”。⑤ 谭其骧则认为王逸的解释是错误的。⑥ 笔者以为，王逸的籍贯为东汉南郡宜城（治今湖北宜城）⑦，乃地地道道的楚地核心区人，他的解释应当不是胡诌。我们需要讨论的是，王逸为什么会有两种明显不同的解释，而且这两种解释是否都正确？由前述《左传·宣公四年（前605年）》中记载的邧国夫人使人弃子文于“梦中。虎乳之。邧子田，见之，惧而归”这样一个故事，无疑可以肯定其中的“梦中”不可能是“泽中”的含义，而只能释为“草中”。由于这个故事发生的时间很早，“草”应该是“梦”的本义。前录《周礼·夏官》有谓荆州“其泽薮曰云瞢”句，唐司马贞注《史记》时说“梦，一作瞢，

① 《毛诗正义》卷4《国风·郑·大叔于田》注引，第163页。

② 《周礼注疏》卷2《天官·大宰》郑玄注。

③ 《周礼注疏》卷9《地官·司徒》郑玄注。

④ 洪兴祖：《楚辞补注》，中华书局1983年版，第214页。

⑤ 上揭洪兴祖《楚辞补注》，第214页。

⑥ 上揭谭其骧《云梦与云梦泽》。

⑦ 《后汉书》卷80上《文苑传上》。

（南朝）邹诞生又音蒙。”[①] 梦（夢）、瞢二字，很可能本是中原夏言“萌”字的异记。《说文》云：“萌，草芽也。”但是，梦中与泽中无疑是可以联系起来的，因为，在楚地江汉平原区，生长茂草的地方往往低湿，雨季容易积水。这样一来，梦中与泽中自然就难以区分。于是，楚地方言中，生长茂草的低湿、积水地都可叫作“梦”。这大约就是王逸两种不同解释的来历。

那么，“云”“梦”为什么会联称？应该说，在早期文献中，“云”“梦”的区别是很明显的。如上引《尚书·禹贡》“云土梦作乂”、《左传·宣公四年（前605年）》“邧夫人使弃诸梦中”、《左传·昭公三年（前539年）》“王以田江南之梦”、《左传·定公四年（前506年）》“楚子涉睢，济江，入于云中”。大约在公元前6世纪末，云、梦二字开始连称。比如，前录定公四年（前506年）所发生的吴人入郢、楚昭王“济江，入于云中”之事，在《史记·楚世家》中是记作“昭王亡也至云梦”的，而在前引《战国策·楚一》中，贵族蒙谷也是“以浮于江，逃于云梦之中”的。可见，“云”“梦”含义由有明显区别到出现联称，主要原因可能是由于“云”“梦”二字的含义的扩展与丰富——“云”由壅水泽地发展而为无水之“薮”，“梦”由茂盛草地演变而为泽水之地，而造成二者之间无法或无须区别所致。当然，这种含义的丰富或引申，并不是无缘无故的。应该说，与前述中原一带先秦时期所称的“薮”“泽”反映的是水体冬、夏季的不同景象一样，早期云、梦的含义，也同样反映了我国东部地区的季风气候条件和江汉—洞庭平原区域壅塞湖、河间洼地湖所具有的浅水特征[②]。一般来说，春夏季节汛期，长江流域中上游高温多雨，楚国腹地江汉平原一带很多地方由于地势低洼，常常出现壅水成泽的现象，楚地方言可能就把这种水文现象称为“云”（雍）；进入秋冬季节，长江流域中上游变得干燥少雨，河流水量急剧减少，江汉平原一带的低地积水因流出、蒸发而趋于干涸，而出露的低地由于土壤肥沃和相对潮湿，植被能很快生长、茂盛，于是，楚地方言又把这种

---

① 《史记·夏本纪》司马贞《索隐》。

② 参见上揭蔡述明、官子和《跨江南北的古云梦泽说是不能成立的——古云梦泽问题讨论之二》。

自然景观称为“梦”（瞢）。在江汉—洞庭平原的同一湖泊湿地，一年之中的自然景观就会出现水多水少这样十分显著的变化。例如，前引西汉孔安国所谓“云梦之泽在江南，其中有平土丘，水去可为耕作畎亩之治”；刘宋盛弘之所谓“云杜县左右有大浐、马骨等湖，夏水来则渺漭若海，及冬涸则平林旷泽，四眺烟日”①；唐张说所谓巴陵“滗湖者，沅、湘、澧、汨之余波，夏潦奔注，则泆为此湖；冬霜既降，则涸为平野”②，大体上都是历史时期这种现象的反映。于是，西周后期以至春秋早期楚族从丹江流域上游山区南迁到江汉平原的时候，对于湖泊水体的这种季节性自然盈缩变化现象，就沿用郧国人的“云”“梦”称呼来进行区别，但时间长了，变化多了，人们对云、梦的称呼也就不再加以季节性的区别。

（本章部分内容改写自《“云梦”问题的新认识》，该文刊《历史研究》2012 年第 2 期）

① 《初学记》卷 7《地部下 · 湖第一》引《荆州记》。

② 《读史方舆纪要》卷 77《湖广三 · 岳州府 · 巴陵县》引。

第四章

汉初武都大地震与汉水上游的水系变迁*

摘要： 嘉陵江上游诸水在历史时期发生过重大的水系变迁。汉初以前，今嘉陵江上游诸水本是古汉水的上游，由于河道壅堵，在今陕西略阳以上形成河道型的山间湖泊“天池大泽”。公元前186年的武都道大地震，震中约在今陕西略阳、宁强一带，造成今宁强汉王山一带山体发生巨大滑坡。山体滑坡阻断古汉水，并在古汉水上游形成规模极为巨大的堰塞湖。至前161年，堰塞湖水南向溢流而夺古潜水河道下泄，又在龙门山以北的阳平关谷地形成新的“大泽”。随着堰塞湖、“天池大泽”和龙门山以北“大泽”的相继消失，到约8世纪，嘉陵江“袭夺”古汉水上游的历史过程完成。古汉水上游的水系变迁，不是由于河流的溯源侵蚀，而是由于大地震导致河道堵塞后堰塞湖水的溢流侵蚀。

一 引言

众所周知，今西汉水及其邻近诸水是嘉陵江的上游。然而在地学界、史学界的一些学者看来，今西汉水及其邻近诸水过去并不是嘉陵江的上游。例如，20世纪30年代初，赵亚曾、黄汲清等认为，今西汉水及其邻

* 古今水系的变迁，导致今嘉陵江、汉江上游流域的古今地名十分杂乱。为论述方便、清楚，正文中的古地名依原文，今地名与古地名容易混淆时，或在古地名前加“古”字，或在今地名前加“今”字。本章中“（古）汉水上游”与“（今）嘉陵江上游”的地理意义大体一致。

近诸水本是汉江上游，之所以会成为嘉陵江上游，是因为汉江江源一带与邻近的嘉陵江上游流域过去可能存在河流袭夺现象；后来，李承三、周廷儒等就袭夺问题又进一步提出看法；20 世纪 50 年代，中国科学院地理研究所、水利部长江水利委员会汉江工作队在汉江流域进行野外地理调查的时候，工作队的学者也基本上认同河流袭夺的观点。[①] 此后，河流袭夺说成为嘉陵江上游变迁的基本解释。

尽管许多学者一致同意汉江江源与嘉陵江流域的分水岭一带出现过河流袭夺现象，但对河流袭夺的地点、方式等问题的看法则存在很大分歧。例如，汉江工作队的沈玉昌等在研究各家意见后指出，是嘉陵江袭夺了原本属于汉江的支流巩家河。[②] 巩家河是嘉陵江上游支流黑水河的源头之一。李健超则认为："原来嘉陵江上源由北向南流到（陕西省宁强县）阳平关附近，不是继续南流入四川，而是东流入汉江的。"[③] 研究者之所以最终认定在汉江中源与嘉陵江流域的分水岭附近一带存在过河流袭夺，是因为在这一带发现两方面的重要证据。一是汉江中源漾水（青泥沟）[④] 河谷平坦，水量与河槽很不相称：在陕西省宁强县烈金坝附近，漾水平常水面宽不过 10 米，但河身宽达 2000—3000 米，两岸谷坡平缓，河床坡度平坦，不像一般河流源头都是深邃峡谷。二是汉江中源漾水与嘉陵江支流的低矮分水岭（又名凤飞岭，下略称汉嘉分水岭）上可以找到由古河流堆积的厚达 0.5 米的卵石层：这些卵石的直径多为 0.03 米—0.05 米（或说 0.01 米—0.02 米），显然已经过长远的流水搬运与选择作用。应该说，他们的观点是有相当见地的。然而，或许是因为他们并没有提出更多的证据，也没有明确指出袭夺事件发生在地质时期还是历

---

① 参见沈玉昌《汉江河谷的地貌及其发育史》，《地理学报》1956 年第 22 卷第 3 期，第 295—323 页。

② 参见中国科学院地理研究所、水利部长江水利委员会汉江工作队《汉江流域地理调查报告》，科学出版社 1957 年版，第 24 页。

③ 李健超：《我国第一条电气化铁路——阳安铁路》，《地理知识》1978 年第 7 期。

④ 今汉江在陕西省勉县以上有三源：北源沮水、中源漾水、南源玉带河。中源漾水虽然最短，却是魏晋以降习惯上的汉水（江）正源。

史时期，更没有深入探讨造成袭夺事件的原因，① 所以，他们的观点至今没有引起学术界的普遍重视与肯定。② 可见，关于嘉陵江上游水系的变迁问题，还有进行更为严谨、深入、全面研究的必要。

近几年来，笔者由于研究长江流域环境变迁问题，接触到嘉陵江上游和汉江上游的许多历史文献资料，发现嘉陵江上游的水系变迁就发生在近 2000 多年来的历史时期，而且，这个重大地理事件的发生与汉初著名的武都道大地震事件（前 186 年）有着密切的因果关系。于是，通过对武都道大地震事件与嘉陵江上游的水系变迁问题的细致梳理，笔者认为大致可以复原今嘉陵江上游水系变迁的历史过程。由于有关河流袭夺具体案例的历史过程复原工作从未有人做过，因而，本章的研究自然是探索性的。笔者希望本章的研究结论能为武都大地震、嘉陵江与汉江关系的千年之谜提供一个科学合理的解释，并因此丰富河流演变的袭夺理论。

早在 1500 多年前，与今嘉陵江、汉江上游地区相关的汉水、沔水、漾水、潜水、沮水诸问题，曾经就让撰写《水经·漾水注》的郦道元困惑不已，因为他所看到的前代文献中有关汉水、沔水、漾水、潜水、沮水的记载相互之间存在诸多矛盾。一般来说，古代文献中关于自然地理情况的描述不会无中生有，尤其在人们较为熟悉的地区。历史时期嘉陵江上游一带位于秦、蜀之间的交通要道上，属于古人较为熟悉的区域。因此，古代文献中关于该地区自然地理情况的记载应该是较为可信的。郦道元以来的古今学者之所以没有能够真正弄清楚今嘉陵江上游诸水之

---

① 尽管上述学术性论著中关于袭夺事件的发生并无准确的时间、地点判断，但还是有人做过一些大致的推测。例如，有人认为：西汉水为汉水之源“系古代实际情况。汉水上承西汉水处在今阳平关，六朝时遭地震，东西二汉始隔绝不通”。（《辞海·地理分册（历史地理）》“漾水”条括注，上海辞书出版社 1982 年版，第 285 页）又有人认为：“嘉陵江在上古时代，上游略阳以上河段实为汉江江源，嘉陵江河源尚在略阳以下……在西汉时代，嘉陵江对汉江河源的袭夺业已完成。”（汪荣春主编：《嘉陵江志》，四川省水利电力厅 1991 年版，第 3—4 页）还有人认为：“西汉水，在地质年代曾是汉江源头，后来由于四川盆地水系溯源侵蚀，切开西汉水与川水的分水岭，将汉江上游的西汉水袭夺为嘉陵江上游。”（甘肃省地方志编纂委员会：《甘肃省志》第 23 卷《水利志》，甘肃文化出版社 1998 年版）

② 就笔者管见，除刘琳校注《华阳国志校注》，巴蜀书社 1984 年版，第 106 页。肯定李健超说，上引《嘉陵江志》《甘肃省志》肯定嘉陵江袭夺汉江外，20 世纪 80 年代以来面世的相关论著几无提及。

间的关系，关键的原因可能在于只依靠某一个方面的证据或方法。现在，我们既能够看到该区域较为详细的地形地貌情况，又拥有野外考察的相关证据和丰富的历史文献资料，通过认真细致的科学分析，应该可以把汉水、沔水、漾水、潜水、沮水之间的历史关系基本弄清楚。

笔者下面的论述即以古汉水上游（约当今陕西省宁强县阳平关镇以北的嘉陵江上游）诸水为中心展开。

二 汉水上游诸水东流时期（远古—前186年）

先秦时期，今嘉陵江上游诸水本是古汉水上源，其直接证据有二。一是来自《尚书·禹贡》的记载。《禹贡》“导水”章云：“嶓冢导漾，东流为汉，又东为沧浪之水，过三澨，至于大别，南入于江。”①先秦秦汉时期的“嶓冢（山）”即今甘肃省天水市西南西汉水的发源地一带，学术界没有异议。这里的“漾（水）”是今嘉陵江上游重要支流青泥河的名称，②“沧浪之水”为古汉水在今湖北省襄樊市附近河段的别名，“大别”即今大别山。所谓“嶓冢导漾，东流为汉”的意思是说，大禹从嶓冢山疏导漾水东注汉水。可见，《禹贡》作者明确是以今嘉陵江上游青泥河为汉水上源的。

二是来自《山海经·西山经》的记载。《西山经》云：

> 又西三百二十里，曰嶓冢之山，汉水出焉，而东南流注于沔。③

这里的所谓“嶓冢之山”，当然就是《尚书·禹贡》中的“嶓冢（山）”。这里的“沔（水）”，是上古时代人们对古汉水上游河段甚至整

---

① 参见顾颉刚《禹贡注释》，载侯仁之主编《中国古代地理名著选读》第1辑，科学出版社1959年版，第40页。标点笔者略有改动，下同。

② 《尚书·禹贡》中的“漾（水）”，即《山海经·西山经》中所称的“汤（或作阳）水”（袁珂校注：《山海经校注》，巴蜀书社1993年版，第33页），《汉书》卷28上《地理志上》中所称的“养水”（中华书局1962年版，第1610页），《水经注·漾水》所称的“浊水”（白水）（郦道元注，杨守敬、熊会贞疏，陈桥驿等注释：《水经注疏》，浙江古籍出版社1989年版，第315页），也就是唐以来的青泥河。“漾”“汤”“养”三字古音相同（皆为阳韵余纽）。今人多以今西汉水当漾水，误。今西汉水在《汉书·地理志》中也称“汉水”。参见下文。

③ 袁珂校注：《山海经校注》，第33页。

个汉水的别称。[1] 因此，《山海经·西山经》中的这段文字也很清楚地表明，今嘉陵江上游诸水当时是连通今汉江的。《禹贡》和《山经》的成书年代，目前学术界尽管还没有完全一致的说法，但是肯定不会晚于战国后期。

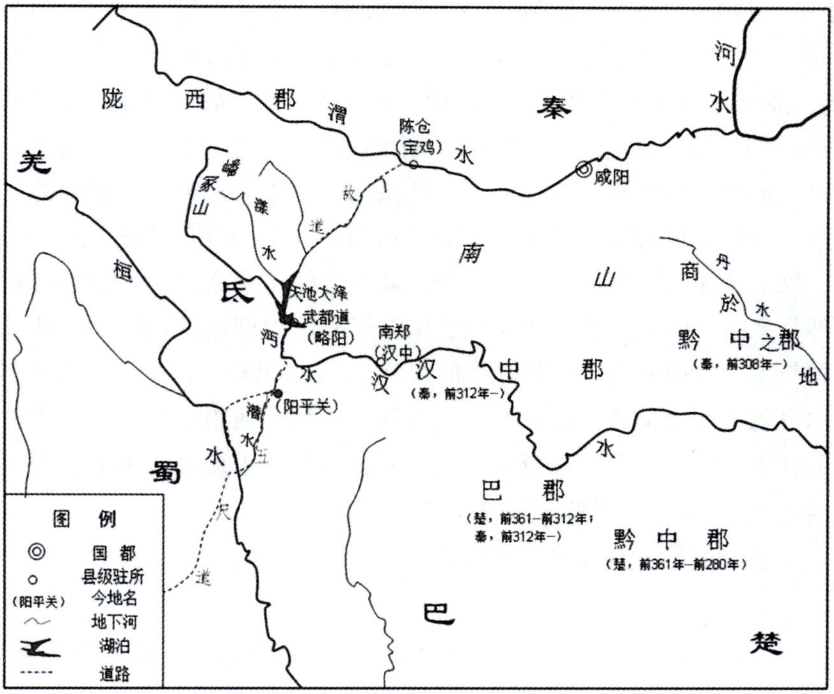

图 4—1　汉以前古汉水上中游及其附近地区形势示意图

说明：本图中的部分历史地名位置参据谭其骧主编《中国历史地图集》第 2 册《秦·西汉·东汉时期》“关中诸郡”图、“淮汉以南诸郡”图（地图出版社 1982 年版，第 5—6、11—12 页）。

除上述两条直接证据之外，还可以找到两条相关的旁证材料。

---

① 汉初及其以前的沔水，指今汉江上游河段和嘉陵江上游河段。汉初以后，沔水即指今汉江。唐颜师古云：“应劭曰：‘沔水出武都，东南入江。’如淳曰：‘此方人谓汉水为沔水。’师古曰：‘汉上曰沔。’”（《汉书》卷 28 上《地理志上》注，第 1597 页）晋司马彪云：“沔水出东狼谷。”（《后汉书》志卷 23《郡国五》，中华书局 1964 年版，第 3518 页）东狼谷即今汉江北源沮水（黑河）源地。

一是《尚书·禹贡》“梁州”章所载：

> 西倾因桓是来，浮于潜，逾于沔，入于渭，乱于河。[①]

这里的“西倾”指西羌部族，[②] “桓（水）”为今白龙江，而“潜（水）”是桓水的支流，大致相当于今陕西省宁强县阳平关附近至四川省广元市白龙江口的嘉陵江河段（参见后文）。这句话的意思是说，西倾（羌）部族入贡中原地区，先乘船顺桓水而下，然后转入潜水，经过沔水（古汉水上游），再进入渭水水路、黄河干流。[③] 这条贡道以水路为主，显然是上古时代西南地区与中原地区联系的一条重要通道，而其中的“逾于沔”一段，也就是秦以降所称的“故道”“陈仓道”的前身。前206年，汉王刘邦从汉中出发北袭关中，就是走的这条路。[④] 秦人所谓故道，显然是老路、旧道之意，这或许是相对于战国中期新辟的联系古代关中平原与汉中盆地的著名的褒斜道而言。[⑤] 可见《禹贡》时代，古潜水与古沔水（汉水）之间应该还没有水道沟通；否则，西南地区和关中平原之间的往来，应该会像后来唐宋时代一样，直接利用嘉陵江水道上溯（参见后文），而不会分别潜水、沔水了。

二是《史记·秦本纪》所载：

> （秦昭襄王）二十七年……秦使司马错发陇西，因蜀攻楚黔中，

---

① 顾颉刚：《禹贡注释》，侯仁之主编《中国古代地理名著选读》第1辑，第27页。

② 自来学者皆释此“西倾”为西倾山，然于语法、地理皆不通，以致顾颉刚释《禹贡》时谓此西倾句“实在还值得研究”。（顾颉刚：《禹贡注释》，侯仁之主编《中国古代地理名著选读》，第27页）因古西倾山南北朝时写作“西强山”，故知倾、强古方音近同，而强（阳韵见纽）、羌（阳韵溪纽）上古音亦极近，故知上古倾、强、羌三字当可通假，以此，“西倾”疑为古代“西羌”之异写。如此理解，则此句相关的语法、地理之谜皆可冰释。

③ 郦道元考云：“然自西倾至葭萌（治今四川省广元市昭化镇），入于西汉，即郑玄之所谓潜水者也。自西汉溯流而届于晋寿（治今四川省广元市）界，沮、漾枝津，南历冈穴，迤逦而接汉。沿此入漾，《书》所谓浮潜而逾沔矣。”（《水经注疏》卷36《桓水》，第549页。标点略有改动）郦氏所云近是。

④ 《汉书》卷1《高帝纪》：“汉王引兵从故道出袭雍（今陕西凤翔）。雍王（章）邯迎击汉陈仓（今陕西宝鸡），雍兵败，还走。”（第31页）

⑤ 参见本书第八章。

拔之。[1]

秦昭襄王二十七年即前280年。其时，秦"陇西（郡）"辖今甘肃省天水市一带，前述汉水源头嶓冢山就在天水市西南，而楚国"黔中（郡）"的中心区约在今湖北省西北部竹山、竹溪等县一带的汉江支流堵河流域。因此，司马错发陇西攻楚黔中的路线实际上就是从古汉水上游顺流而下。其实，司马错的这次军事行动可谓轻车熟路、故伎重施，因为早在20多年前，他就曾经顺汉水而下伐楚。《华阳国志·蜀志》云：秦武王三年（前308年）"司马错率巴蜀众十万，大船舶万艘，米六百万斛，浮江（指汉水）伐楚，取商於之地为黔中郡"[2]。秦国新立的这个"黔中郡"位置既当"商於之地"，显然就在今陕东南、鄂西北的汉江支流丹江流域，与当时楚国的黔中郡大体是隔汉水南北相望的。[3] 由此可见，当时今嘉陵江上游与汉江之间的水路是畅通的（见图4—1）。这样的情形应该一直延续至西汉初，因为，前述前206年刘邦从汉中走故道北袭关中，就是沿汉水上溯的。

然而，到汉高后二年（前186年），今嘉陵江上游与汉江之间水路的通畅局面宣告结束。

三　武都道大地震与汉水上游的分流（前186—前161年）

为什么把今嘉陵江上游与汉江之间水路畅通情形的结束时间定在汉高后二年？这是因为就在该年，武都道、羌道一带发生一次强烈地震，且余震持续了较长时间。这次强烈地震不但造成重大的人员伤亡，而且还引起规模巨大的山体滑坡（崩塌）。关于这次地震事件，历史文献中是这样记载的：

1.（高后二年）春正月乙卯，地震，羌道、武都道山崩。[4]

---

① 《史记》卷5《秦本纪》，中华书局1959年版，第213页。

② 刘琳校注：《华阳国志校注》，第194页。

③ 参见本书第十章。

④ 《汉书》卷3《高后纪》，第96—97页。

2. 高后二年正月，武都山崩，杀七百六十人；地震至八月乃止。①

尽管关于这次地震情况的记载相当简略，但地震的严重程度是显而易见的。高后二年春正月乙卯，即公元前186年2月22日。过去，有研究者认为，这次地震的震中位于甘肃武都（33.8°N，105.6°E），震级6—7级；② 又有研究者认为震中位于甘肃武都成县（33.9°N，105.6°E），震级为6—7级；③ 还有研究者认为震中位于甘肃武都北（33.9°N，105°E），震级为6—7级，烈度为Ⅷ—Ⅸ；④ 最近，袁道阳等对这次地震做了进一步的研究，认为这次地震的“重破坏区展布于武都县桔柑乡—舟曲县坪定乡之间、偏于舟曲县一侧，震中位于武都县两河口附近，震级为7—7 1/4级，极震区烈度达Ⅸ—Ⅹ度”。⑤ 笔者以为，袁道阳等的研究资料确实较前丰富，但并无实质性的新见，因为，像以往学者一样，他们仍然把地震的主要发生地“武都道”的位置弄错了——应该说武都道的位置问题，既是武都道大地震研究的关键，也是以往关于武都道大地震研究的最大缺陷。

关于武都道（治）的位置，有学者认为在甘肃省西和县西南或西和县南，⑥ 亦有学者（如上述历史地震研究者）认为在甘肃省武都县（今陇南市武都区）或武都县北境、武都成县。应该说，这些看法都没有明确的史料依据。汉初的武都道治，其实应位于今陕西省略阳县城（33.3°N，106.2°E），因为，《汉书·地理志》中留下了这样一条可以作为依据

① 《汉书》卷27《五行志下》，第1457页。

② 顾功叙主编：《中国地震目录（公元前1831—公元1969年）》，科学出版社1983年版，第1页。

③ 国家地震局兰州地震研究所：《陕甘宁青四省（区）强地震目录（公元前1177年—公元1982年）》，陕西科学技术出版社1985年版，第5页。

④ 国家地震局地球物理研究所、复旦大学中国历史地理研究所编著：《中国历史地震图集（远古至元时期）》，地图出版社1990年版，第25页。

⑤ 袁道阳等：《公元前186年甘肃武都地震考证与发震构造探讨》，《地震学报》2007年第29卷第6期，第654—663页。

⑥ 参见《辞海·地理分册（历史地理）》，上海辞书出版社1982年版，第141页；刘琳校注《华阳国志校注》，第162页。

的相关记载："武都（县）：东汉水受氐道水，一名沔……入江。天池大泽在县西。"① 西汉末年作为武都郡治所的武都县，其前身就是汉初的武都道。② 由上引《汉书·地理志》内容，我们至少可以明确以下两点。其一，所谓"东汉水"（沔水），是在当时的武都县境内接纳"氐道水"的。"氐道"为西汉陇西郡辖县，所谓"氐道水"自然是指当时出自氐道县境嶓冢山的汉水和养水。其二，武都县（治）之西有所谓"天池大泽"。我们知道，今嘉陵江上游是没有任何大型天然湖泊水体存在的。然而，当时的武都县治附近有大型湖泊存在却是毋庸置疑的，因为"武都"之所以得名，就是由于附近有这个天池大泽。《水经·漾水注》云："（武都），天池大泽在西，故以都为目矣。"③ 颜师古亦云："（武都），以有天池大泽，故谓之都。"④ 郦道元、颜师古如此解释应该是有所依据的，而上古"都"指湖泽时与"渚""潴"也是可以通假的。汉初西南地区类似的地名如成都、邛都，附近确实皆有湖泊存在，成都附近的叫"滇池"（今已消失），⑤ 邛都附近的叫"邛池泽"。⑥ 武都道（县）既因天池大泽而名，其位置应该就是靠近大泽的。因此，作为汉初武都的所在，必须要满足上述两方面的基本条件。

那么，在古汉水上游流域，哪个地方能基本满足这样两个条件？笔者以为，只有今陕西省略阳县城一带。这是因为，一方面，（西）汉水和养水正是在今略阳县境西北一带汇合的（见图4—2）；另一方面，历史时期略阳县一带确实有可能存在过大型湖泊。考今略阳，三国蜀汉时明确被称为"武兴"，而在三国以前的汉代，其情况却一直不甚明了。其实，武兴的前身应该就是武都。依据有二。其一，晋常璩《华阳国志·汉中

---

① 《汉书》卷28下《地理志下》，第1609页。

② 据《史记》卷116《西南夷传》（第2997页）、《后汉书》卷86《白马氐传》（第2859页），汉武都郡为汉武帝元鼎六年（前111年）开置，时间远在武都道名出现之后。以此，汉初的武都道之置或承秦旧置。

③ 《水经注》卷20《漾水》，第314页。

④ 《汉书》卷28下《地理志下》，第1609页。

⑤ 参见周宏伟《"滇池"本在成都平原考》，《西南师范大学学报》（哲学社会科学版）2005年第5期，第45—52页。

⑥ 《汉书》卷28上《地理志上》，第1600页。

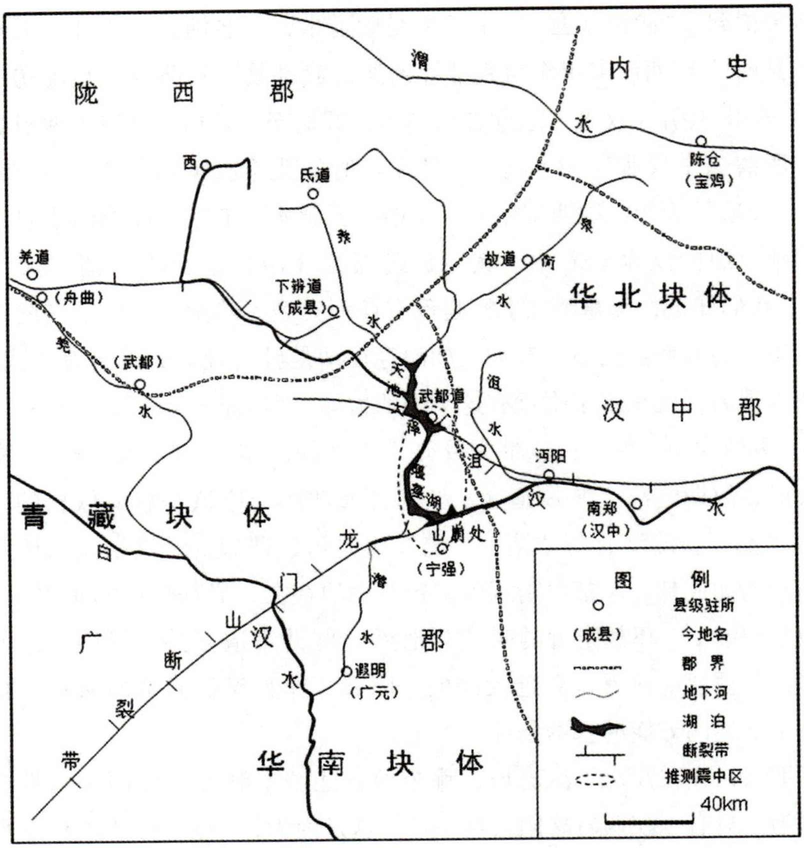

图4—2　汉初武都大地震及其震后汉水上游形势示意图

说明：本图中的部分历史地名位置参据谭其骧主编《中国历史地图集》第2册《秦·西汉·东汉时期》“淮汉以南诸郡”图、“益州刺史部北部”图（第11—12、29—30页）。

志》称：“武都县：东汉水所出，有天池泽。”① “天池大泽”与“天池泽”虽然只有一“大”字之差，但其间由大到小的变化趋势显而易见。蜀汉之所以把“武都”改为“武兴”，很可能就是因为当时附近的天池大泽已经基本消失（参见下文）。其二，唐《元和郡县图志》有云：“按（兴）州城，即古武兴城也。初，蜀以其处当冲要，遣蒋舒为武兴督守之。”蜀武兴城，即后来的唐兴州城、宋沔州城，在“平地，甚牢实，周

① 刘琳校注：《华阳国志校注》，第161页。

回五百许步，唯开西北一门，外有垒，三面周匝”，[①] 也就是今略阳县城嘉陵江支流八渡河之东的凤凰山下文家坪，即土俗所谓“新城”。然而，值得注意的是，宋《方舆胜览》中却又有这样一段记载：“武兴山，在（沔）州（城）西一里。古兴州城于此。”[②] 这里的所谓“古兴州”，明确是在武兴山（今象山）上，与上《元和郡县图志》所载处于“平地”的唐兴州城亦即宋沔州城，显然不是一回事。这意味着在宋及宋以前，今略阳县城一带曾存在过山上、山下两处城址。山下平地上的城址既然是三国至宋的县、州治所，那么，山上的“古兴州”城址自当是汉城遗址（当今略阳县气象站位置）。宋人称武兴山上的古城为“古兴州”，实是对汉武都故城遗迹的误认（见图4—3）。

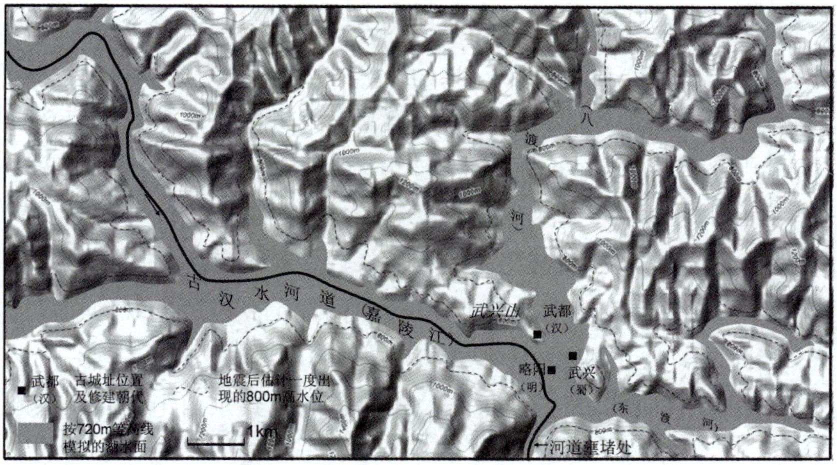

图4—3　汉初武都道附近“天池大泽”主体复原模拟图

说明：据《谷歌·地图·地形》（http：//ditu. google. cn/maps？ hl = zh – CN&tab = wl）相关区域为底图改制。

然而，汉武都城为什么要修建在武兴山上？这是因为在汉初时，今略阳县城一带的“平地”仍为天池大泽的湖水所覆盖。今略阳县城一带三水（嘉陵江及其支流八渡河、东渡河）交汇，群山环抱，属于嘉陵江

---

① 李吉甫：《元和郡县图志》卷22《山南道三·兴州》，中华书局1983年版，第569页。

② 祝穆：《方舆胜览》卷69《沔州》，江苏广陵古籍刻印社1991年版，第1388页。

上游一处不很宽阔的谷地，谷底海拔约650米，而谷地之南的嘉陵江出水口，因两岸为海拔1200米以上的高大山体，十分陡峭、狭窄。我们知道，略阳一带属于山体滑坡灾害高发区。[①] 如果谷地出水口的两岸山体发生较大崩塌或滑坡，完全可能把嘉陵江塞断，而使上游江段水流壅堵，形成堰塞湖。显然，所谓天池大泽，当就是先汉时代在嘉陵江上游地区形成的一处大型堰塞湖（见图4—3）。今略阳一带的河谷地区之所以一直没有发现汉以前的古遗址，[②] 原因当在此。当然，也正是由于先汉时代有这样一处堰塞湖存在，才造成古汉水上游河道（嘉陵江上游）的较高水位，使得蜿蜒于崇山峻岭间的古汉水上游河道可以有舟楫之利，成为沟通秦蜀之间的最重要道路。如前所述，《禹贡》时代的西南少数民族因此才能够通过这条"逾于沔，入于渭"的捷径来到中原，战国时秦将司马错也因此才能够从古汉水源头的"陇西"出发，顺流而下进攻千里之外的楚"黔中"。

至于此次地震涉及的另一地点羌道县，过去研究者大致定位在今甘肃宕昌、舟曲之间，[③] 是正确的。《汉书·地理志》"羌道"条："羌水出塞外，南至阴平（治今甘肃省文县）入白水，过郡三，行六百里。"[④] 此所谓白水，即今白水江及其白龙江下游江段；所谓羌水，即今白龙江中上游江段。[⑤] 今甘肃省舟曲县西北10公里的坪定乡境所发现的秦汉古城遗址，当就是汉羌道县故城所在。[⑥]

我们知道，舟曲、略阳二地皆位于邻近的大致东西走向的两条断裂

---

① 参见周兴志、赵建功编著《长江流域地质环境和工程地质概论》，中国地质大学出版社2004年版，第98页。

② 国家文物局主编：《中国文物地图集·陕西分册》（下册），西安地图出版社1998年版，第1051页。

③ 谭其骧主编：《中国历史地图集·秦西汉东汉时期》，地图出版社1984年版，第33—34页。

④ 《汉书》卷28下《地理志下》，第1610页。

⑤ 谭其骧主编《中国历史地图集·秦西汉东汉时期》（第29—30页）以今白龙江支流岷江为汉代羌水，误。据《水经注》卷32《羌水》载："羌水又东南，阳部水注之。水发东北阳部溪，西南迳安民戍，又西南注羌水……羌水又东南流至桥头，合白水，东南去白水县故城九十里。"（第510页）可知羌水应为今白龙江中上游无疑，而白龙江支流岷江则为古阳部水。白水县故城，今四川省青川县白水镇。

⑥ 舟曲县志编纂委员会：《舟曲县志》，生活·读书·新知三联书店1996年版，第82页。

带上：今舟曲位于迭山—舟曲—成县活动断裂带上，略阳位于略阳—勉县—洋县活动断裂带上，而汉嘉分水岭则有著名的龙门山断裂带北段穿过。因此，位于青藏块体（碧口地块）、华南块体和华北块体（秦岭微板块）缝合部的这一地带，也就成为历史时期以来大地震的多发区。高后二年的这次大地震，武都道（辖今陕西省略阳、宁强等县）地区很有可能是震中所在，而羌道（辖今甘肃省舟曲、宕昌等县）一带属于这次地震的主要影响区（见图4—2）。

之所以说武都道一带是这次地震的震中区，其原因有三。一则前引《汉书·五行志》中只提及"武都山崩"一事。尽管《汉书·高后纪》说"羌道、武都道山崩"，但由于《五行志》是古代记载灾异事件的专志，其可信度自然比作为人物传纪的《高后纪》要高。二则《汉书·五行志》同样只说大地震导致武都道死亡760人。三则更为重要的是，大地震所引起的地壳挤压抬升与滑坡，导致武都道境内的古汉水中断，并最终迫使古汉水上游袭夺古潜水而成为今嘉陵江上游。为什么能够把古汉水中断的位置确定在武都道境内？这是因为根据古汉水上游流域现有的地形和水系状况分析，位于嘉陵江支流黑水河与汉江中源漾水（青泥沟）之间的汉嘉分水岭一带最具条件。汉嘉分水岭位于今宁强县汉王山（嶓冢山）南坡，如前所述，岭上仍然残留有厚达0.5米的、已经过长远流水搬运与选择作用的卵石层。我们知道，如果这一带的地壳没有出现过较大幅度的挤压抬升，这样的卵石层绝不会出现在汉嘉分水岭上。沈玉昌曾推测代家坝附近的嘉陵江支流黑水河形成下切河曲的主要原因可能在于地壳上升，[①] 笔者以为这种看法很有见地。因为，汉嘉分水岭一带属于青藏高原东缘龙门山断裂带北段，而龙门山断裂带是一条著名的逆冲断裂带，为活动强烈的青藏块体与活动较弱的川东（华南）块体之间的界线（见图4—2）。龙门山断裂带形成于中生代，新生代以来印度板块与欧亚板块强烈碰撞而产生的强大推挤力，造成龙门山继续抬升，山前

① 沈玉昌：《汉江河谷的地貌及其发育史》，《地理学报》1956年第22卷第3期，第295—323页。

强烈凹陷。[1] 那么，这一带地壳的挤压抬升高度有多少？按今汉嘉分水岭海拔 810 米左右，而西向嘉陵江边黑水口附近的海拔约为 600 米，则汉嘉分水岭与嘉陵江面的相对高度在 200 米左右。考虑到新生代以来这一带一直处于抬升状态，以及大地震时巨大的山体崩塌或滑坡、大地震后至今近 2200 年中嘉陵江上游河床的强烈下切等因素，这个 200 米左右的高度差应是这几种因素结合的产物，尤其是山体滑坡（崩塌）所造成的堆积物（天然坝）高度。大地震时，今汉嘉分水岭北面高耸、陡峭的海拔超过 1500 米的汉王山应该发生了大型山体滑坡，这也就是前引历史文献所谓“武都山崩”的具体位置。这次山体滑坡（崩塌）应该造成今汉嘉分水岭的形成，并因此把经过山下的古汉水完全塞断（见图 4—4），

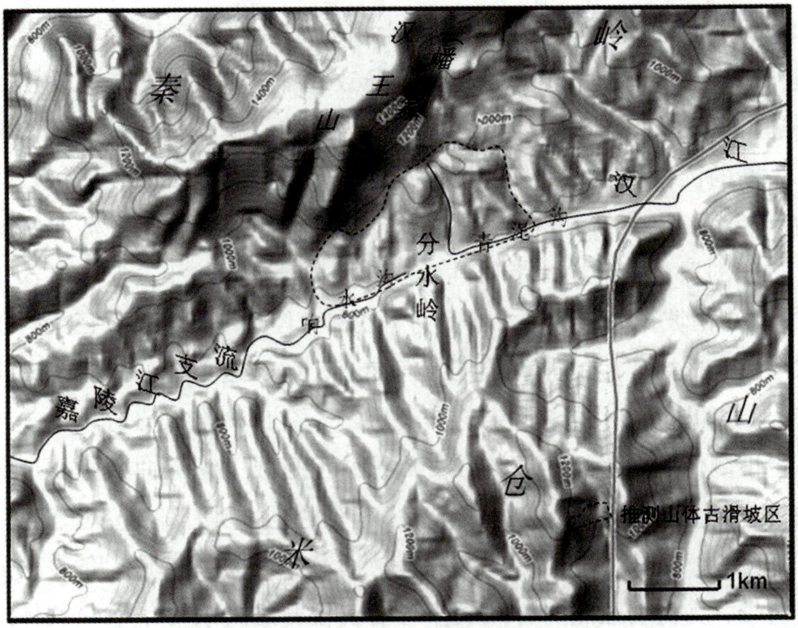

图 4—4　陕西省宁强县汉嘉分水岭附近地形图

说明：据《谷歌·地图·地形》（http：//ditu. google. cn/maps？ hl = zh – CN&tab = wl）相关区域为底图改制。

---

① 参见李传友等《龙门山断裂带北段晚第四纪活动性讨论》，《地震地质》2004 年第 26 卷第 2 期，第 248—258 页。

导致在今汉嘉分水岭以西的崇山峻岭间蓄成了巨大的堰塞湖（见图 4—5）。类似的情形在 1933 年四川省迭溪县（今属四川省茂县）发生 7.5 级地震时也出现过。当时，在迭溪城下等地，岷江两岸的山体崩塌形成了三座 100 多米高的天然坝，将岷江切割成数段，形成堰塞湖。①

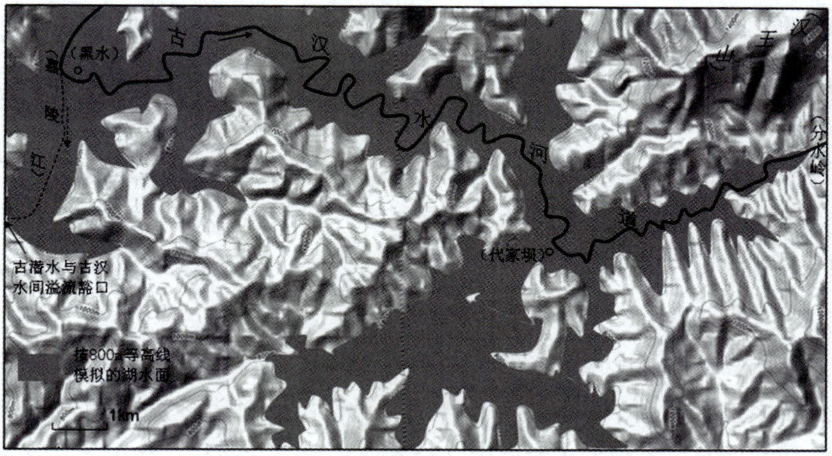

图 4—5　陕西宁强汉嘉分水岭西西汉中期堰塞湖主体复原模拟图

说明：据《谷歌·地图·地形》（http：//ditu. google. cn/maps？ hl = zh － CN&tab = wl）相关区域为底图改制。

为证实这样的推测，不妨先看看下述来自《汉书》中的两条记载：

(1)（高后）三年夏，江水、汉水溢，流民四千余家……八年……夏，江水、汉水溢，流万余家。②

(2) 高后三年夏，汉中、南郡大水，水出流四千余家……八年夏，汉中、南郡水复出，流六千余家；南阳沔水流万余家。③

上引两条文献材料显然都是指发生在高后三年（前 185 年）与高后

---

① 周兴志、赵建功编著：《长江流域地质环境和工程地质概论》，第 97 页。

② 《汉书》卷 3《高后纪》，第 98 页。

③ 《汉书》卷 27 上《五行志上》，第 1346 页。

八年（前 180 年）的两次大洪灾。过去，一些研究者似乎只注意到《高后纪》中的记载，以为这是发生在嘉陵江流域、长江中游地区的两次洪水灾害。① 其实，这种解释并不准确，因为比较《五行志》中的记载，《高后纪》中的记载明显存在地点不具体的问题。如果以《五行志》中较为具体的记载为依据，那么，很容易看出这两次洪水的影响地域是基本相同的，即汉中郡（治今陕西省汉中市）、南郡（治今湖北省荆州市）、南阳郡（治今河南省南阳市）三地，而贯穿汉初这三郡郡境的河流，自然只有汉水（沔水）。因此，高后三年与高后八年发生的这两次洪灾，实际上仅是影响汉水沿岸地区，与嘉陵江、长江干流无涉。从这两次洪灾影响的区域涉及汉中郡以下的汉水沿岸地区、洪水冲淹人户总数超过 2 万家（如以西汉时每家五口计，死亡人数当过 10 万）的情况看，这无疑是两次流量巨大的洪水。

考虑到这两次巨大洪水的发生地域在汉水流域，发生时间又在前 186 年武都大地震之后，甚至高后三年的大洪水距武都大地震的发生时间只有一年零四个月，而发生的原因又没有像后述汉文帝后三年（前 161 年）的汉水洪灾一样与“大雨”之类的气候事件相关，这不能不让人思考大洪水与大地震之间极有可能存在的逻辑联系——武都道大地震引起的山体滑坡或崩塌，导致汉水上游形成堰塞湖，堰塞湖聚蓄一定的径流量后导致堰塞湖天然坝的部分垮塌，而堰塞湖天然坝的部分垮塌又导致汉水中下游沿岸发生洪水。于是，由大地震后汉水中下游发生的这两次巨大洪水事件，完全可以反推大地震后在今汉嘉分水岭之西曾形成一个巨大的堰塞湖（见图 4—5）。而由上引文献的分析结果可知，堰塞湖第一次垮塌发生在大地震之后一年零四个月。那么，在这一年多时间里，这个堰塞湖能够聚蓄多大的径流量？按位于武都道大地震震中区今嘉陵江上游的陕西省略阳水文站多年平均年径流量为 35.6 亿立方米，② 若以此为标准估计，聚蓄一年多径流量的这个堰塞湖，其蓄水量应该在 50 亿立方米

① 参见水利部长江水利委员会等编《四川两千年洪灾史料汇编》，文物出版社 1993 年版，第 36 页。

② 《长江辞典·水系·川江水系·嘉陵江》，http://www.cjw.com.cn/index/cidian/detail/20070123/79967.asp，2007 年 1 月 18 日。

以上。显然，蓄水量如此巨大的堰塞湖，其坝体的垮塌必然会造成古汉水汉中郡以下沿岸地区的巨大洪灾。好在今汉嘉分水岭一带地势较高，且堰塞物构成的天然坝体相当庞大、坚实（见图4—4），当时由此溢出的湖水自然会受到相当程度的遏制，造成汉水中下游沿岸的重大洪灾次数也就不多。随着堰塞湖西南角古汉水与古潜水间溢流豁口的出现并扩大，古汉水上游与中下游之间的水路联系必然完全中断。

古汉水与古潜水间溢流豁口的出现，其时间很可能是在汉文帝时期。《汉书·五行志》载："文帝后三年（前161年）秋，大雨，昼夜不绝三十五日。蓝田山水出，流九百余家。汉水出，坏民室八千余所，杀三百余人。"① 这次"汉水出"的直接原因，显然是秦岭一带长时间的持续降雨所导致的堰塞湖水位急剧上升。值得研究的是，此次"汉水出"的地点何在？从"汉水出"所导致的损失情况为"坏民室八千余所，杀三百余人"来看，既与前述高后三年和高后八年洪灾"流四千余家""流六千余家""流万余家"的情况不同，也与同年的"蓝田山水出，流九百余家"的情况不同，因为"流……家"之类的表述，一般是指房屋与居民同时被洪水淹没。而这次洪水所造成的灾损情况，居然能够把房屋损失情况与居民死亡情况分别开来，不能不让人感到奇怪。不过，更让人吃惊的是，洪水冲毁"民室八千余所"，致死的居民却仅"三百余人"！也就是说损毁房屋的四万余人（以西汉时户均五口计）中，死亡者的比例只有0.75%——如此之低的洪灾死亡率，竟然发生在近2200年前，不能不说是一个奇迹！那么，为什么会产生这样一个奇迹？唯一合理的解释自然是，人们已经预知这次洪灾的到来且事先从房屋中撤离。否则，这样的奇迹决然不会发生。

可是，在遥远的年代，人们何以能够对这次洪水进行相当程度的预警？笔者以为，很可能是因为这次洪水在发生过程中受到特殊低洼地形的遏止而为下游河流沿岸人们的逃生赢得了时间。如果这样的推测成立，那么，这处特殊低洼地形的位置应当与"汉水出"的位置相距不远。今嘉陵江上游流域是不是存在这样一处特殊地形？通过对古汉水上游流域历史文献记载的深入分析和今嘉陵江上游流域地形地貌条件的详细考察，

---

① 《汉书》卷27上《五行志上》，第1346页。

笔者以为，接纳溢出古汉水（堰塞湖水）的这处特殊低洼地形，其位置极可能是在今陕西省宁强县阳平关镇附近。之所以能够得出这样的结论，是因为通过对下面的文献材料进行分析可以得到证明。

在《水经注》中，有这样两处值得注意的文字：

(1) 潜水盖汉水枝分潜出，故受其称耳。今爰有大穴，潜水入焉，通冈山下，西南潜出，谓之伏水，或以为古之潜水。郑玄曰："汉别为潜，其穴本小，水积成泽，流与汉合，大禹自导汉疏通，即为西汉水也。故《书》曰'沱潜既导'。"[①]

(2) 刘澄之云：有水从（阿）［沔］阳县[②]南至梓潼（郡）汉寿（县），入大穴，暗通冈山。郭景纯亦言是也。冈山穴小，本不容水，水成大泽，而流与汉合。[③]

汉时沔阳县，约治今陕西省勉县。汉寿县，为三国蜀汉时地名，治今四川省广元市。所谓"汉别为潜""汉水枝分潜出"，就是说的古汉水夺潜水河道南流。汉别为潜的位置当在今陕西省宁强县黑水河口南的黑山梁子一带。黑山梁子一带海拔相对较低，且首当汉水南流之冲。1957年长江流域规划办公室制订的"引嘉济汉"方案，即选择此地作为引水高坝的坝址。[④] 黑山梁子一带作为古汉水与古潜水之间相对低矮的分水岭，在晋宋及其以前大概名叫"野牛（岭）"。[⑤] 这一带在地质条件上属

---

① 《水经注》卷29《潜水》，第461—462页。

② 西汉"阿阳"属于天水郡辖县（《汉书》卷28下《地理志下》，第1612页），故城在唐"秦州陇城县西北"（《后汉书》卷6《孝顺帝纪》李贤注，第273页），当渭水之北。故知此处"阿阳"必误。又，据左思《蜀都赋》"演以潜沬、浸以绵雒"句晋刘逵注云："有水从汉中沔阳南流至梓潼汉寿，入大穴中，通冈山下，今名复水，旧说云《禹贡》潜水也。"（《文选》卷4《赋乙·京都中》，上海古籍出版社1986年版，第181页）以此，知"阿阳"当为"沔阳"之形误。故改。

③ 《水经注》卷20《漾水》，第311页。

④ 参见汪荣春主编《嘉陵江志》，第321页。

⑤ 《水经注》卷20《漾水》："庾仲雍又言：汉水自武遂川，南入蔓葛谷，越野牛，径至关城合西汉水。"（第311页）庾仲雍为刘宋时人，此"关城"即今阳平关，故可推知所谓"越野牛"当意指汉水流过野牛岭，而一个"越"字，似又可说明其时汉水南流至此遇到一定障碍，河床下切尚不太深。

于奥陶系碧口群变质岩系，[①] 主要由一套海相中深密质基性—酸性火山熔岩及碎屑岩夹少量沉积碎屑岩，向上逐渐过渡为夹较多沉积碎屑岩及硅质、白云质碳酸岩组成。[②] 我们知道，火山熔岩、碎屑岩、碳酸岩等类岩体，在流水的侵蚀作用下，很容易形成重力崩塌。因此，当武都大地震阻断古汉水后，汉嘉分水岭以西堰塞湖的水位必定会慢慢抬升，当堰塞湖水位抬升到一定高度，湖水必然会从相对低矮的分水岭——野牛岭豁口漫溢，而野牛岭豁口的碳酸岩、碎屑岩、火山熔岩等类岩体，在强大水流的侵蚀作用下，会很快下切变大，并逐渐发育成新的河道（参见图 4—5）。

所谓“冈山”，南北朝以前也叫作“葱岭山”，南北朝以降多称“龙门山”。[③] 唐李吉甫云：“龙门山，在县东北八十二里，出好针乳……潜水，出县东北龙门山，《书》曰‘沱潜既导’是也。”[④] 唐绵谷县即治今四川省广元市。今广元市北川陕交界山体仍称龙门山，山体海拔多在 1000 米至 1500 米之间。龙门山北的宁强县阳平关镇附近是嘉陵江上游的一处宽谷，长约 18 千米、平均宽约 2 千米，谷底海拔不足 600 米，呈东北—西南走向。至于刘澄之所言“从（阿）［沔］阳县南至梓潼（郡）汉寿（县）”之河流，实际上就是作为古白水（今白龙江）支流的“潜水”，也就相当于今广元、宁强境内的嘉陵江江段。“潜（水）”之名，早在前引战国时期成书的《尚书·禹贡》中已出现，即郦氏所录“沱潜既导”。我们知道，古文献中的所谓“潜水”，一般就是指的该河有一段河道是地下伏流。由于今龙门山是在沉积了早二叠纪阳新统碳酸盐地层后再隆起的，因而，在流水作用下，龙门山一带多有喀斯特地貌发育。[⑤] 上引古文献中所谓“穴”“伏流”“针乳”之类，其实属于古人对喀斯特地貌的典型描述。

可见，古人关于冈山地区地貌情况的记载，与今龙门山地区的地质

---

① 《中华人民共和国地图集·中国地质》，地图出版社 1984 年版，第 6 页。

② 宁强县地方志编纂委员会：《宁强县志》，陕西师范大学出版社 1995 年版，第 68 页。

③ 乐史：《宋本太平寰宇记》卷 135《绵谷县》，中华书局影印本 2000 年版，第 244 页上。

④ 李吉甫：《元和郡县图志》卷 22《山南道三·利州》，第 565 页。

⑤ 西南师范学院地理系编：《四川地理》，西南师范学院学报编辑部 1982 年版，第 23—24 页。

地貌情况是完全一致的。于是，把《水经注》中的这两处记载与其他相关资料结合起来，无疑可以获得一点十分重要的认识：在北魏以前的“冈山”以北，也就是今龙门山北阳平关镇附近的宽谷地带，曾经因为古汉水上游堰塞湖水的漫溢、汇入而积水成为一个“大泽”（见图4—6）。

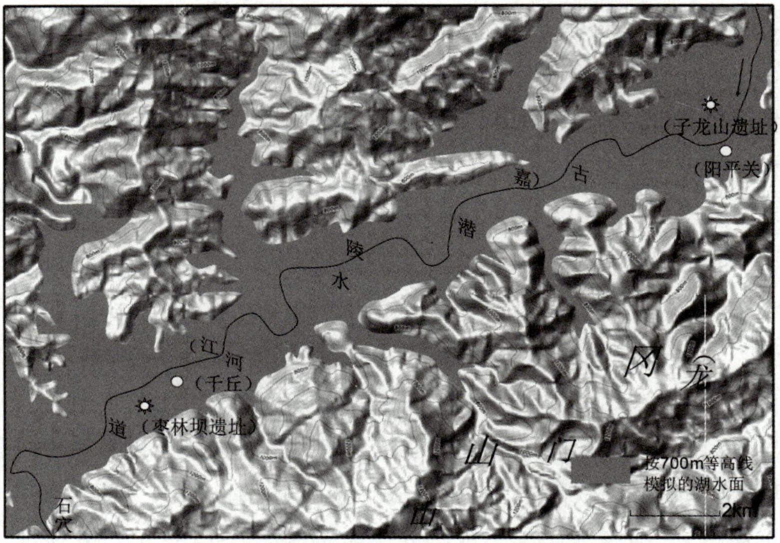

图4—6　陕西宁强阳平关附近西汉中期“大泽”主体复原模拟图

说明：据《谷歌·地图·地形》（http：//ditu. google. cn/maps? hl = zh – CN&tab = wl）相关区域为底图改制。

在古汉水与古白水支流潜水之间的低矮分水岭野牛岭没有冲开之前，尽管“冈山穴小，本不容水”，但由于潜水上游集水区域面积不大，在冈山（龙门山）以北形成“大泽”的机会不多。① 在古汉水与潜水之间的低矮分水岭冲开之后，古汉水上游诸水几乎全部汇入潜水南流。由于潜水流量剧增，小小的冈山石穴自然泄水不及，不可避免会在冈山（龙门山）以北的阳平关谷地积水而成“大泽”。阳平关谷地的蓄洪量在18

① 从前引《尚书·禹贡》中有“沱潜既导”的情况看，先秦时期冈山石穴有可能一度堵塞过，因此才会有大禹疏导潜水的传说出现。

亿至36亿立方米之间，[①] 是完全能够容纳从堰塞湖夺古潜水河道溢出的洪水的。不过，随着“大泽”聚集的巨大水能对冈山石穴的强烈溶蚀，冈山石穴必然又会由小变大，乃至最终发生重力崩塌，转伏流（地下河）而为地上河。上述《水经注》中的记载，实际上就是说的这样一个过程，只是这个过程似乎并不是一个纯自然的过程，其中可能加入了些许人为的因素，例如所谓“大禹自导汉疏通”即是。应该说，正因为汉文帝后三年（前161年）顺古潜水豁口冲出的汉水水头受到今阳平关附近的宽谷和高耸的龙门山的阻遏，才会出现“坏民室八千余所”而仅“杀三百余人”的奇迹——所杀的三百余人或许只是措手不及的阳平关谷地中的居民，而阳平关谷地以下的潜水—白水（今嘉陵江中下游河段）沿岸居民，虽然房屋受损，但因冈山（龙门山）及其石穴对洪水的阻遏而赢得了逃生的时间。

上述结论是通过结合地形地貌情况来分析文献资料而获得的。那么，阳平关谷地现有的考古资料能否支持这个结论？试看阳平关谷地发现的仅有的两处相关遗址的情况描述：

(1) 枣林坝古代居落遗址　位于今宁强县千丘镇西南约1公里处枣林坝的二级台地上，北靠嘉陵江，南至阳广公路。东西约45米，南北宽约10米。台地表层有少量的陶瓷片。在距表层1米深处有大量汉代泥质灰陶片，以弦纹为主，蓝纹次之。在汉代文化层下3米深处有新石器时期的夹沙红陶及泥质红陶片。汉代文化层上遗有唐宋时期的瓷片。[②]

(2) 东汉子龙山遗址（阳平关镇阳平关火车站东北）位于子龙山上，面积约7.5万平方米，文化层厚0.5—1.5米。采集有铜铁蒺藜、铜镞、“当王天命”文字瓦当及绳纹筒瓦、板瓦残片。1962年暴露土坑墓，出土陶俑、陶碗、陶杯等。[③]

---

① 阳平关谷地长约18000米，平均谷宽约1500米。如果谷地平均蓄水深度为50米，则谷内可蓄水18亿立方米；如果平均蓄水深度为100米，则谷内可蓄水36亿立方米。

② 宁强县地方志编纂委员会：《宁强县志》，第521页。

③ 国家文物局主编：《中国文物地图集·陕西分册》（下册），第1031页；王世昌：《陕西古代砖瓦图典》，三秦出版社2006年版，第365页。

由枣林坝古代居落遗址的位置靠近嘉陵江（古潜水）的情况可推知，在汉初，人们尚可居住于阳平关谷地的台地，而前 161 年汉水的大量南溢，使得该遗址被洪水淹没，导致汉唐之间的文化层缺失；一直到唐中期“大泽”泽水完全消退后（参见后），人们又来到台地遗址一带居住，于是，才造成该遗址汉代文化层上直接出现唐宋时期的瓷片。正因为阳平关谷地西汉时代大部分时间为水覆盖，人们不能像汉初和今天一样下到谷底居住，作为“大泽”中位置绝佳的孤岛子龙山，自然也就成为当时人们选择居地的所在（见图 4—6）。可见，阳平关谷地之中的古代遗址，完全能够佐证历史文献所反映的情况。

正是由于汉嘉分水岭以西的堰塞湖南向从古潜水豁口溢流，《禹贡》《山经》时代“东南流”的汉水也就一度变成为南流的“汉水”和东流的“东汉水”两条汉水。《汉书·地理志》有与汉水相关的五条记载：

(1) 广汉郡甸氐道：“白水出徼外，东至葭明入汉。”

(2) 武都郡河池县：“泉街水南至沮（县）入汉。”

(3) 武都郡武都县：“东汉水受氐道水，一名沔，过江夏，谓之夏水，入江。”

(4) 陇西郡西县：“《禹贡》嶓冢山西，汉所出，南入广汉白水，东南至江州入江。”

(5) 陇西郡氐道县：“《禹贡》养水所出，至武都为汉。”①

所谓自“江夏”（今湖北省武汉市）附近入江的“东汉水”即今汉江，而自“江州”（今重庆市主城区）附近入江的“汉水”则是今嘉陵江。至于“泉街水”，为今嘉陵江的正源；“养水”，当今嘉陵江上游的重要支流青泥河；“白水”，即今嘉陵江重要支流白龙江（下游）。“葭明”，或作葭萌，即今四川广元昭化镇。也就是说，西汉时代的汉水已经一分为二。然而，在古汉水上游流域，是否存在让古汉水一分为二的地理条件？如果按照该区目前的地形情况，古汉水上游河道是不可能一分为二

① 分见《汉书》卷 28《地理志》，第 1597、1609、1610、1609 页。

的。但是，由前论及图4—3、图4—4可知，在大地震造成的滑坡堵塞古汉水上游河道后，随着堰塞湖水位的不断上升，一方面，东面因堰塞坝体的部分垮塌曾造成下游汉中、南阳等郡境的汉水沿岸地带发生水灾；另一方面，南面因堰塞湖湖水自古潜水源头野牛岭豁口溢流而出现“汉别为潜”的现象。可见，在汉初大地震发生后的一段时间内，古汉水上游确实是有过一分为二的现象。

因此，《汉书·地理志》中与汉水相关的上述记载是基本可信的：发源自陇西郡西县《禹贡》嶓冢山西的汉水袭夺古潜水、白水，“东南至江州入江”的是汉水，而发源自武都郡武都县受氏道水，“过江夏”入江的就是东汉水（见图4—7）。

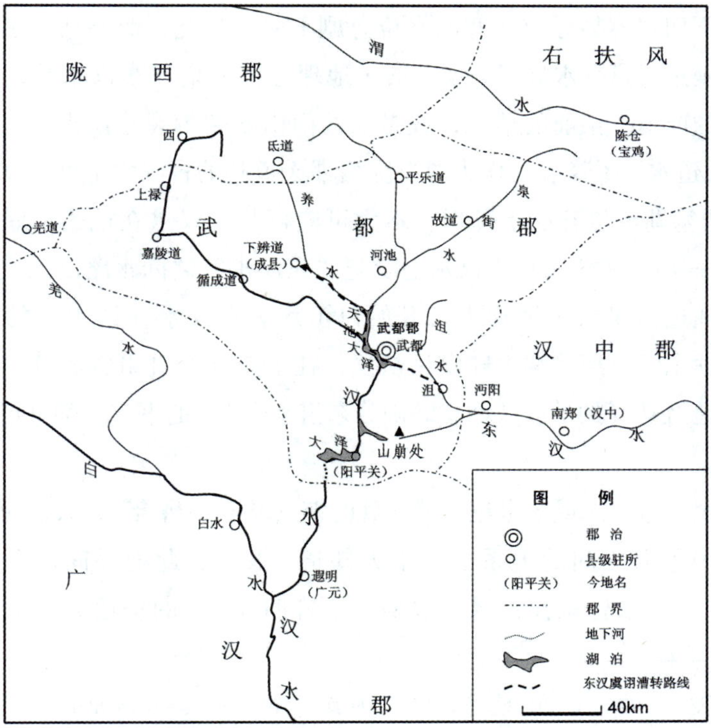

图4—7 西汉末年汉水上游形势示意图

注：本图中部分历史地名位置参据谭其骧主编《中国历史地图集》第2册《秦·西汉·东汉时期》“司隶部”图、“益州刺史部北部”图（第15—16、29—30页）。

四 汉水上游诸水南流时期（前161年至今）

武都大地震后古汉水上游虽然有过一分为二的现象，但时间应当不是很长。《汉书·地理志》中，先汉时期的古汉水中下游之所以被改称“东汉水”，而古潜水反而喧宾夺主继承先汉时期的“汉（水）”名称（到魏晋南北朝时期，汉水又改称“西汉水”，而东汉水终于恢复“汉水”之名），这样的情况就进一步说明，西汉时期古汉水上游与中下游（东汉水）之间的水路联系确实已经中断。否则，原来的汉水完全没有必要改称为“东汉水”。

古汉水中下游改称“东汉水”的具体时间应该是在前161年后，因为汉嘉分水岭自然坝体一带的地势较高，古潜水豁口在强大水流冲蚀下的快速下切很容易导致堰塞湖水位急剧下降。从此，堰塞湖湖水当再没有机会漫过汉嘉分水岭了。《汉书·地理志》所谓“东汉水受氐道水”，或是指的前161年前的情况，或是从龙门山断裂带裂隙渗出的泉流，因为，“氐道水”（养水）作为源自陇西郡氐道县的古汉水上游大支流，前161年堰塞湖水位开始下降后，不大可能再与东汉水在地表面联络起来（见图4—7）。关于汉代古汉水上游与“东汉水”之间水路已完全中断的情况，通过《汉书·地理志》开始以沮水为东汉水（沔水）的上源[①]，以及后述东汉时期武都太守虞诩从汉中往下辨（今甘肃省成县）漕转谷布要取道沮县（约治今陕西省略阳县东沮水旁[②]）的事实，都可得到清楚的认识。

降至4世纪末或5世纪初的北魏时期（386—534年），人们对古汉水上游与中下游之间的关系已经不大知道。其一，此前民间已开始流行“嶓冢以东，水皆东流；嶓冢以西，水皆西流”[③]的俗语。这个“嶓冢

① 《汉书》卷28下《地理志下》（第1609页）“沮”下云：“沮水出东狼谷，南至沙羡（治今湖北省武汉市）南入江，过郡五，行四千里，荆州川。”此沮水或称沔水，即指东汉水。

② 汉代沮县治约在今陕西略阳县东沮水旁的鱼洞子乡，该地直至宋代（称为鱼关寨）仍然是汉中西输粮食、钱帛的储运地。（参见顾祖禹：《读史方舆纪要》卷56《汉中府·沔县·广石戍》，海南国际新闻出版中心1997年版，第1173页）

③ 《水经注》卷20《漾水》引《汉中记》，第311页。按：《汉中记》撰者无考，成书年代一般认为约在魏晋时期。

(山)”就是指的今汉王山一带。此前文献中的嶓冢山都是指今甘肃省天水市西南西汉水的发源地一带。从此开始，(东)汉水、西汉水的发源地都有了一个嶓冢山。时人之所以又在古汉水的中断处命名一个嶓冢山来作为“(东)汉水”的源地，大约是为了让东、西中断的汉水名义上符合《尚书·禹贡》以来“嶓冢导漾，东流为汉”的传统说法。而俗语的流行，说明在此之前嶓冢(山)一带的山水早已东西分流。其二，北魏前后在今汉江中源设置嶓冢县的行为，进一步强化了时人以嶓冢山在今汉江中源的错觉。《魏书·地形志》载，时华阳郡有嶓冢县，县内“有嶓冢山，汉水出焉”。[①] 北魏嶓冢县约治今陕西省宁强县北代家坝(见图4—5)，因此，这个嶓冢山同样是指今汉王山一带。这说明当时西汉水河谷已下切很深，东、西汉水之间可能都看不出有过任何联系，更不用说汉嘉分水岭以西堰塞湖的存在了。其三，作为北魏时人的郦道元，其《水经·漾水注》中对古汉水上游相关诸水的关系描述已模糊不清，甚至错误地认为，按当时的“地势源流所归，故俗以嶓冢为分水岭，即此推沔水无西入之理”。[②] 可见，由于当时东汉水(沔水)、西汉水之间汉嘉分水岭的存在，就是作为古代著名地理学家的郦道元也看不出二者有沟通的可能性。

前161年后古汉水的南流，一方面导致东汉时古“天池大泽”的消失；另一方面，促成东汉以降嘉陵江水系的形成。先说东汉时天池大泽的消失。

如前所论，汉初及其以前，关中平原与汉中、蜀地之间的联系主要是依靠古汉水上游水道，即上文所谓“故道”。这样的结论，也可以得到《史记·河渠书》中相关记载的支持。《河渠书》中曾提到汉武帝时欲通褒斜道以便自汉中漕运关中一事：

> 人有上书欲通褒斜道及漕事，下御史大夫张汤。汤问其事，因言：“抵蜀从故道，故道多阪，回远。今穿褒斜道，少阪，近四百里……”天子以为然，拜汤子卬为汉中守，发数万人作褒斜道五百

① 《魏书》卷106《地形志下》，中华书局点1974年版，第2617页。

② 《水经注》卷20《漾水》，第311页。

余里。[1]

汉武帝时之所以要通褒斜道漕运，是因为以前多走的“故道”一线已变得崎远难行。但是，让人迷惑的是，既然“故道多阪，回远”，为什么此前秦蜀之间的交通又多选择该道？这说明，在前140年汉武帝即位之前，故道一线的交通必定发生了重大问题，否则，汉武帝不至于兴师动众“发数万人作褒斜道”。[2] 笔者以为，故道的交通之所以出现大问题，就是因为古汉水上游与中下游（东汉水）之间的水路联系当时已经中断。例如，后来东汉中期虞诩任武都太守时，从古汉水中游的汉中郡（治今陕西省汉中市）发运谷布到上游的武都郡新治下辨县（治今甘肃省成县），就已无法全程利用古汉水水道。于是，虞诩只能用水陆联运的办法运送谷布：先溯东汉水（沔水）把粮食水运到沮县，然后卸下再转陆路，经过长达百数十里且险峻难行的山道运输，把粮食送至武都道（旧武都县，治今陕西省略阳县城）的古汉水边后，重新装船，再溯古汉水及其支流养水（即古漾水，今青泥河）运抵目的地武都郡治下辨县（见图4—7）。关于虞诩漕运谷布的办法，《水经注·漾水》中有大体清楚的记载：

> 虞诩为（武都）郡漕谷布在沮。从沮县至下辨，山道险绝，水中多石，舟车不通，驴马负运，僦五致一。诩乃于沮受僦直，约自致之。即将吏民按行，皆烧石木煎 木，开漕船道。水运通利，岁省万计。[3]

《后汉书·虞诩传》所记与之略同：

> 先是运道艰险，舟车不通，驴马负载，僦五致一。（虞）诩乃自

---

① 《史记》卷29《河渠书》，第1411页。

② 褒斜道虽然早在战国中期即已为秦人开辟，但汉初以前秦蜀间交通取该道者并不多，这大约是因该道全为山道之故。参见第九章。

③ 《水经注》卷20《漾水》，第316页。

将吏士，案行川谷，自沮至下辩，数十里中，皆烧石翦木，开漕船道，以人僦直雇借佣者。于是水运通利，岁省四千余万。[①]

由虞诩利用武都郡境的古汉水漕运谷布需要“烧石翦木”，可以想见其时的古汉水上游水道已相当浅涩难行。而越往后，古汉水上游的水道条件似乎越差。例如汉灵帝建宁三年（170 年），李翕亦曾任武都太守，其时沮县至下辨间的郡境道路，“汉水逆让，稽滞商旅”，为“郡县所苦”，于是，凿山浚渎，修栈架桥，仍然是他任上的重要工作。[②] 所谓“汉水逆让，稽滞商旅”，也就是说汉水不便交通的意思。

其实，前引《华阳国志·汉中志》只谓武都县“有天池泽”，而不再说“天池大泽”，也就意味着东汉以降古汉水上游的泽水可能已经基本消失，实在不能言“大”了。东汉时期，武都郡治从武都县西移于下辨县，[③] 究其原因，很可能主要是与天池大泽的水位下降相联系的：由于天池大泽泽水水位的逐渐降低，原建于大泽湖滨、生活与交通都很方便的武都县城，突然变成一座离汉水水面越来越远，生活、交通皆不方便的山顶孤城。而前述三国时期蜀武兴城之所以建于平地，一方面，自然是因为当时今略阳一带的古汉水水位已经很低、河岸有大片平地出露的结果。例如，在今略阳县城关镇的嘉陵江谷地，目前已发现的时代最早的古遗址高台遗址即属于汉代遗址。[④] 另一方面，应当也是为了方便人们的生活、交通。也许正是三国蜀汉时武都道（县）城出现别名“武兴”，[⑤] 以及东汉时武都郡移治下辨县，加上《水经注·漾水》中的混乱记载和后来天池大泽的消失等几方面，才导致后世学者在确定西汉武都道（县）

---

① 《后汉书》卷 58《虞诩传》，第 1869 页。

② 《郙阁颂》（《析里桥郙阁颂》），高文：《汉碑集释》，河南大学出版社 1997 年版，第 378 页。

③ 《后汉书》志卷 23《郡国五》，第 3518 页。

④ 国家文物局主编：《中国文物地图集·陕西分册》（下册），第 1051 页。

⑤ 据常璩《华阳国志》卷 2《汉中志》，武都郡下有“武都县”而没有“武兴县”，说明此前的蜀汉时期并无武兴县之置。考虑到武都同作郡、县名，因而，武兴很可能是武都县城的别称，目的是在略称时武都县能与武都郡相区别。比如，据《华阳国志·汉中志》（刘琳：《华阳国志校注》，第 161 页）载，武都郡新治下辨县也有别称“武街”，目的当也是为了与旧治武都道（县）相区别。武兴成为县名，要到东晋太元十一年（382 年）。

的位置时出现错误。

由于武都大地震后形成的堰塞湖水位的抬升，必定会造成天池大泽水位的抬升并与之持平（见图4—3、图4—5），因而，堰塞湖的水位下降乃至湖泊水体消失，自然会给武都城附近一度为高水位覆盖的河道壅堵物带来强大的冲力和拉力，这样，也就加快了天池大泽的消失速度。如果没有武都大地震后形成的堰塞湖与天池大泽连体，天池大泽可能不会在东汉时期就趋于消失。而天池大泽的消失，自然意味着武都城以上古（西）汉水河道的水位下降，河床淘深，基岩出露。这样的情况，不但对河流自身的航运条件形成直接障碍，而且对原来与水运码头连接的陆路交通也造成间接影响。这应该是导致东汉以降今陕西略阳以北的古汉水上游（嘉陵江上游）河段通航困难的根本原因。

次说东汉以降古汉水上游与古白水之间的水路联系逐渐建立及嘉陵江水系的形成。

尽管东汉时期虞诩、李翕先后整治过汉武都道（县）北（武都—下辨间）的百余里（西）汉水上游水道，但由于河床的不断下切，两地之间航道的维持时间可能并不长。比如，蜀汉后主建兴六年（257年）冬，诸葛亮"出散关，围陈仓"，即以"粮尽退"。[1] 诸葛亮这次北伐显然是走的故道一线。如果当时故道沿线的古汉水上游航运方便，北伐蜀军军粮的供应当不会成为太大问题。也许正是因为汉以后古汉水上游河道缺乏航运之便，以至于到唐中期，时任山南西道节度使的严砺竟称嘉陵江（指兴州以北江段）的航运价值"昔之人莫得知也"。[2] 唐兴州（治今陕西省略阳县）在嘉陵江边，而成州（治今甘肃省成县）离嘉陵江上游水道也不太远，但当时两地的联系并不能走水路，而必须依赖崎岖难行的陆路。为便于向成州戍兵运送给养，严砺始兴功整治嘉陵江上游水道。据载，严砺的整治工程自长举县（治今陕西省略阳县西北西淮坝一带）之西，道江而下，"疏嘉陵江二百里，焚巨石，沃醯以碎之，通漕"。[3] 严

① 《三国志》卷33《蜀书·后主传》，中华书局1959年版，第896页。

② 《柳宗元集》卷26《兴州江运记》，中华书局1979年版，第716页。

③ 《柳宗元集》卷26《兴州江运记》，第716页；《新唐书》卷40《地理志》，中华书局1975年版，第1035页。

砺是十足的贪残之徒，[①] 然其整治嘉陵江上游水道的工程措施客观上还是值得肯定的。自此之后的唐宋时代，兴州以北的嘉陵江段航线即可延至长举以西（见图4—7）。这是今略阳以北的古（西）汉水（嘉陵江）水道的情况。

略阳以南的嘉陵江水道变化主要出现在古潜水河段。一方面，在汉嘉分水岭以西堰塞湖聚集的强大水能冲刷下，古汉水与古潜水之间的分水岭野牛岭豁口会不断下切，并最终导致堰塞湖完全消失；另一方面，在冈山（葱岭、龙门山）北“大泽”聚集的强大水能冲刷下，冈山石穴也会变得越来越大，并最终导致“大泽”的消失。于是，古汉水上游诸水径流全部经古潜水河道南流进入今四川盆地，与古白水（今白龙江）汇流而入长江。至此，今嘉陵江水系也就完全形成。关于此点，同样可以找到相关的证据。

证据之一是今宁强阳平关镇古砖下发现的东汉初“朔宁王太后玺”金印。1954年因修建宝成铁路，在阳平关镇的古砖下发现“朔宁王太后玺”金印一颗（现存重庆市三峡博物馆）。“朔宁王”是东汉初据有蜀地的公孙述加封据有天水、武都二郡的隗嚣的封号，由于隗嚣未曾入蜀，故此印很可能是隗嚣兵败后家属奔蜀途中遗落于阳平关的。[②] 这说明今阳平关镇附近东汉初年泽水已经消退。三国以降文献中出现的“关城”（今阳平关镇[③]）记载，如“姜维自沓中还，至阴平，合集士众，欲赴关城”[④] 之类，也可以说明当时今阳平关镇附近已不为泽水覆盖。谷地东北部的阳平关一带地势较西南部一带要高，泽水最早消退是自然而然的。

证据之二是文献中有关冈山（葱岭、龙门山）石穴的变化。“龙门山”之所以得名，就是因为当时存在的巨大石穴。刘宋刘澄之《梁州记》

---

① 《旧唐书》卷117《严砺传》，中华书局1975年版，第4709页。

② 《修筑宝成铁路青工李海章发现汉朝朔宁王太后印章》，《文物》1954年第7期，第140页。

③ 《后汉书》卷63《李固传》李贤注引刘宋刘澄之《梁州记》曰：“关城西南百八十里有白水关，昔李固解印绶处也。”（第2079页）白水关即汉白水县治，今四川省青川县白水镇（见图4—7）。今阳平关、白水镇二地距离与之正合。

④ 《三国志》卷28《魏书·钟会传》，第788页。

云："葱岭有石穴，高数十丈，其状如门，俗号为龙门。"[①]《梁州记》的成书年代约在刘宋初年，书中的主要材料应出自刘宋初及其以前[②]。此间所谓石穴既然已"高数十丈"，当不会对古汉水南流产生很大的阻碍作用。不过，从前录《水经·漾水注》所引刘澄之谓"冈山穴小，本不容水，水成大泽"的情况看，当时在石穴附近的谷地西南部应该还有大面积的泽水存在。事实上，至迟到唐初，情况似乎还没有明显变化。唐初所编《括地志》有云："潜水一名复水，今名龙门水，源出利州绵谷县东龙门山大石穴下。"[③] 唐初人既然仍以龙门山石穴为潜水的发源地，一方面说明龙门山石穴还存在，另一方面也说明此时龙门山北的石穴口一带存在较大面积的泽水。

证据之三是冈山以北大泽的消失时间。随着龙门山（冈山）石穴阻水障碍的冲蚀，龙门山北的"大泽"自然逃脱不了消失的命运。龙门山北泽水的完全消失时间，估计是在 8 世纪的唐中期。之所以能够这么说，是因为除了有前述宁强县千丘镇枣林坝古代居落遗址所呈现的汉唐文化层叠置情形的考古材料依据，还有两方面的文献依据。

一是唐前期沈佺期（约 656—714 年）《过蜀（道）龙门》诗中的有关描述：

> 龙门非禹凿，诡怪乃天功；西南出巴峡，不与众山同；长窦亘五里，宛转复嵌空；伏湍照潜石，瀑水生轮风；流水无昼夜，喷薄龙门中。[④]

① 乐史：《宋本太平寰宇记》卷 135《绵谷县》，第 244 页上。

② 刘澄之著有《永初山川古今记》20 卷。"永初"为宋武帝开国年号，共三年（420—422 年）。清姚振宗《隋书经籍志考证》卷 21 认为，《扬州记》《梁州记》等，分别为《永初山川古今记》中之一卷（参见孙启治、陈建华编《古佚书辑本目录》，中华书局 1997 年版，第 201 页）。

③ 贺次君辑校：《括地志辑校》，中华书局 1980 年版，第 192 页。

④ 陶敏、易淑琼校注：《沈佺期宋之问集校注》卷 4《诗》，中华书局 2001 年版，第 200 页。

由沈诗可知，此间龙门山北的大泽应已不存，因为沈诗中完全没有提及，但石穴（所谓“长窦”）仍然存在，尽管只剩下“五里”。[①]

二是唐中期李吉甫《元和郡县图志》中关于“嘉陵江”的记载。虽然早在《汉书·地理志》武都郡下已有“嘉陵道”（约治今甘肃省西和县西境）之名，后来嘉陵道以下部分河段也有“嘉陵水”之名，[②] 但古汉水上游、古潜水二者开始通称“嘉陵水（江）”，则最早出现于《元和郡县图志》中。相关记载如下：

（1）长举县（治今陕西省略阳县西淮坝一带）：“嘉陵水，去县南十里。”

（2）顺政县（治今陕西省略阳县）：“嘉陵水，经县南，去县百步。”

（3）金牛县（治今陕西省宁强县代家坝）：“嘉陵江，经县西，去县三十里。”

（4）绵谷县（治今四川省广元市）：“西汉水，一名嘉陵水，经县西，去县一里。”[③]

顺便说，由于唐绵谷县境内的古潜水成为嘉陵江的一段，于是，像汉以后命名新的“嶓冢山”一样，唐人也把县境发源于龙门山的一条嘉陵江小支流视为古潜水。[④] 可见，名义上的嘉陵江水系到唐中期正式形成的（见图4—8）。

---

① 1唐尺约等于0.30米。以此估计，唐“五里”当今2654米左右。今嘉陵江切穿龙门山的险峻江段约长9000米。也就是说，从古汉水夺古潜水而出的前161年到唐前期的约850年里，石穴崩塌了6000米以上，年均崩塌约7米。

② 《水经注》卷20《漾水》：“汉水又南入嘉陵道，而为嘉陵水。”（第314页）

③ 李吉甫：《元和郡县图志》卷22《山南道三·兴州》，第570页；卷22《山南道三·兴元府》，第560页；卷22《山南道三·利州》，第565页。

④ 李吉甫：《元和郡县图志》卷22《山南道三·利州》，第565页。

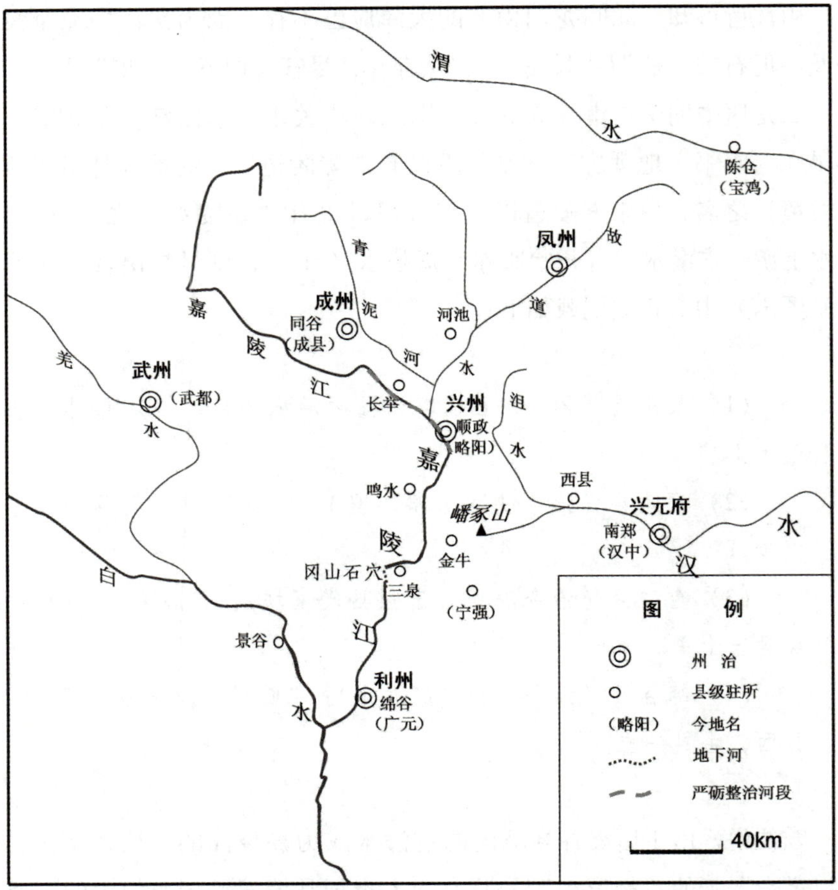

图 4—8 唐中期嘉陵江上游形势示意图

说明：本图中部分历史地名位置参据谭其骧主编《中国历史地图集》第 5 册《隋·唐·五代十国时期》“山南东道山南西道”图（第 52—53 页）。

五 结论与讨论

综上所考，关于武都大地震与古汉水上游水系变迁的关系可归结如下。

其一，汉初以前（远古至前 186 年），今嘉陵江上游诸水本是古汉水的上游。由于古汉水上游河道壅堵，此间在今陕西略阳县城以上形成河道型的山间湖泊“天池大泽”。天池大泽的存在，使得先秦以至汉初的古汉水上游河道有航运之利，成为关中、汉中、蜀地之间联系的重要通道。

其二，西汉初年（前 186 年）的武都道大地震，其震中约在今陕西略阳、宁强一带。武都道大地震造成今陕西宁强汉江中源汉嘉分水岭一带发生了巨大的山体滑坡（崩塌）。山体滑坡一度阻断了古汉水，并造成古汉水上游形成规模极为巨大的堰塞湖。汉嘉分水岭堰塞湖天然坝体的存在，导致古汉水上游与中下游水路交通从此中断。堰塞湖天然坝体先后于前 185 年、前 180 年出现部分崩塌，给古汉水中下游（今汉江）沿岸地区造成严重水灾。

其三，武都大地震发生二十五年后（前 161 年），汉嘉分水岭堰塞湖水南向自古汉水与古白水（今白龙江）支流古潜水的分水岭豁口漫溢而出，夺古潜水河道（今嘉陵江宁强、广元段）下泄。由于古潜水冈山（今龙门山）石穴（地下河）河段的阻遏，这次洪水给下游造成的人员损失并不严重，但下泄水流在今龙门山以北的阳平关谷地形成新的“大泽”。在堰塞湖水南向漫溢之初，古汉水上游河水一度出现东、南分流的局面。随着古汉水上游下泄通道河床的强烈下切，到 2 世纪的东汉中期，汉嘉分水岭以西堰塞湖、天池大泽已趋于消失。

其四，由于龙门山石穴（地下河）的冲蚀变大，阳平关谷地泽水逐渐向西南收缩。东汉初年，阳平关附近一带泽水已经消退；降至约 8 世纪的唐中期，整个龙门山以北“大泽”完全消失。至此，嘉陵江（古潜水）“袭夺”古汉水上游的历史过程终于完成。

由上论可知，古白水（今白龙江）支流古潜水“袭夺”古汉水的过程，与经典河流袭夺理论相比，存在很多不同。最本质的不同是：经典河流袭夺理论认为河流袭夺是“袭夺河”溯源侵蚀切割分水岭袭夺“被袭夺河”的结果，而古潜水“袭夺”古汉水的过程则明显是由武都大地震滑坡所造成的汉水上游河道堰塞湖（相当于“被袭夺河”）溢流侵蚀切割分水岭（黑山梁子），古潜水（相当于“袭夺河”）河道受流而形成今嘉陵江水系。因此，与其说是古潜水“袭夺”古汉水，不如说是古潜水因接受古汉水溢流而沟通为一体。图 4—9 是古潜水“袭夺”古汉水上游的历史过程在套入经典河流袭夺理论后的对比情况。

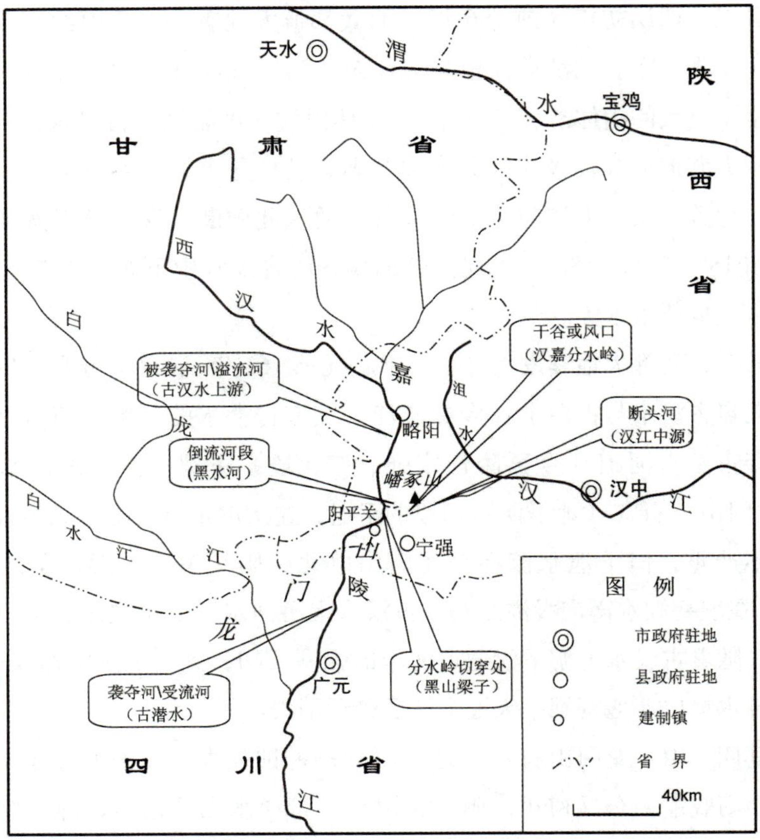

图4—9　古潜水“袭夺”古汉水示意图

说明：本图所示政区、水系依据《中华人民共和国地图集》“陕西省”图、“甘肃省”图、“四川省”图（地图出版社1984年版，第40、41、58页）。

由图4—9可见，经典河流袭夺的理论，基本不能用来解释古潜水“袭夺”古汉水的具体历史过程。所谓嘉陵江“袭夺”古汉水，其实是由地震活动引起的大型山崩中断古汉水河道而迫使古汉水上游溢流改道所致。于是，可以进一步认识到：在某些地震活动强烈的山地区域或大型滑坡多发区域，河流袭夺的主要动力可能不是来自河流的溯源侵蚀（headward erosion），而有可能是来自河道因山体滑坡中断后河水的溢流改道——或可称为河流袭夺的溢流侵蚀（overflow erosion或overfall erosion）模式。

本章旨在为嘉陵江与汉江的历史关系提供一个科学合理的答案，希望有助于古汉水上游一带诸多历史谜题的破解，以及龙门山地震带附近历史地震活动情况的深入研究和河流袭夺理论的进一步完善。

（本章原刊《历史研究》2010 年第 4 期）

第五章

洱海古地图与洱海水系变迁

摘要：《西洱河图》为唐时南诏国人所绘制的一幅洱海地图，其中保存了洱海湖水南流的珍贵信息。本章采用第四纪地质学、地貌学、历史学和考古学等方面的材料、成果与研究方法，证明该图所显示的古洱海湖水南流的情况是真实可信的，古洱海湖水可以循波罗江道、定西岭裂隙南流，并由此复原了全新世中期以来洱海湖水南流通道的变迁过程：第1阶段（距今约8465—6950），洱海湖水南流时间较短；第2阶段（距今约6950—2560），洱海湖水绝大部分时间南流，流量较大；第3阶段（距今约2560—公元1111年），洱海湖水南流，流量变小；第4阶段（约1111年至今），洱海湖水南流水道完全阻塞。最后，作者指出，全新世中期以来，洱海出现的高水面主要与洱海的另一出水口西洱河断裂带裂隙的堵塞有关，而洱海水面出现的快速下降现象，亦主要与西洱河断裂带裂隙的通畅有关。本章结论不但为长期不得其解的全新世中期以来洱海湖面的大幅度升降之谜提供了较好的解释，而且也可以纠正学术界在汉代“叶榆河”“仆水”“劳水”问题上出现的错误认识。

一　引言

洱海，古称昆明池（汉）、叶榆泽（汉晋）、西洱河（唐）等。今洱海南北最长42千米，东西最宽8.9千米，湖岸线长117千米，面积约250平方千米；平均水深10.5米，最深21.5米，蓄水量28.8亿立方米；北有弥苴河等注入，西纳苍山十八溪，东南角接波罗江，西南角的西洱河是湖水的唯一出口，湖水西行汇漾濞江而流入澜沧江。

关于洱海地区的环境变迁问题，近十多年来，学术界进行了不少的探索，取得了令人瞩目的成果。[①] 这些成果的取得，使我们对于洱海地区古环境的变迁过程有了越来越清晰的轮廓。在洱海地区全新世以来的古环境研究过程中，洱海的盈缩问题一直是学者们十分关注的方面，因为，研究者发现，在这万余年中，洱海湖面有过大幅度的上升和下降。然而，洱海湖面的这种升降过程相当异常，它留给了研究者不少无法解释清楚的重大谜题。比如，李祥根研究了大理盆地的全新世沉积物后发现，如果按照苍山山麓大量近代洪积物的高度和前缘堆积时代约距今 2300—2700 年计算，湖岸上升速率（即湖面下降速率）竟高达 30 毫米/年左右，令人无法置信[②]；最近，沈吉等人又研究发现，在全新世中期（距今约 8399—6371 年），洱海沉积岩芯孢粉组合所显示的暖湿气候特征与区域气候相一致，然而，与硅藻组合所显示的湖面下降、气候趋干相矛盾[③]，让人十分困惑。在洱海及其附近地区历史时期的地理状况研究中，也同样存在一些无法解释清楚的问题，比如关于汉晋时期“叶榆水”“仆水”情况的记载就与今天的洱海水系、红河水系有很大出入，今人只好以古人缺乏地理知识视之[④]。

近年，笔者在研究西南地区的环境变迁问题时，偶然发现一幅十分珍贵且无人研究过的唐时南诏国（649—902 年）人所绘《西洱河图》，认为该图对研究洱海地区的环境变迁具有极为重要的价值。本章即从该

---

① 李祥根：《大理盆地全新世沉积、活断层运动速度与洱海古海岸变迁问题》，《中国第四纪研究》1989 年第 1 期，第 65—73 页；中国科学院南京地理与湖泊研究所、兰州地质研究所、地球化学研究所等：《云南断陷湖泊环境与沉积》，科学出版社 1989 年版，第 109—110 页；国家地震局地质研究所，云南省地震局：《滇西北地区活动断裂》，地震出版社 1990 年版，第 70—82、131、316 页；张振克、吴瑞金、朱育新等：《云南洱海流域人类活动的湖泊沉积记录分析》，《地理学报》2000 年第 1 期，第 66—74 页；周静、王苏民、吕静：《洱海地区一万多年以来气候环境演化的湖泊沉积记录》，《湖泊科学》2003 年第 1 期，第 104—111 页；沈吉、杨丽原、羊向东等：《全新世以来云南洱海流域气候变化与人类活动的湖泊沉积记录》，《中国科学（D 辑）》2004 年第 2 期，第 130—138 页。

② 李祥根：《大理盆地全新世沉积、活断层运动速度与洱海古海岸变迁问题》，《中国第四纪研究》1989 年第 1 期，第 65—73 页。

③ 沈吉、杨丽原、羊向东等：《全新世以来云南洱海流域气候变化与人类活动的湖泊沉积记录》，《中国科学（D 辑）》2004 年第 2 期，第 130—138 页。

④ 方国瑜：《中国西南历史地理考释》，中华书局 1987 年版，第 179—180 页。

图内容出发，结合第四纪地质学、地貌学、历史学和考古学等方面的相关材料与成果，以复原全新世中期以来洱海水系的演变过程，并尝试解释学者们在研究洱海地区的环境变迁和历史地理问题时所遇到的种种谜题。

二 唐《西洱河图》及其所反映的洱海水系

我国有着悠久的绘制地图的历史。《中国古代地图集》（战国—元）一书中就收录了不少古人绘刻的地图。[①] 但是，该书并没有收录或提及唐《西洱河图》。因此，有必要对唐《西洱河图》（图5—1）的情况进行简要的介绍。

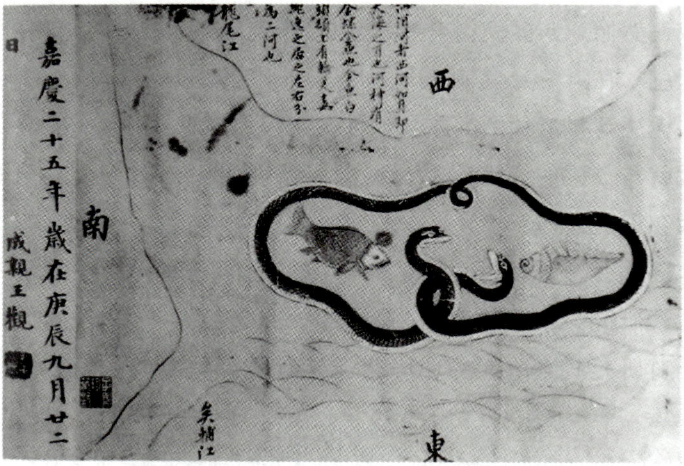

图5—1 唐《西洱河图》

唐《西洱河图》出自《南诏图传》。《南诏图传》，又名《南诏中兴画卷》《南诏中兴二年画卷》《南诏中兴国史画卷》《南诏国史画卷》《南诏画卷》等。该《图传》长约5.73米、高约0.3米，原件大约作于南诏末期的中兴二年（899年），作者（主事者）为南诏官员王奉宗、张顺。《图传》的绘画题材是根据《巍山起因》《铁柱》《西洱河记》等书籍

① 曹婉如、郑锡煌、黄盛璋等编：《中国古代地图集》（战国—元），文物出版社1990年版。

(已不存) 所载佛教初传大理地区的故事绘制的。《图传》画轴 (可能为摹本) 嘉庆二十五年 (1820 年) 时尚藏于清宫，清末流出，现存于日本京都藤井有邻馆[①]。

《西洱河图》(见图 5—1) 是《南诏图传》的最后一部分，为彩色，所绘主要内容为“西洱河”[②] 中两蛇包绕着一螺一鱼。图中标示有东、南、西、北方向和“龙尾江”“矣辅江”注记。图上方的说明文字识读如下：

> 西洱河者，西河如耳，即大海之耳也。河神有金螺金鱼也。金鱼白头，额上有轮矣。毒蛇绕之居之。左右分为二河也。

所谓“左右分为二河”之“二河”，自然就是指图中注记的“龙尾江”“矣辅江”。注记在“西洱河”西南角上的龙尾江，即今洱海的唯一出水口西洱河，而注记在“西洱河”东南角上的矣辅江，则相当于今波罗江。之所以说相当于今波罗江，是因为今波罗江水是由南往北注入洱海的。而唐图上的矣辅江，与龙尾江一样，是“西洱河”的另一出水口，应当是由北往南流出大理盆地的。“分为二河”者，即“西洱河”湖水由龙尾江、矣辅江分流出去之意。

由于《西洱河图》绘制于唐朝末年，且为当地南诏国人所绘，因而，《西洱河图》所反映的“西洱河”水分龙尾江、矣辅江流出的水系应当就是当时 (9 世纪末) 的情形。

那么，接下来的问题是，《西洱河图》所反映的古洱海水系，特别是古洱海水经今波罗江道 (矣辅江) 南流的情形是否可能、可信？

三　洱海湖水经波罗江道南流的证据

古洱海水是否有可能经波罗江道南流？这是首先必须解决的问题。

---

① 汪宁生：《南诏中兴二年画卷》考释，《中国历史博物馆馆刊》1980 年第 2 期，第 136—148 页。

② 唐西洱河为今洱海名。为与今作为河流的西洱河相区别，下文除引用原文和作书名外，唐西洱河名皆加引号。

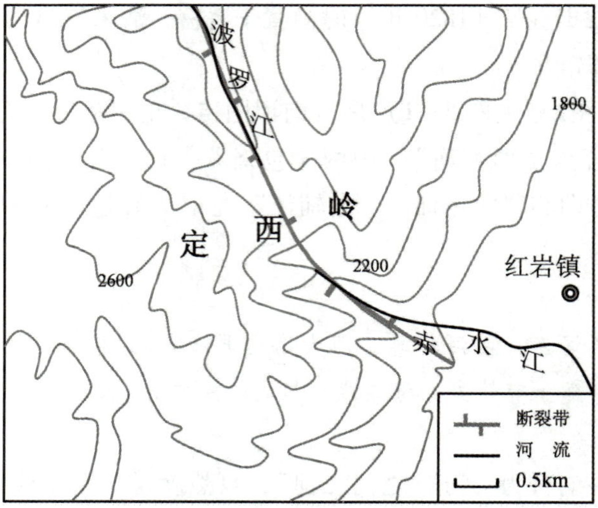

图 5—2 定西岭地形图

今大理（洱海）盆地与弥渡盆地之间的分水岭叫定西岭（见图 5—2）。在定西岭北，波罗江源出，北流注入洱海；在定西岭南，赤水江（西大河、苴力江）发源，南流注入礼社江（元江、红河）。波罗江与赤水江两河源头的距离大约为 1.5 千米。经过近几十年来的地质地貌调查、研究，我们现在知道，定西岭两侧的波罗江与赤水江两河河谷，正好处于红河断裂带上（见图 5—3）。自晚第四纪以来，洱海附近的红河断裂带断裂活动显著，在定西岭一带的地表面，存在一系列的断错山脊和冲沟①；而在定西岭开挖的剖面上，也能见到新的挤压带②。据李祥根研究，全新世以来，洱海湖面海拔高度为 2200—1965 米③，而弥渡盆地的海拔在 1800 米以下，约低于洱海湖面 170—370 米。因此，在历史时期，如果古洱海湖水沿着断裂带裂隙南流经弥渡盆地注入礼社江，在地质地形方

① 国家地震局地质研究所，云南省地震局：《滇西北地区活动断裂》，地震出版社 1990 年版，第 70—82、131、316 页。

② 中国科学院南京地理与湖泊研究所、兰州地质研究所、地球化学研究所等：《云南断陷湖泊环境与沉积》，科学出版社 1989 年版，第 109—110 页。

③ 李祥根：《大理盆地全新世沉积、活断层运动速度与洱海古海岸变迁问题》，《中国第四纪研究》1989 年第 1 期，第 65—73 页。

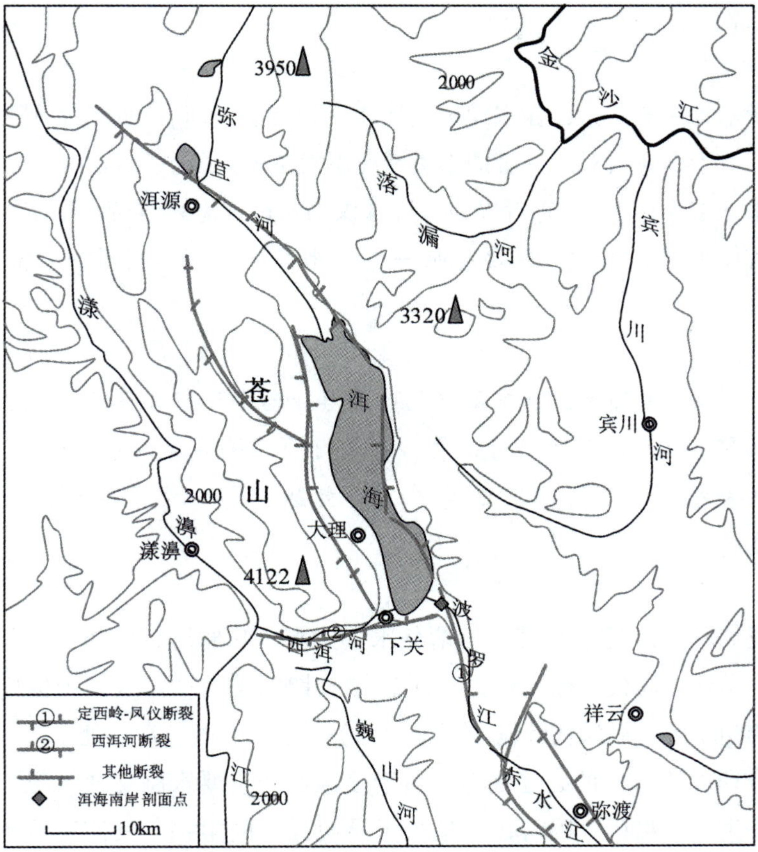

图5—3　洱海附近地形及红河断裂带图

面是完全没有问题的。

事实上，在唐以前的历史文献中，我们就可以找到古洱海湖水沿着断裂带裂隙南流经弥渡盆地注入礼社江的有关记载。

一是东汉班固《汉书·地理志》、桑钦（?）《水经》中的材料。在《汉书》卷28上《地理志》中，关于云南高原上的“仆水”水系，有下列重要记载：

> (1) 仆水出徼外，东南至来惟（今云南元江）入劳（水），过郡二，行千八百八十里。

(2) 劳水出徼外，东至麋泠（今越南河内附近）入南海，过郡三，行三千五百六十里。

学术界一般认为，仆水即今礼社江（元江、红河），而劳水则为今澜沧江，由于汉时人对这一带的水道情况不太了解，所以《汉书·地理志》误劳水下游为仆水。[①] 笔者以为，说《汉书·地理志》误劳水下游为仆水是没有依据的。因为，只要对照一下《水经》关于"叶榆河"的经流记载：

益州叶榆河，出其县（指叶榆县，治今云南大理境）北界，屈从县东北流，东南出益州界，入牂柯郡西随县（治今云南元阳境）北为西随水，又东出进桑关，过交趾（郡）麋泠县北，分为五水……东入海。

我们就很清楚地知道，所谓仆水、劳水、叶榆河、西随水，其实就是同一条河。汉代在今云南地区进行了长期的统治，对云南地区的情况应该相当了解。而汉代叶榆泽（今洱海）"昆明"国一带，处于前往身毒国（今印度境内）的必经之道，对于该区域的重要水路交通情况更是不可能发生重大错误。因为，正是由于昆明国人的阻挡，汉使王然于等才未能前往身毒国[②]，而为此，元狩三年（前120年）秋，汉武帝甚至在长安"发谪吏穿昆明池"[③]，以对水军进行模拟训练，为讨伐昆明国作准备。事实上，同一条河而有仆水、劳水、叶榆河、西随水诸名并不奇怪，这是因河流流程较长、随地而名所导致的现象，就像今红河另有元江、礼社江诸名一样。因此，《汉书·地理志》和《水经》中的上述记载应该是完全可信的。今天的学者之所以出现错误的认识，是因为他们用今天红河（元江、礼社江）的地理情况来对应汉代叶榆河（仆水、劳水）的地理情况，而不知道洱海的古今水系发生了巨大的变化：在汉代，今洱海

① 方国瑜：《中国西南历史地理考释》，中华书局1987年版，第179—180页。

② 《史记》卷116《西南夷传》。

③ 《汉书》卷6《武帝纪》。

水系与今红河水系本是沟通的，属于红河水系的一部分，当时的叶榆河（仆水、劳水）就是沿红河断裂带裂隙发育的。

二是来自北魏郦道元《水经注》中的材料。《水经注》卷37《叶榆水》云：

> 叶榆水自泽，又东北径滇池县南，又东径同并县南，又东径漏江县，伏流山下，复出蝮口，谓之漏江。……诸葛亮之平南中也，战于是水之南。

郦道元没有到过西南地区，今云南地区也远离北魏的统治区域，因此，《水经注》中关于西南地区的记载多系剪裁前代有限的图籍而成。由于郦氏受到西南地区地理知识和材料的局限，书中经常出现一些张冠李戴的情况。上述《水经注》关于叶榆水的记载中，就明显混入了今滇东地区的有关内容。叶榆水系之所以会混入这些内容，应当是因为二者在某些方面具有相似性，例如，叶榆泽（洱海）与滇池先（汉代）后（汉以后）有过"昆明池"的别称，而所谓"漏江"现象当也是相似的方面。在石灰岩广布的云贵高原，伏流现象并不少见，汉晋时人形象地称之为"漏江"，甚至因此还在今滇东南地区设置了一个"漏江县"。笔者以为，郦道元在叙述叶榆水的经流情况时，只有发现叶榆水东南出口同样存在"漏江"现象，才会与漏江县的"漏江"现象混淆起来。对此，"诸葛亮之平南中也，战于是水之南"一事可以作为辅证。诸葛亮之平南中的路线，就是渡泸水（今金沙江），经蜻蛉（治今云南大姚）、弄栋（治今云南姚安），到达云南郡治（今云南祥云云南驿）一带的。[①] 所谓"是水之南"，自然就是指的叶榆水"漏江"之南，也就是今弥渡盆地的赤水江之南。估计三国晋时的叶榆河有些类似于地下伏流穿过定西岭，这从下述明清时尚存的"毕钵罗窟"情况可以得到佐证。

在唐以后的历史文献中，我们也可以找到古人有关定西岭裂隙的一些地貌情况描述。

（1）元初郭松年《大理行记》［旅行时间为至元十七年至二十年

---

① （唐）樊绰：《蛮书》（《云南志》）卷2《山川江源》。

(1280 —1283 年)]：

[白岩甸（今云南弥渡红岩）] 西石崖斩绝，其色如雪，故曰白崖，赤水江回环曲折经于其中。……又山行四十里赵州甸（今云南大理凤仪）……神庄江（今波罗江）贯于其中，溉田千顷。

(2) 明李元阳《云南通志》(1572 年修成)：

(毕钵罗窟) 一名宾波罗窟，在白崖川（指今弥渡盆地）西，山岩壁立，耸拔千余丈，其下林麓蓊郁。

(3) 明末清初顾祖禹《读史方舆纪要》卷 117 引明《志》：

白崖江出自白崖西山之毕钵罗窟……为礼社江之上源。

(4) 清王昶《滇行日录》：

乾隆三十四年（1769 年），己丑，正月……十一日，从白崖行二三里，过定西岭，是为毕钵罗窟……危崖峭壁，林木蓊翳。

上述历史文献中所描述的“山岩壁立，耸拔千余丈”“危崖峭壁”的白岩或白崖，以及所谓“毕钵罗窟”（窟，即洞穴之意），事实上都是说的经过定西岭的红河断裂带裂隙情况。从郭松年的记载中已有赤水江（即白崖江）、神庄江（今波罗江）来看，元初两江之间显然已不能沟通。因此，洱海水南流礼社江的中断时间最可能是在唐、元之间的宋代（见后）。

由上可见，汉以来的相当长的时间里，洱海水系确是通过红河断裂带裂隙与今礼社江（元江、红河）水系沟通的。因此，《西洱河图》所反映的古洱海水经今波罗江道（矣辅江）南流的情形是完全可信的。

四　洱海湖水南流通道的演变过程

既然历史时期洱海水有相当长的时间南流，那么，在史前时代，洱海水是否也是南流的？要回答这个问题，我们必须要找到合适的地质剖面沉积物依据。

十多年前，为了研究大理（洱海）盆地的活动断层，国家地震局地质研究所的研究人员在洱海南岸团山下的湖滨地层中，人工开挖了一个长约200米的剖面。由于该剖面地正好位于波罗江江口附近，因此，完全可以利用该剖面的沉积物状况来研究全新世以来波罗江水流的流向变化。为了研究的方便，现照列该剖面（见图5—4）的基本情况（岩性特征、孢粉分析结果、含碳地层年代值、地层厚度）① 如下：

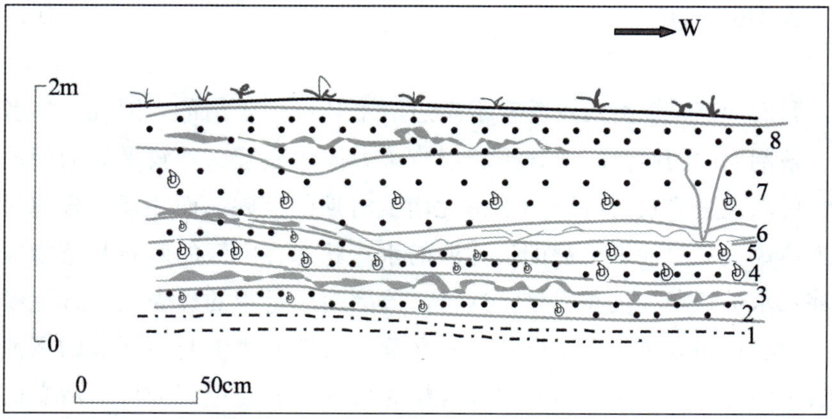

图5—4　洱海南岸地层剖面示意

8. 褐红色细砂夹碎石，具扰动特征，含孢粉：

松属 *Pinus*，蒿属 *Artemisia*，藜科 Chenopodiaceae，禾本科 Gramineae 及少量蕨类孢子　0.35 m

7. 白色螺壳层，^{14}C 年龄为 2560 ± 75a　0.59 m

① 李祥根：《大理盆地全新世沉积、活断层运动速度与洱海古海岸变迁问题》，《中国第四纪研究》1989年第1期，第65—73页；国家地震局地质研究所、云南省地震局：《滇西北地区活动断裂》，地震出版社1990年版，第70—82、131、316页。

6. 浅褐色粉砂，具扰动特征，含孢粉：

松属 *Pinus*，桤木属 *Alnus*，栎属 *Quercus*，蒿属 *Artemisia*，杂属 *Myriophyllum* 0.06 m

5. 螺壳及粉砂互层 0.17 m

4. 螺壳密集层，^{14}C 年龄为 6950 ± 100 a 0.13 m

3. 浅褐色粉砂，含孢粉：

松属 *Pinus*，栎属 *Quercus*，蒿属 *Artemisia*，杂属 *Myriophyllum*，水龙骨科 Polypodiaceae 0.16 m

2. 螺壳层 0.10 m

1. 棕色砂黏土、细砂，含腐木、松果，含孢粉：

松属 *Pinus*，桤木属 *Alnus*，禾本科 Gramineae，莎草科 Cyperaceae，水龙骨科 Polypodiaceae，卷柏属 *Selaginella*，凤尾厥属 *Pteris*；^{14}C 年龄为 8465 ± 115a 0.39 m

我们知道，螺类是较适宜于岸边清水环境中生活的。因此，笔者以为，该剖面中的螺壳层或含螺壳层应该大体代表了一种较平静的湖滨面貌，可以说是清澈的洱海湖水由此南流时期的反映，而相反，含孢粉层则大体代表了一种不平静的、浑浊的水流状态，山区的砂石和植物成分要靠江水带到湖滨沉积下来。这样，该剖面所呈现的螺壳层与含孢粉层的韵律状相间分布，大体反映出较平静的清澈的水流与不平静的浑浊的水流之间的交替变化：螺壳层或含螺壳层标志着经过沉淀后的清澈的古洱海水静静地循今波罗江道、定西岭裂隙南流汇入今礼社江支流赤水江，而含孢粉层的出现，则标志着附近定西岭一带的山水汇成江流注入古洱海。当然，由于该剖面已发表的^{14}C 年龄只有三个，且该剖面受流水冲刷等因素影响也有可能存在地层缺失问题，因而，现在无法依据该地层的情况十分详细地复原洱海湖水南流通道的演变过程。但是，以该剖面的这三个代表性^{14}C 年龄及其基本情况作为基础，参照其他剖面的情况、考古发掘资料、湖区年平均沉积速率（0.2 毫米/年）①、地震活动资料、古

① 中国科学院南京地理与湖泊研究所、兰州地质研究所、地球化学研究所等：《云南断陷湖泊环境与沉积》，科学出版社 1989 年版，第 109—110 页。

洱海湖面的升降情况等，我们还是可以大致了解全新世中期以来古洱海水循今波罗江道南流和波罗江水北流古洱海的时段变化特征。

第 1 阶段：距今 8465—6950 年，湖面较前（全新世早期高湖面）降低，除较短时间内古洱海水循今波罗江道、定西岭裂隙南流，绝大部分时间波罗江水北注古洱海。因为此间含孢粉层、螺壳层均很薄，反映该剖面地距江口略远，属于洱海的一部分。可以作为印证的是，沈吉等人在洱海北面钻取的岩芯剖面分析结果——在全新世中期（距今 8399—6371 年），硅藻组合显示洱海湖面下降——与之时间上极为接近。

第 2 阶段：距今 6950—2560 年，湖面上涨，除较短时间内波罗江水北流古洱海，绝大部分时间古洱海水循今波罗江道、定西岭裂隙南流，且流量较大，流速较快。因为，在约 4400 年的漫长时间里，该剖面层的厚度只有 0.36 米，年平均沉积速率仅 0.08 毫米，大大低于湖区年平均沉积速率。这说明剖面地一带水中悬移物难以停留沉积，绝大部分被流水带走。

第 3 阶段：距今约 2560 年— 公元 1111 年，湖面快速下降，古洱海水循今波罗江道、定西岭裂隙南流，流量越来越小，流速越来越慢。对此，厚达 0.59 米的螺壳层自是重要证据，而第四纪地质学、历史学、考古学的材料和研究成果也同样可以证明。距今 2700—2000 年，洱海湖岸线为 2100—2000 米①，而从 8 世纪时南诏国所修建的太和城、羊苴咩城、龙口城、三阳城的城墙遗址（迹）皆靠近今洱海湖滨②的情况来判断，当时洱海湖面高度已经与今洱海湖面高度（1965—1974 米）相仿。可见，古洱海湖面在 1000 余年时间里至少下降了数十米。由于湖面下降，古洱海湖水循今波罗江道南流的落差变小，加之洱海盆地一带频繁的地震活动所造成的裂隙挤压乃至可能的悬崖崩塌，都会导致古洱海水循今波罗江道南流的通道逐渐阻塞。之所以把公元 1111 年作为此阶段的结束时间，是因为该年在大理发生了一次震级约为 5.5 级的地震③，而唯有此次地震

---

① 李祥根：《大理盆地全新世沉积、活断层运动速度与洱海古海岸变迁问题》，《中国第四纪研究》1989 年第 1 期，第 65—73 页。

② 薛琳主编：《新编大理风物志》，云南人民出版社 1999 年版，第 106—108 页。

③ 国家地震局地质研究所、云南省地震局：《滇西北地区活动断裂》，地震出版社 1990 年版，第 70—82、131、316 页。

处在唐《西洱河图》成图时间（899 年）与元郭松年大理旅行时间（1280—1283 年）之间。以此，笔者认为，很可能就是此次地震造成了定西岭裂隙的彻底闭塞。

第 4 阶段：约 AD1111 年至今，古洱海水南流水道完全阻塞，波罗江水北流注入洱海。该剖面含孢粉的第 8 层即大体反映了此间波罗江水北流洱海的面貌。这也与前引元、明、清时期历史文献所描述的定西岭地貌情况完全符合。现代地貌考察资料表明，今波罗江口仅有沙嘴。波罗江口之所以未能像洱海北面的弥苴河口一样发育出三角洲，波罗江水北流注入洱海的时间尚不很长应该是最为重要的原因。

五　结语

综上所论，笔者以为，全新世中期以来，在大部分时间内（约 6000 年），古洱海水主要是沿红河断裂带南流的，属于古红河水系（弥苴河—洱海—波罗江—赤水江—礼社江—元江—红河）的上游。在其余的约 2400 年时间里，古洱海水主要是沿今西洱河断裂带西流，经漾濞江流入澜沧江。全新世中期（距今约 8399—6371 年），之所以在区域暖湿气候条件下古洱海湖面出现下降的现象，应与今西洱河断裂带裂隙疏通、湖水大量涌出有密切关系。在距今约 2560 年至公元 8 世纪间，湖面之所以快速下降，同样与今西洱河断裂带裂隙的重新畅通有密切关系。这是因为，全长才 23 千米的西洱河落差高达 610 米，比降竟达 26.5‰，远远高出洱海湖面与弥渡盆地之间的比降 5.0‰。

西洱河断裂带全新世以来的活动情况还不甚明了，不过，研究者通过研究下关西大理造纸厂、啤酒厂的剖面已知西洱河断裂带活动断层的活动年代始于距今 10800 年①。西洱河断裂带的岩石构成为砂砾岩、苍山片群岩，而砂砾岩稳定性较差，在该区多地震的条件下，较定西岭断裂带的砂岩更容易发生崩塌而堵塞本来就十分狭窄的河道。关于西洱河峡谷的这种情况，文献中早有记载。明人徐霞客过此时，即称该峡今“天

---

① 国家地震局地质研究所、云南省地震局：《滇西北地区活动断裂》，地震出版社 1990 年版，第 70—82、131、316 页。

生桥”一带“两崖相粘，中只通一线，剖石倒崖……峡相距不盈四尺”①；而民国《大理县志稿》卷1则说，注入西洱河的七五村河“多挟泥沙，每将（西洱）河尾堵塞，颇受其患”。因此，全新世中期以来，古洱海出现的高湖面可能主要与西洱河断裂带裂隙的堵塞（封闭）有关，相应地，古洱海湖面出现的快速下降现象，则主要与西洱河断裂带裂隙的通畅有关；气候的干湿变化虽然对古洱海湖面的快速升降也有一定作用，但显然不是决定性的。

本章取得的上述结论，不但为环境考古学界长期不得其解的全新世中期以来洱海湖面的大幅度升降谜题提供了较好的解释，而且也可以纠正历史地理学界在汉代“叶榆河”“仆水”“劳水”问题上出现的错误认识。

（本章原题《唐〈西洱河图〉与全新世中期以来洱海水系变迁》，刊《第四纪研究》2006年第4期）

① （明）徐霞客《徐霞客游记》卷8上《滇游日记》。按：明时“四尺”合今1.28米。

下　篇

人文地理问题

第六章

廪君巴人夷水与春秋时代巴人的活动中心区

提要： 自来学者都认为古代廪君巴人生活过的夷水（盐水）就是今湖北境内的长江支流清江。本章通过搜集现代技术、历史文献、文物考古等方面的大量资料进行综合分析，指出先秦时期廪君巴人生活过的夷水并不是今清江，而应是今重庆境内的长江支流大宁河。秦以后，清江才逐渐有了夷水之名。廪君巴人的原居地不是叫作“武落钟离山”，而是叫作“落钟山”，即今巫溪县宁厂镇宝源山。廪君，其意就是给煮盐者发放廪食的头人（国君）。廪君巴人的生活时代大约在西周末或东周初。廪君巴人迁徙所经过的“盐阳”，在今巫山县大昌镇，也就是考古工作者近年所发掘的双堰塘遗址。双堰塘遗址不是纯粹的巴人遗址。廪君巴人迁徙的终点“夷城”，即后来楚巫郡治、秦汉三国时期的巫县治巫城，在今巫山县城巫峡镇旧城之北。廪君巴人以盐为生，其迁徙的原因在于东周以降大宁河水位的大幅度下降所导致的落钟山食盐外运困难。廪君巴人是巴人的一支，西周春秋时期，巴人的主要活动中心在鄂西北的汉水支流南河流域，与夷水流域仅有大巴山之隔。本章结论为古代巴人研究中诸多谜题的开启提供了“一串钥匙”。

一 引言

关于我国古代重要民族巴人的问题，近几十年来，学术界进行了很多探索，取得了相当的成绩，例如，对巴人的文化特征有了初步的认识，对巴人的活动地域也有了大致的轮廓，等等。尤其是1994年长江三峡工程开工以来，通过考古工作者在三峡地区进行广泛而全面的考古发掘，新出土了很多巴人的文化遗物，新发现了不少巴人的活动遗迹，使学术界对古代巴人活动的中心区域有了更多更实质的了解。然而，让人十分遗憾的是，我们现在仍然无法对古代巴人的起源及其迁徙问题作出严谨、合理而科学的解释。非但如此，甚至我们还感到问题较前更多，头绪较前更乱。

之所以会出现这样的局面，一般认为，原因在于流传下来的有关古代巴人的历史文献材料太少，且大多无法与考古发现的新材料严格而密切地结合起来，这样，也就不足以对巴人的起源及其迁徙过程作出准确而清晰的描述、解释。应该说，这方面的原因无疑是存在的。但是，更关键的原因在于，对于本来十分有限且作用重要的某些历史文献材料，古今学者一直都是处于误读误认、张冠李戴的状态。为什么这样说？为了便于研究，在回答之前，笔者不妨把研究者最熟悉的刘宋范晔所撰《后汉书》中关于廪君巴人的一段重要记载抄录如下：

> 巴郡南郡蛮，本有五姓：巴氏、樊氏、瞫氏、相氏、郑氏，皆出于武落钟离山。其山有赤、黑二穴，巴氏之子生于赤穴，四姓之子皆生黑穴。未有君长，俱事鬼神，乃共掷剑于石穴，约能中者，奉以为君。巴氏子务相乃独中之，众皆叹。又令各乘土船，约能浮者，当以为君。余姓悉沉，唯务相独浮。因共立之，是为廪君。乃乘土船，从夷水至盐阳。盐水有神女，谓廪君曰："此地广大，鱼盐所出，愿留共居。"廪君不许。盐神暮辄来取宿，旦即化为虫，与诸虫群飞，掩蔽日光，天地晦冥。积十余日，廪君伺其便，因射杀之，天乃开明。廪君于是君乎夷城，四姓皆臣之。廪君死，魂魄世为白

虎。巴氏以虎饮人血，遂以人祠焉。[①]

显然，这说的就是生活于“夷水”流域的廪君巴人的故事。那么，此之夷水何在？在古往今来的研究者看来，这根本不是一个问题，因为，众所周知，此之夷水是铁定在今湖北境内的长江支流清江的[②]——自班固以来的近2000年中，还没有谁怀疑过古代夷水不是今湖北清江的。然而，笔者以为，先秦时期的夷水确实不是今湖北清江，而是今重庆境内的长江支流大宁河。古今学者正是由于在夷水问题上存在一系列的误读误认、张冠李戴，才造成了历史文献记载与考古发现材料的矛盾、抵牾，也才造成了今天与之密切相关的巴人源流研究中出现重重迷雾乃至无解死结。

笔者的论述就从先秦时期的夷水为什么不是今湖北清江的问题开始。

二　廪君巴人夷水非今清江的依据

清江发源于湖北省利川市齐岳山麓，干流全长423千米（或说440千米），流经恩施、宣恩、建始、巴东、长阳等县（市），至宜都市汇入长江。说廪君巴人夷水非今清江的证据主要来自三个方面，一是自然资源方面，二是历史文献方面，三是考古遗迹方面。

先说自然资源方面的否定性证据。

夷水，古代是与盐联系在一起的，甚至就被称为盐水。上引《后汉书》中有“从夷水至盐阳，盐水有神女”的说法，可是，从此处记载本身我们无法确定夷水或盐水的所在。唐初李贤于此注云：“案今施州清江

---

① 《后汉书》卷86《南蛮西南夷列传》，中华书局1965年版，第2840页。按：（唐）樊绰《蛮书》卷10《南蛮疆界接连诸番夷国名》所引《［后］汉书》与此有较大不同，主要是此之“巴郡南郡蛮，本有五姓：巴氏、樊氏、瞫氏、相氏、郑氏”一句，在《蛮书》中作“巴郡本有四姓：巴氏、繁氏、陈氏、郑氏”。相应地，后文“四姓”在《蛮书》中亦皆作“三姓”。樊氏、瞫氏，分别当即繁氏、陈氏之同音异写，而相氏应是属于南郡之蛮。廪君时代固无巴郡、南郡之置，是范书把汉代分别属于巴、南二郡的四姓合而记述了。以此，知《蛮书》卷10所引《后汉书》文不是出自范书，而当是来自唐时尚存、今已佚失的晋谢承等人所撰《后汉书》。因谢书时代较范书早，故此“巴郡南郡蛮”宜正作“巴郡蛮”，“五姓”“四姓”宜分别正作“四姓”“三姓”。

② 参见后文所引郦道元、李贤说及《辞海·地理分册（历史地理）》，上海辞书出版社1982年版，第89页；谭其骧主编《中国历史地图集·秦西汉东汉时期》，地图出版社1982年版，第22—23，49—50页。

县水一名盐水，源出清江县西都亭山。”① 意指夷水为唐时清江。北魏郦道元撰《水经注·夷水》时，把廪君巴人的故事编入其中，并据刘宋盛弘之《荆州记》说，“大溪南北夹岸，有温泉对注……父老传：此泉先出盐，于今有盐气。夷水有盐水之名，此亦其一也”②。这也就是今湖北清江被认定为先秦夷水的时代较早的材料。

毫无疑问，如果郦道元、李贤的说法为真，古代清江流域一带应该是有盐出产的。盐是古代十分重要的自然资源，如果某地有盐出产，必定是会留下明确而连续的记载的。然而，遍查清江流域诸县民国及其以前的历史文献资料，除了上引《水经注·夷水》中的“父老传此（温）泉先出盐，于今有盐气”一句好像与产盐有关，实在再找不到与产盐相关的任何记载。而就是《水经注·夷水》中的这条材料，却偏偏又是“父老传”闻。

那么，父老传闻是不是可信？郦道元《水经注·夷水》中所指的温泉，无疑就是位于今湖北省长阳土家族自治县鱼峡口镇清江北岸的盐池河温泉，因为这是清江流域唯一的天然温泉。对于该温泉附近不同来源的水质成分，有研究者进行过化学分析，结果③如表6—1所示。

表6—1　　盐池河温泉三种水源的主要化学成分

水样	水温（℃）	Ca^{2+}	Mg^{2+}	$Na^{+}+K^{+}$	HCO_3^-	SO_4^{2-}	Cl	矿化度（g/L）	SiO_2	pH
主温泉水	43.5	318.11	59.10	1278.00	198.93	988.9	1701.6	4.55	60.0	6.2
温水	27.0	317.26	62.84	1073.00	208.69	629.25	1681.04	3.3	52.0	6.2
冷水	17.0	57.32	13.61	9.00	234.32	18.20	4.25	0.34	6.8	6.5

注：单位除注明者和pH值外，均为mg/L。

显然，盐池河温泉附近的三种水源的水质成分是相同的，这说明温

① 《后汉书》卷86《南蛮西南夷列传》李贤注，第2840页。

② 《水经注》卷37《夷水》，岳麓书社1995年版，第540页。

③ 采自夏金吾《鄂西盐池河温泉成因及其对水布垭水利工程地壳稳定性的影响》，《地壳形变与地震》1995年第4期，第70—76页。

泉的热水水源主要来自大气降水及其他地表水，而温泉流量稳定、不受季节影响的情况，又说明地下水进行的是深部循环。尽管该温泉水中含有远超过普通地表水的盐类物质成分，但其矿化度显然还是太低，而氯化钠（NaCl）的含量更低至3‰，远远达不到煮盐的经济要求。可以作为对比的是渝东地区有漫长开采历史的三个盐泉的化学成分（见表6—2）[①]。

表6—2　　渝东三盐井盐泉（卤水）的主要化学成分

井名	温度（℃）	氯	钠	钙	镁	钾	硫酸根	溴	总硼酸	固体物	pH
云阳浣泉井	26	21.33	13.73	1.33	0.29	0.23	4.45	0.028	0.056	42.25	6.9
云阳云二井	26	26.32	21.32	1.45	0.3	0.27	4.73	0.029	0.075	50.86	6.95
巫溪宝源山井	29	27.31	17.56	0.67	0.11	0.12	1.87	0.020	微	47.11	7.33

注：单位除注明者和pH值外，其余均为g/L。

比较表6—1、表6—2内容可见，盐池河温泉的矿化度（固体物）仅为渝东盐井盐泉的1/10左右，无疑是没有经济开采价值的。当然，在极度缺盐的情况下，附近居民也有可能偶尔用此地的温泉水熬盐自用。之所以说“偶尔”，是因为用这样盐度很低的水煮盐成本太高，不可能长期持续下去，产品自然更不可能具有商品意义。这应该就是历史文献中从来没有清江流域产盐记载的根本原因。由于盐池河温泉硫酸根离子（SO_4^{2-}）含量相对较高，今水中仍散发出浓烈的硫黄气味，以此，说该温泉水“有盐气”是可以相信的，而父老传闻的“此（温）泉先出盐”，只能是古代当地居民在非常时期的非常之举。

其实，把今清江指为先秦时期的盐水，只是盛弘之和受其影响的郦道元二人的一种倾向性看法。对此，盛、郦二氏本人都还持有怀疑态度。这从《水经注》的行文语气就可以看得出来：

盐水即夷水（指今清江）也。又有盐石，即阳石也。盛弘之以

① 数据来源于四川省盐务管理局1973年至1974年对全省卤水普查时的分析报告。转引自刘卫国《试论渝东古盐泉向人工井的演进》，《盐业史研究》2002年第1期，第32—40页。

是推之，疑即廪君所射盐神处也。将知阴石，是对阳石立名矣。事既鸿古，难为明征。……夷水又东与温泉三水合。大溪南北夹岸，有温泉对注，夏暖冬热，上常有雾气，疡痍百病，浴者多愈。父老传此泉先出盐，于今水有盐气。夷水有盐水之名，此亦其一也。[①]

如果盛、郦二氏有足够的证据，应该就不会说“以是推之”“疑即”“事既鸿古，难为明征”“夷水有盐水之名，此亦其一也”之类的模糊话语了。笔者以为，可能的真实是，南朝清江流域的所谓“盐水”，应该指的是今流入清江的“有盐气”的小溪流盐池河，而不是今清江干流；由于秦汉以降今长阳、宜都一带的清江（下游）因夷人居住[②]而有“夷水”之名，加之秦汉时代流传下来有廪君巴人浮夷水（盐水）的故事，于是，唐以降的学者不明究竟，把干流和盐池河这条小溪流的名称完全混淆了。

二说历史文献方面的否定性证据。

根据前引《后汉书》的记载，廪君巴人是“乘土船，从夷水至盐阳”的。由于清江流域的所谓巴人遗迹如武落钟离山、阴阳石、巴王洞等和考古发现的巴文化遗存皆是在清江流域中下游（参见下文），因此，今天的学者都倾向于认为，廪君巴人是溯今清江西上武陵山区的[③]。《后汉书》确实没有写清楚廪君巴人的迁徙方向，可是，在其他史籍中，廪君巴人的迁徙方向却是十分明确的。

（1）《蛮书》卷10《南蛮疆界接连诸番夷国名》引《后汉书》：

（巴氏子务相）又令乘土船，下夷水到盐阳，约能浮者为君。

（2）《晋书》卷120《李特载记》：

（巴氏子务相）于是遂称廪君，乘其土船，将其徒卒，当夷水而

---

① 《水经注》卷37《夷水》，第540页。

② 按：今宜都市一带在汉属南郡夷道。《汉书》卷19上《百官公卿表》云：“（县）有蛮夷曰道”，中华书局1960年版，第742页。参见后文。

③ 童恩正：《古代的巴蜀》，四川人民出版社1979年版，第7—14页。

下，至于盐阳。……廪君复乘土船，下及夷城。

（3）《水经注》卷37《夷水》：

（巴氏子务相）是为廪君，乃乘土舟，从夷水下，至盐阳。……廪君乘土舟，下及夷城。

《蛮书》所引《后汉书》来自今已佚失的晋谢承等人所撰《后汉书》，无疑应可凭信；《晋书》由房玄龄等奉敕纂于唐初，资料主要来源于初唐以前成书的"十八家晋史"，自然同样可以凭信。《水经注》在文献资料的编辑、组合上虽存在很多问题，但片段资料本身多是出自北魏以前的大量史籍自可肯定。由此可知，廪君巴人的迁徙无疑是顺夷水乘土船漂流而下的。事实上，我们今天也找不到任何历史文献资料可以证明廪君巴人是溯夷水而上的。这样，上述历史文献记载完全不能支持清江为先秦夷水的说法。

三说考古遗迹方面的否定性证据。

20世纪70年代以来，随着清江流域梯级水电工程的建设步伐，考古工作者在清江流域进行了较为全面的考古调查与发掘工作。最令考古工作者兴奋的是，在长阳鱼峡口镇附近的清江北岸又发现了被认为是"早期巴文化遗址"的香炉石遗址。据最近公布的香炉石遗址发掘报告[①]，该遗址共有7层，年代最早可上至夏时期。而笔者以为，该遗址的各文化层中，真正可以与巴文化明确联系起来的，只有被扰乱的大体属于战国及汉代的第1层和第2层，因为，在此扰乱层发现了巴式柳叶形铜剑这样的明确证据。此外，大体属于东周时期的第3层所出土的带"巫"字装饰的陶器，应该来自三峡地区的今重庆巫山一带，可能与巴文化有些联系，这是因为无论是文献记载还是近年来的考古发现都可证明巫山一带是古代巴人活动的中心区域之一（参见下文）。至于第4、5、6、7层的出土物，实在很难找出它们与巴文化有联系的证据，因为，对于三峡地

① 湖北清江隔河岩考古队、湖北省文物考古研究所编著，王善才主编：《清江考古》，科学出版社2004年版，第196—385页。

区西周及其以前的具有地方特色的古文化遗址，我们显然不能都以巴人遗存视之。清江流域其余的经过科学发掘的池滩岩遗址、千鱼坪遗址、南岸坪遗址、外村里遗址等，皆没有找到明确属于战国以前巴文化遗存的证据。

其实，从清江流域现存的香炉石遗址（被认为是“夷城”）、盐池河温泉（被认为是“盐阳”）、武落钟离山、巴王洞（被认为是“赤、黑二穴”）、阴阳石（被认为是“阳石”）等所谓巴人遗迹的相对位置来看，也是完全与历史文献记载相悖的。因为，如果先秦时期的夷水即清江为真，那么，根据上引《后汉书》等史籍的记载，结合清江的大致流向（见图6—2），各遗迹的相对位置应该自西往东排列如次：

武落钟离山（赤、黑二穴）→盐阳（阳石）→夷城

然而，清江流域现存的这些所谓巴人遗迹，其相对位置自西往东却如此排列：

阴阳石→香炉石遗址→巴王洞→武落钟离山

可见，考古发现与所谓巴人遗迹的材料结合起来，仍然不能支持先秦时期的夷水为清江的说法。因此，先秦时期的夷水为清江的“定论”显然是无法站得住脚的。

三 廪君巴人夷水为今大宁河的依据

大宁河发源于大巴山南麓的光头山，干流流经重庆市巫溪、巫山二县，在巫峡的西口注入长江，全长240千米（或说202千米），为长江三峡段的最大支流。可以说，大宁河流域的自然资源状况、历史文献记载、文物考古发现、古代神女传说等，全部都能够证实上古文献记载中有关廪君巴人的迁徙故事。

第一，从有关自然资源状况的历史记载来看，大宁河流域很早就以产盐而闻名。

在现存的历史文献中，最早明确记载大宁河流域产盐的是《汉书·

地理志》，其中谓巫县“有盐官”①。汉代的巫县治今巫山县城巫峡镇，辖域约当今大宁河流域中下游。而在大宁河流域，产盐之地自古迄今唯有一处，这就是今巫溪县宁厂镇宝源山的天然盐泉。宝源山盐泉的发现时间自然是在汉以前，具体时间虽不得而知，但肯定是相当之早的。宋王象之《舆地纪胜》中录有这样一段传说：

> 故老相传云：宝山（即宝源山）咸泉，其地初属袁氏，一日出猎，见白鹿往来于上下，猎者逐之，鹿入洞不复见，因酌泉知味。②

这段传说没有任何神话成分，应该说是比较可信的。可以作为宝山咸泉很早就已发现开采辅证的是《山海经》卷15《大荒南经》的记载：

> 有臷民之国。帝舜生无淫，（无淫）降臷处，是谓巫臷民。巫臷民朌姓，食谷。不绩不经，服也。不稼不穑，食也。爰有歌舞之鸟，鸾鸟自歌，凤鸟自舞。爰有百兽，相群爰处，百谷所聚。

这里的“巫臷”，有学者指出就是秦末汉初成书的《世本》所谓“廪君之先，出自巫蜑落钟山石穴中”的“巫蜑”。③ 笔者以为这样的说法大体是成立的。原因有三。首先，上古臷、（蜑）〔蜒〕二字读音近同。臷，晋郭璞谓“音秩，或音替”④，上古秩属定纽质韵，可拟音为 dǐet^{4}；替属透纽脂韵，可拟音为 thiei^{3}。蜑，《说文》中无此字，晚至北宋徐铉《说文新附》才收入，而在唐版《世本》（唐人避唐太宗名讳改《系本》或《代本》）中误作“誕”⑤ 或“峡”（见后引《系本》文）。故知“蜑”

---

① 《汉书》卷8下《地理志》，第1566页。

② 《舆地纪胜》卷181《大宁监·大昌县》，惧盈斋本，道光二十九年（1849年）。

③ 参见董其祥《巴蜀社会性质初探》，李绍明等主编《巴蜀历史·民族·考古·文化》，巴蜀书社1991年版。按：“落钟山石穴中”6字系笔者据后引《世本》（《系本》）内容补入。

④ 《山海经》卷10《海外南经》（晋）郭璞注，上海古籍出版社1989年版。

⑤ 《后汉书》卷86《南蛮西南夷列传》唐李贤注云：“《代本》曰‘廪君之先，故出巫誕’也。”

字当可作“蜓”，上下结构、左右结构皆可。而字作“蜓”时，与《说文》中就已收入的“蜓”字字形很是接近（当然，“蜓”也可写作“蝅”），在古代文书的抄写中很容易误认误写。《说文·虫部》：“蜓，……从虫，廷声。”蜓，上古属定纽耕韵，可拟音为dieŋ[1]。这样，𢧵、蜓二字的读音很近，上古时期当是可以通假的。其二，文中巫𢧵民“朌姓”之朌（一作盼），也与廪君之先“巴氏”之巴声韵相近，亦当可以通假。上古朌读为班①，帮纽元韵，可拟音为pean[1]；盼，滂纽文韵，可拟音为pheən[3]；巴，帮纽鱼韵，可拟音为pea[1]。其三，帝舜的后代“无淫”就是巴氏子“务相”。无、务二字读音近同，而淫，在保存了很多古音的今粤方言中读为jœm[2]；相，上古与“禳”通②，今粤方言读禳为jœŋ[2]，故上古淫、相二字读音亦甚接近。③ 众所周知，古越人王族名字多带“无”字，如无余、无壬、无瞾、无颛、无疆、无杜之类。而在上古时代，巴人、越人的语言近同④，故知无淫、务相应当是巴人王族名，这也与“帝舜生”的传说和“廪君”的名号是相合的。𢧵民之所以能在崎岖而贫瘠的巫山深处丰衣足食，其乐融融，实在是仰仗于天然盐泉之富。对此，早在宋代，大宁监知监王子申就曾明确认识到这一点，他说，“一泉之利，足以奔走四方，田赋不满六百石，藉商贾以为国。”⑤ 宋《图经》的作者亦云：“一泉之利，足以奔走四方，吴蜀之货咸萃于此。”⑥ 因此，近人任乃强说，“此言𢧵民不耕不织，衣食之资自然丰足，岂非因为他拥有食盐，各地农牧人，都应其所需求，运其土产前来兑盐，遂成‘百谷所聚’之富国乎”，是有道理的。⑦

西汉以降，有关宝山咸泉盐产的资料与记载仍然可见。

---

① 《礼记·王制》“名山大泽不以朌”句（汉）郑玄注。

② 按：《礼记·祭法》：“相近于坎坛，祭寒暑也。”郑玄注：“相近当为禳祈，声之误也。”（清）朱骏声《说文通训定声·壮部》云：“相，假借为禳。”

③ 上文拟音及粤方言读音皆参见李珍华、周长楫编撰《汉字古今音表》（修订本），中华书局1999年版。

④ 按：由《说文·丹部》有云，“丹，巴、越之赤石也”，可知。

⑤ （光绪）《大宁县志》卷1《地理·形胜》引。

⑥ 《方舆胜览》卷58《大宁监》引，江苏广陵古籍刻印社1991年版，影印岳雪楼影钞本。

⑦ 任乃强：《华阳国志校补图注》，上海古籍出版社1987年版，第53页。

（1）关于东汉时期的盐产情况资料：

《舆地广记》、《图经》、旧《志》载：汉永平七年（64 年），尝引此泉于巫山，以铁牢盆盛之，水化为血，卒罢其役。今巫山县斋有铁盆。[①]

应该说，东汉时期曾把宝山咸泉引至巫县城（今巫山县城巫峡镇）来熬制加工是完全可信的。因为，不但宋人黄庭坚、陆游在巫山县停留时都亲眼看见过这个汉代遗物铁牢盆[②]，而且，古代沿今大宁河西岸绝壁开凿的供架设笕竹管道输送宝源山盐泉至巫山大昌坝及巫山城等处煮盐用的 6888 个石方孔仍然存在[③]。

（2）关于北宋时期的盐产情况记载：

（大宁）监，本夔州大昌县前镇煎盐之所也，在县西六十九里溪南。山岭峭峻之中，有咸泉涌出，土人以竹引泉，置镬煮盐。皇朝开宝六年，置监以收课利。[④]

北宋大宁监旧址位于今巫溪县城北约 5 千米的门洞，开宝六年即 973 年。当时的食盐产量，据宋当地《郡志》说，“熙宁中岁额四百余万斤；绍兴中以二百四十万斤为额，闰年加十万斤”[⑤]。显然，北宋时期宝山咸泉的产量相当之大，已成为官府的重要利源。

至清代，宝源山盐泉附近仍置有盐锅 108 口，号称“万灶盐烟”，为“大宁八景”之一。清以后，大宁（巫溪）盐厂由于生产成本高于海盐，加之交通条件不便，产量越来越少，到现在盐业生产已经完全停顿，但是，宝源山盐泉依然川流不息。据测，今宝源山盐泉涌泉量相当之大，

---

① 《舆地纪胜》卷 181《大宁监·大昌县》。

② （宋）陆游：《渭南文集》卷 48《入蜀记》，涵芬楼影印本。

③ 参见鲁良朝主编《巫山县志》卷 30《文物胜迹》，四川人民出版社 1991 年版；刘卫国、任桂园《宁河古栈道遗址新探》，《盐业史研究》2003 年第 1 期，第 64—70 页。

④ （宋）乐史：《太平寰宇记》卷 148《山南东道七·夔州》，文渊阁四库全书本。

⑤ 《方舆胜览》卷 58《大宁监》引。

一般情况流量为500—1000升/秒，而最大流量可达24500升/秒。

大宁河流域宝山咸泉（宝源山盐泉）的发现与开发，自然会使大宁河因盐而闻名，大宁河大概也因此被人称为“盐水”。东汉桑钦（?）《水经》云：“（江水）又东过巫县南，盐水从县东南流注之。”北魏郦道元注之曰：

> 江水又东，巫溪水注之。溪水导源梁州晋昌郡之宣汉县东，又南迳建平郡泰昌县南，又迳北井县西，东转历其县北。水南有盐井，井在县北，故县名北井，建平一郡所资也。盐水下通巫溪，溪水是兼盐水之称也。①

可见，大宁河（巫溪水）至迟在汉代就已被称为盐水了。

第二，大宁河古代不但有过盐水之名，而且很早就被称作“夷水”。试看下面的两条材料：

> （1）东汉班固《汉书·地理志》南郡巫县条云：“夷水东至夷道入江，过郡二，行五百四十里。”②
>
> （2）东汉应劭曰：“夷水出巫，东入江。”③

古往今来的学者都是把这两条材料中的夷水当作清江的，其实这是完全错误的。此之班固、应劭以及《水经》中所提及的夷水都应该是大宁河。为什么这么说？理由有二。

理由之一，班固说夷水“过郡二”，与汉时今大宁河经过的郡级行政区域数目一致，与文献记载中今清江经过的郡级行政区域数目不一致。

---

① 《水经注》卷34《江水》，第498页。按：此段文句有倒错，依晋时行政建置的今地所在，应正作：“江水又东，巫溪水注之。溪水导源梁州晋昌郡之宣汉县（治今四川达州）东，又迳北井县（治今重庆巫溪）西，东转历其县北。水南有盐井，井在县北，故县名北井，建平一郡所资也。又南，迳建平郡泰昌县（治今重庆巫山大昌镇）南。盐水下通巫溪，溪水是兼盐水之称也。”

② 《汉书》卷8下《地理志》，第1566页。

③ 《汉书》卷8下《地理志》颜师古注引，第1567页。

如果夷水是大宁河，则所谓“过郡二”，就指的是经过巴郡（鱼复县）、南郡（巫县）。相反，如果夷水是清江，据文献中的相关记载，则应该是“过郡三”，即要经过巴郡、南郡、武陵郡。因为，对于汉时夷水的发源地，东汉桑钦（?）《水经》中说得清清楚楚，“夷水出巴郡鱼复县（治今重庆奉节白帝城）江”①、“（江水）又东过鱼复县南，夷水出焉”②。而夷水出巴郡鱼复县后，又要经过南郡巫县，还必定要经过属于武陵郡的佷山县③（治今湖北长阳土家族自治县西），最后才能于南郡夷道县（治今湖北宜都）入江。其实，两汉时鱼复、巫二县的管辖区域也不大可能远至属于武陵山区的清江上游流域。汉时，武陵山区基本上都是辖于武陵郡的④（见图6—3）。

理由之二，班固说夷水“行五百四十里”，与今大宁河的长度相近，与今清江的长度差甚。按1汉官尺约等于0.238米⑤，则1汉里约等于428米，故汉时540里约合今231千米。今大宁河全长一说240千米，一说202千米，与之极相近；而今清江全长一说440千米，一说423千米，均与之相去甚远。顺便说，汉代之所以能对大宁河的长度有较准确的测量，显然在于该河对宝山（宝源山）所产食盐外运具有十分重要的意义，否则，这样一条偏僻山区的不长河流，实在不会引起人们的太多注意。

为什么会出现这样张冠李戴的问题？笔者以为，其原因就在于今本《汉书·地理志》“夷水东至夷道至入江”一句中的关键地名“夷道”被弄错了。“夷道”应该正作“夷城”。这个错误大体可以肯定是由班固本人所造成的⑥。造成错误的原因可能有三个方面：一则是因为道、城二字汉隶形状略近，容易因字迹漫漶而误认。例如，长沙马王堆汉墓出土帛

① 《水经注》卷37《夷水》经文，第539页。

② 《水经注》卷34《江水》，第494页。

③ 《汉书》卷8下《地理志》，第1595页；《水经注》卷37《夷水》，第539—541页。

④ 参见谭其骧主编《中国历史地图集·秦西汉东汉时期》，第22—23页。

⑤ 梁方仲编著：《中国历代户口、田地、田赋统计》附录二《中国历代度量衡变迁表》，上海人民出版社1980年版，第543页。

⑥ 按：《汉书·地理志》记述河流的通例是在当时所知道的河流发源区域注明河流的主要经由地、汇入水体、长度等情况，可见，班固是以巫县为夷水的发源区域的。

书《五十二病方》“道”写作，而《天文气象杂占》“城”写作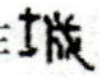。[①]二则更重要的是，随着战国后期以降部分巴人东迁清江下游流域，如前所述，汉时“夷道”一带的清江下游应该也有了夷水之名，而两处夷水距离不远，若文献记载简略，确实容易混淆。三则是由于“夷城”本不是一个很正式的名称。上古时期，凡是蛮夷居住区域的地理事物，中原人皆可以用“夷×”来称呼。例如，汉时三峡左近一带除了上述的夷道、夷水名称，另还有夷水[②]（今湖北宜城汉江支流蛮河）、夷陵[③]（今湖北宜昌）、夷山[④]（今湖北宜昌附近）等名称。

廪君巴人建立的夷城何在？在现存上古文献中，只在类似前引廪君巴人的故事中明确提到了夷城。显然，过去要考知上古夷城的位置几无可能。现在，由于已经知道了“夷水东至夷（道）［城］入江”，而应劭又说，“夷水出巫，东入江”，以此，可以肯定所谓夷城就是汉时的巫县城。可以作为辅证的是，汉巫县城与史籍中所描述的夷城“石岸险曲，泉水亦曲”[⑤]、其旁有“方二丈五尺”的“平石”[⑥]等自然地貌十分接近（图6—1）。此所谓“平石”，其实可能就是后文所引战国楚人宋玉《高唐赋》序文“朝朝暮暮，阳台之下”句中的“阳台”。试看古近文献中关于汉巫县城及其附近阳台的纪述。

（1）《水经注》卷34《江水》：

江水又东迳巫县故城南，县故楚之巫郡也。秦省郡立县，以隶南郡。吴孙休分为建平郡，治巫城。城缘山为墉，周十二里一百一十步，东西北三面皆带傍深谷，南临大江，故夔国也。……县之东北三百步，有圣泉，谓之孔子泉。其水飞清石穴，洁并高泉，下注

① 字形采自《汉语大字典》（缩印本），湖北辞书出版社、四川辞书出版社1995年版，第1608、184页。

② 《水经注》卷27《沔水》经云：“（沔水）又南过宜城县东，夷水出自房陵，东流注之。”注云：“夷水，蛮水也。桓温父名夷，改曰蛮水。”第428页。

③ 《汉书》卷8下《地理志》，第1566页。

④ 《水经注》卷34《江水》引（汉）应劭曰：“夷山在（夷陵故城）西北。”

⑤ 《晋书》卷20《李特载记》，第3021页；《水经注》卷37《夷水》，第540页。

⑥ 《水经注》卷37《夷水》，第540页。

（巫）溪水。

（2）光绪《巫山县志》卷6《山川志》“阳台山”条：

（巫山）城内北隅，有山名阳台，旧址存焉。按：治北倚山为城，雉堞环列，林木葱茏，台居其上，足资眺望，今垦为田，土阜仅存，旧址并废。

1994年以来，中国社会科学院考古研究所长江三峡工作队对巫县故城进行了调查、勘探和试掘，认为巫县故城城址基本坐落或重合在现代巫山县旧城区巫峡镇范围内，并进一步推断巫县故城城墙的始建年代当在西晋时期。[①] 显然，西晋以前的夷城或巫城，就是《水经注》所说的“故夔国”“巫县故城”，而不是这个建于西晋时代的巫县故城（将淹没）。由上引文献记载可知，西晋以前的夷城或巫城位于今巫山县旧城区（西晋城）之北的阳台山下，只是由于清近以来的垦殖活动，其城址地表部分才被破坏殆尽。而据报道，2006年，考古工作者在巫山北门坡下确确实实发掘出了汉代城墙[②]，可见，光绪《巫山县志》的记载不诬。因此，先秦秦汉时期，“夷城”应该是作为巫郡（县）治城巫城的别称而存在的（见图6—1）。

第三，在大宁河流域不但能够找到“夷城”，史籍中所提到的“武落钟离山”“盐阳”等地名及其相关的神女故事等，也全部可以严格落实。

先看所谓“武落钟离山”。这是廪君务相的出生地。

《后汉书》中提到的“武落钟离山”，在其他史籍中有不同但类似的称呼，如“武落钟山”“落钟山”等。那么，哪一个名称是正确的？我们知道，后汉以来史籍中关于廪君的故事，都本源于《世本》，《世本》中的记载应当是最可信赖的。《世本》本是先秦史官记录和保存的一些历史档案资料，秦汉时人编辑成书，宋以后才佚失。不过，宋人的某些著作

---

① 郑若葵：《重庆市巫山县考古学文化的发现与研究》，《三峡文化研究》（第3集），汕头大学出版社2002年版。

② 《汉代城墙证实重庆巫山曾存在较大规模城市》，新华网，2006年5月17日。

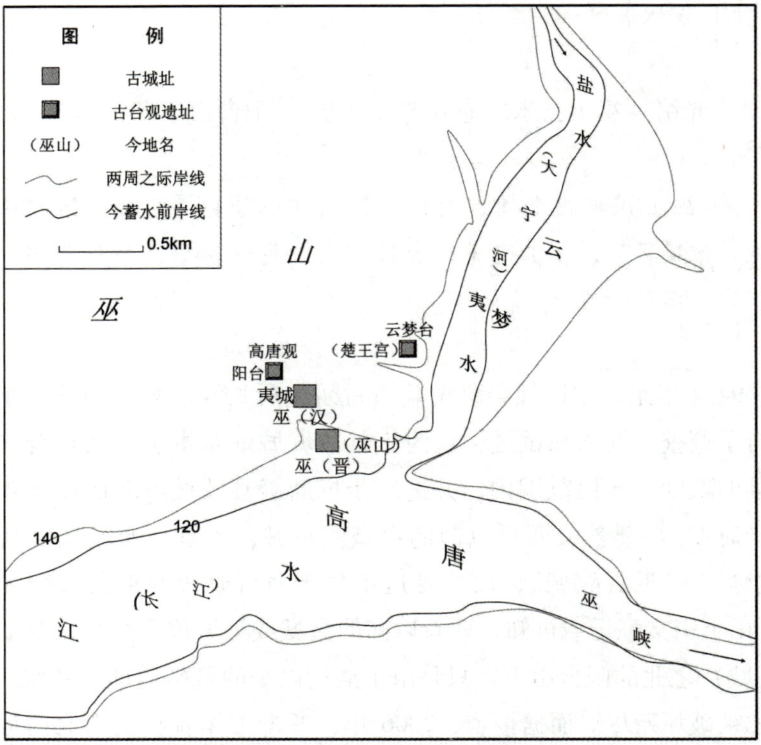

图 6—1 汉以前巫山县城附近示意图

中，常征引有《世本》内容。试看《世本》（又名《系本》）中关于廪君出身的内容。

（1）宋乐史《太平寰宇记》（宋本）卷147《山南东道六·峡州·长阳县》引：

> 《世本》云：廪君之先，故出巫蜑落钟山石穴中。[穴] 有二所，其一色赤，其一色黑，如丹漆状。廪君出于赤穴，余姓亦出黑穴……

（2）宋祝穆《方舆胜览》卷29《峡州·落钟山》：

> 《系本》云：廪君之先，故出巫峡落钟山石穴中。穴有二所，廪

君出于赤穴，余姓出于黑穴。

依宋本《太平寰宇记》《方舆胜览》二书所引，无疑廪君之先所出地应名“落钟山”，而不是所谓“武落钟离山”“武落钟山”。武落钟离山一名，很可能是魏晋某人在编写后汉史时，因误读“巫（蜑）［蜑］落钟山”五字而调整文字次序并改“巫”为“武”（二字上古声纽同为明母，韵部同为鱼部，音一），改“蜑”为“离”（篆书蜑作，离作，[1]形近）所致。而武落钟山一名，则很可能是“蜑”字漫漶难识，抄书者所留空白处被后来学者略去连读所致。

图6—2　清人所绘宝源山盐场图

那么，“落钟山”何在？笔者以为，落钟山其实就是咸泉所在的宝山（宝源山）。不过，唐以来可能就不叫落钟山了，而被改名叫作“石钟

① （宋）徐铉《说文新附》“虫部”，（汉）许慎《说文》“内部”，见《说文解字》，中华书局1963年版。

山”。宋王象之是这样描述石钟山的：

> 石钟山，在（大宁）监东北十五里，与二仙山相望。山有巨石如钟，下有三足，烟火之迹宛然，父老谓尔朱仙丹炉云。①

南宋时期，大约因石钟山被改名为宝山，致石钟山名渐渐湮没，到明代时人已“不可考”知其所在②。其实，通过对有关文献中关于石钟山旁边的“二仙山”及其山上的“二仙洞”的位置及情状描述进行分析，我们还是可以考知石钟山的具体位置的。试看下列记载：

> （1）二仙洞，在（大宁）监东北十七里盐泉之侧。峭壁上有石纹，若人相对起伏状，旁有洞，深广莫测。洞中有双松，中有石塌，前有一池，泉流如注，不见其溢。又有仙骨长丈余。③
>
> （2）二仙山，……按《名胜志》：二仙洞去盐厂二里，一名王子洞，相传王子炼丹处，即仙人洞也。④

从北宋开宝六年（973 年）置监，一直到南宋景定三年（1262 年），大宁监皆在巫溪县城以“北八里”的门洞。⑤ 门洞，今仍名。由门洞地方溯大宁河北上，至石钟山（宝山、宝源山）的距离正好约“十五里”（10 千米）。石钟山上同样也有一个天然溶洞，清时名叫罗汉洞。光绪《大宁县志》卷 1《地理 · 山川》云：

> 罗汉洞，《府志》：在宝山上，有石窗，下有石门，中有罗汉，因名。

---

① 《舆地纪胜》卷 181《大宁监 · 大昌县》。

② （光绪）《大宁县志》卷 1《地理 · 山川》引《府志》。

③ 《舆地纪胜》卷 181《大宁监 · 大昌县》。

④ （光绪）《大宁县志》卷 1《地理 · 山川》。按：此之《名胜志》，即指（明）曹学佺（1574—1646）所撰《大明一统名胜志》。

⑤ （光绪）《大宁县志》卷 8《艺文 · （宋）徐宗武〈大宁监创筑天赐城记〉》；（光绪）《大宁县志》卷 1《地理 · 山川》引《府志》。按：宋 1 淮尺等于 0.37 米，则宋 1 里等于 666 米，故宋 8 里等于 5.3 千米，这与今巫溪县城到门洞的距离完全一致。

二仙洞、罗汉洞是大宁河支流后溪河北岸宝源山盐泉（白鹿泉）涌口附近仅有的两个大溶洞，今仍名（见图6—2①）。显然，如果把上面所录宋明时代关于石钟山、二仙洞、罗汉洞的这些文献记载，和前录《系本》“廪君之先，故出巫蜑落钟山石穴中。穴有二所，廪君出于赤穴，余姓出于黑穴”之记载进行比较，我们会发现两者实在是惊人的相似。而且，宝山（宝源山）所在的后溪河两岸“山如壁立，河身窄狭”②，也与廪君看到“夷城石岸曲，泉水亦曲”的自然景象后而发出“我新从穴中出，今又入此，奈何”的感叹内容③很是一致。今宝源山的名称流变大概有这样一个过程：

落钟山（唐以前）→石钟山（唐至北宋）→宝山（南宋至元）→宝源山（明至今）

笔者估计，“巴氏之子”务相所出（生）之赤穴应该是条件较好较宽敞的二仙洞（王子洞、仙人洞），余姓之子所出（生）之黑穴可能是条件较差较窄狭的罗汉洞。顺便说，如果考古工作者将来有机会去二洞进行科学发掘，极有可能会发现廪君务相等人的生活遗迹。

再说所谓“盐阳”。盐阳是廪君离开落钟山后的暂住地。

从盐阳的名称看，该地自然应该在盐水（大宁河）之北。从盐阳地方的盐水神女告诉廪君“此地广大，鱼盐所出”的自然面貌看，盐阳所在应该是落钟山（宝源山）与夷城（巫山县城）之间大宁河干流所经过的一处宽谷。综合这两方面的情况分析，盐阳所在地非今巫山县大昌盆地（坝子）旧大昌镇（已淹没）一带莫属。大昌盆地（坝子）是大宁河流域最大的一处山间盆地，大宁河自西北往东南穿过；旧大昌镇正好位于大宁河北岸，是大宁河流域最为著名的古镇：自晋以来相继设置的泰

---

① 采自（光绪）《大宁县志》卷首《盐场图》。注记系笔者放大、补入。

② （光绪）《大宁县志》卷3《食货·盐茶》引《旧卷》。按：《旧卷》，指乾隆《大清一统志》。

③ 《晋书》卷20《李特载记》，第3021页。

昌县、大昌县、水口监[1]等皆治于此地，直至清康熙九年（1670 年）才省大昌县入巫山县[2]。而 1994 年以来中国社会科学院考古研究所长江三峡工作队在旧大昌镇附近发现并发掘的著名的双堰塘遗址，更为笔者的推测提供了有力的证据。

双堰塘遗址是以西周时期文化遗存为主的遗址。据报道，在近 10 年的发掘中，这里不但出土了以三羊兽形铜尊、编钟石磬、石范和花边口沿陶器（罐、盆等）、尖底陶器（杯）以及鬲、豆、罐、盆、钵、器盖等其他陶器为代表的大量遗物，而且发现有陶窑、灰坑、灰沟、红烧土堆积、墓葬、柱洞等众多遗迹，具有极浓的西周时期巴文化色彩，被认为是西周时期分布在大宁河流域的最为重要的巴文化遗址。[3]

应该说，考古学者们的认识大体上是正确的。不过，结合文献中关于盐阳神女的故事，笔者以为，说双堰塘遗址（盐阳）是受到较先进的巴文化（传说巴人为“帝舜”之后代）影响的一处尚处于母系氏族向父系氏族过渡阶段的土著蜑人（臷民）原始聚落可能更合理一些。蜑人（臷民）与巴人显然不是一个族群。

巫山神女故事一直为古往今来的文人墨客津津乐道。顺便就谈谈所谓神女故事，以说明更合理的原因所在。

前引《后汉书》所述廪君与神女的故事，笔者以为，撇开其神话的外衣，显然在告诉我们这样一段历史真实：

> 廪君来到盐阳地方，盐阳部落的一个“神女”（盐神）看上了廪君，于是想留廪君长期住下来，可是廪君并不愿意在此长住。在廪君暂住盐阳部落的十多天里，每天晚上这个神女都来廪君宿处与廪君共宿，而每到次日拂晓时分，这个神女与部落其他女性一样，就悄悄地离开了。廪君不喜欢这样的爱情（婚姻）方式，于是，就想办法把这个神女给杀了。

---

① 参见《宋书》卷 37《州郡志》，第 1122 页；《隋书》卷 29《地理志上》，第 825 页；《宋史》卷 89《地理志五》，第 2229 页。

② 《清史稿》卷 69《地理志十六》，第 2219 页。

③ 参见上揭郑若葵《重庆市巫山县考古学文化的发现与研究》；国务院三峡工程建设委员会《重庆库区巫山县（1997—1999 年）考古发掘基本情况》（见 www. 3g. gov. cn）等相关报道。

廪君与神女在盐阳的爱情故事，根据上述双堰塘遗址主要遗存的时代以及巫山县东周时期文化所呈现出的中原化或楚化特征①，应该发生在西周后期至东周初期。但是，巫山地区的这种古老爱情方式，到战国后期仍然存在。大约在楚威王时（前339—前329年），楚国占领了巫山地区，并在这里设置了巫郡。② 而此后，继位的楚怀王（前328—前298年）、楚顷襄王（前298—前264年）就以国君之尊相继来到了这个新置边郡巡游，楚怀王甚至还在该地有“浪漫”的爱情生活。宋玉《高唐赋》序文中就生动记载了“先王”楚怀王与高唐神女的“梦中”爱情故事：

> 昔者先王尝游高唐，怠而昼寝，梦见一妇人曰：“妾，巫山之女也。为高唐之客。闻君游高唐，愿荐枕席。”王因幸之。去而辞曰：“妾在巫山之阳，高丘之阻，旦为朝云，暮为行雨。朝朝暮暮，阳台之下。”旦朝视之，如言。③

显然，宋玉所记楚怀王和高唐神女之间的“梦中”爱情方式，与廪君和盐阳神女之间的爱情方式如出一辙。笔者以为，这种“浪漫”的爱情方式，也就是所谓“不落夫家”的古老婚姻风俗。

我们知道，“不落夫家”的婚姻风俗起源于古代的对偶婚阶段，兴盛于父系氏族社会初期，在我国古代各民族中比较普遍地存在。其主要表现为，新娘婚后数日，即返娘家长住，短则一两年，长则七八年甚至二十年以上，待怀孕时才移住夫家。在娘家长住期间，已婚女子与婚前一样，仍然为娘家家庭成员，并享有未婚女子的所有权利，可以自由与丈夫以外的男子交往乃至发生性关系，生儿育女。夫妻双方皆有性生活自由，彼此不加干涉。一般女子至怀孕或生育后，年龄已大，丧失了爱情生活的优势，才真正定居夫家。各民族表现形式与程度有一定差异。根据文献记载及民俗调查，“不落夫家”婚姻风俗在近现代仍然流行于我国

---

① 参见上揭郑若葵《重庆市巫山县考古学文化的发现与研究》。

② 《史记》卷69《苏秦传》，第2259页。

③ 《文选》卷19宋玉《高唐赋》。

南方很多少数民族地区（黎族、布依族、壮族、门巴族、普米族、羌族、彝族、仫佬族、苗族、侗族、水族、仡佬族、景颇族、纳西族、傈僳族、哈尼族）乃至东南沿海个别汉族地区（广东番禺、顺德，福建惠安）。[①]值得注意的是，被学术界普遍视为巴人后裔的土家族人却没有这种婚姻风俗。从廪君不习惯与神女的爱情方式来看，很可能古代巴人社会也没有这种婚姻风俗。当然，由于廪君巴人的原居地落钟山距离盐阳不远（水程约 50 千米），且有盐产贸易方面的密切往来（参见后文），因而，盐阳神女部落受巴人文化影响也是必然的。

至此，廪君巴人的迁徙路线也就十分清楚了（图 6—3）：

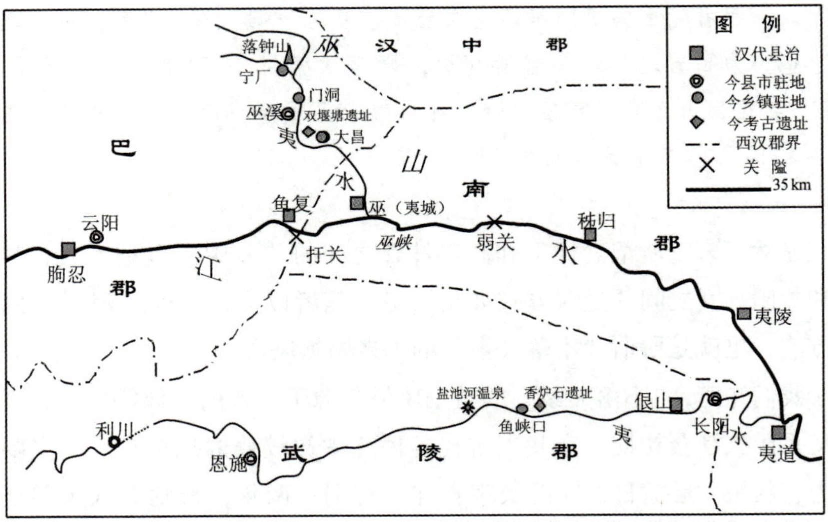

图 6—3 三峡地区汉代夷水示意图

落钟山（今巫溪县宁厂镇宝源山）→盐阳（今巫山县旧大昌镇）→夷城（今巫山县城）

这条迁徙路线的沿途情况与上古文献记载内容完全一致。

---

① 参见《林惠祥人类学论著》，福建人民出版社 1981 年版，第 287 页；宋兆麟等《中国原始社会史》，文物出版社 1983 年版，第 244—245 页；宋兆麟《共夫制与共妻制》，上海三联书店 1990 年版，第 6、7、224 页。按：广东番禺、顺德，福建惠安诸滨水地区，明清时就生活着以捕鱼为业的蛋（蜑）民。

四　廪君的迁徙原因及名称来历

廪君为什么会带领其余三姓离开盐泉所在地落钟山？这实在是一个很值得探讨的问题。因为，在生产力十分低下的上古时代，这种主动放弃自然富源的行为确实不易为人理解。笔者以为，廪君之所以迁移，仍然是来自盐业经济方面的原因：当时盐泉所在地落钟山廪君四姓赖以为生的盐产品外运通道大宁河遇到了前所未有的困难，导致他们本来的安乐生活受到了很大影响。

我们知道，今天的大宁河河道多浅滩、险滩、礁石，不很方便航运。那么，在廪君生活的西周后期或东周初期，大宁河的河道条件是不是这样？应该说，近年研究者公布的大宁河流域大昌盆地双堰塘遗址 T493 剖面地层情况（图 6—4），为我们了解当时大宁河的水文状况提供了极好的材料。从该剖面的沉积特征描述和研究者的介绍可知，发育于生土层上的第 5 层为西周文化层，而其上第 4 层相当于汉代，中间缺少东周时代，且第 4、3、2、1 层诸层都没有发现任何文化遗存①。唯一有文化遗存出土的西周文化层，其沉积特征为厚达 50 多厘米的灰黑色泥质层，这说明今天双堰塘西周遗址所处的大宁河一级阶地当时应该还是属于大宁河的河漫滩，以至于当大宁河水位

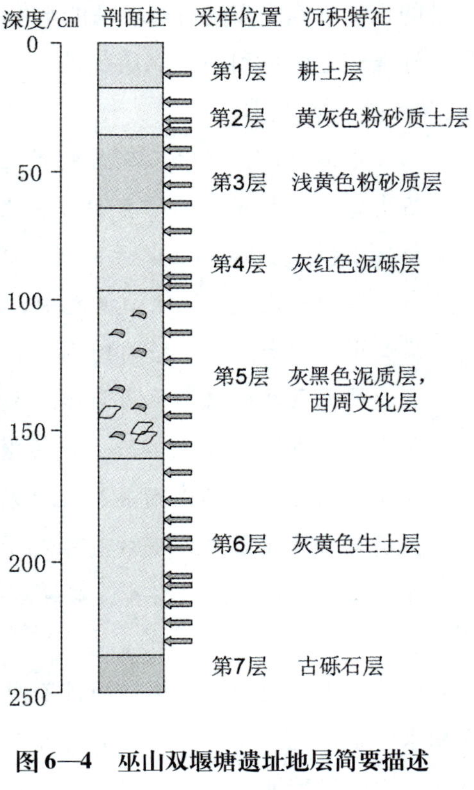

图 6—4　巫山双堰塘遗址地层简要描述

① 剖面图及相关说明皆来自张强等《长江三峡大宁河流域三千年来沉积环境与河床演变初步研究》，《水利学报》2002 年第 9 期，第 66—73 页。

升高时遗址会遭到河水淹没而沉积泥质。事实上，双堰塘遗址发现的沟槽、柱洞等有可能就属于防洪拦河设施遗迹①。因此，估计今天的大宁河河漫滩在西周时期都是河床，这也就意味着，西周时期大昌盆地一带的大宁河水面远较今天为宽（估计在400米左右。参图6—5②）。那么，是什么原因造成大昌盆地的大宁河在较长时间段内都保持较宽的河水面？笔者以为，唯一的解释是由于其时长江干流的高水位——这好比就是今天的三峡大坝蓄水而造成大昌盆地淹没一样。先秦时期三峡一带的长江是否存在过较高的水位？根据战国时期楚人宋玉的作品分析，今巫山县一带的长江确确实实是有过较高的水位和浩荡的水体的。宋玉《高唐赋》是这样描述他所见到的“高唐”的：

> 惟高唐之大体兮，殊无物类之可仪比。巫山赫其无畴兮，道互折而曾累。登巉岩而下望兮，临大阺之稸水。遇天雨之新霁兮，观百谷之俱集。濞汹汹其无声兮，溃淡淡而并入。滂洋洋而四施兮，蓊湛湛而弗止。长风至而波起兮，若丽山之孤亩。势薄岸而相击兮，隘交引而却会。崪中怒而特高兮，若浮海而望碣石。砾磊磊而相摩兮，巆震天之磕磕。巨石溺溺之瀺灂兮，沫潼潼而高厉，水澹澹而盘纡兮，洪波淫淫之溶潏。奔扬踊而相击兮，云兴声之霈霈。猛兽惊而跳骇兮，妄奔走而驰迈。虎豹豺兕，失气恐喙。雕鹗鹰鹞，飞扬伏窜。股战胁息，安敢妄挚？于是水虫尽暴，乘渚之阳，鼋鼍鳣鲔，交织纵横。振鳞奋翼，蜲蜲蜿蜿。③

宋玉关于高唐的描述尽管可能有些夸张，但上述的颂咏对象为一大面积水体是毫无疑问的。高唐是何含义？自古以来众说纷纭，莫衷一是。其实，由西汉楚地人王逸注《楚辞·刘向〈九叹·远游〉》“枉玉衡于炎火兮，委两馆于咸唐”句有“咸唐，咸池也”之释，可知唐即池，故高

① 参见上揭郑若葵《重庆市巫山县考古学文化的发现与研究》。

② 采自上揭张强等《长江三峡大宁河流域三千年来沉积环境与河床演变初步研究》文，略有补充。

③ 《文选》卷19宋玉《高唐赋》。

唐也就是指地势较高的一片池水——这与《高唐赋》的内容正相符合。高唐，自然是相对于低平的江汉平原地区而言的。那么，这个“高唐”是如何形成的？很简单，就是由巫峡地区的长江江水下泄不畅所致。也就是说，高唐乃先秦时期由于山崩、滑坡而在峡江上形成的一处堰塞湖。正是由于上古巫峡江水下泄不畅，所以，才会有汉高诱所谓“（禹）决巫山，令江水得东过”[①]、晋郭璞所谓“巴东之峡，夏后疏凿”[②] 之传说。然而，随着强大江流的日夜冲蚀，巫峡中的障碍物会慢慢消失，自然，巫峡之上的高唐由于水位下降也会慢慢消失。从上引《高唐赋》的描述来看，直至战国后期，巫山县城一带的长江应还保持有较高的水位，不过，相比西周、东周之际的高水位（参见后文）已大为下降，所以，巫山附近大宁河入江口一带的水体，作为堰塞湖的一部分，也才会有“云梦”之名。《高唐赋》开篇即称“昔者楚襄王与宋玉游于云梦之台，望高唐之观”，《神女赋》开篇亦称“楚襄王与宋玉游于云梦之浦，使玉赋高唐之事”。[③] 这里的云梦，唐以来学者多以江汉平原的云梦释之。应该说，这样的解释是错误的：高唐之观既在今巫山县城，云梦之台怎么会跑到数百里外的江汉平原？这自然是由于千百年来人们对云梦名称的误解而导致的。其实，云梦在楚地方言中是草泽之意[④]。之所以说巫山云梦的位置大约在大宁河入江口附近，这是因为一则这一带地势总体较为低洼，江水水位达到130米左右就会积水成泽，二则巫山县城中历来相传的楚王宫位置[⑤]，正好可以居高望泽，楚王宫很可能就是古“云梦之台”所在（见图6—1）。

历史时期巫峡江流的壅堵与通畅是一个不断反复的过程，因为，江流在巫峡地区的淘蚀，常常导致两岸的高山崩塌、滑坡而堰塞江流。《水经注·江水》有云：

江水历（巫）峡，东迳新崩滩。此山汉和帝永元十二年（100

---

① 《淮南子·修务》高诱注。

② 《文选》卷12郭景纯《江赋》。

③ 《文选》卷19宋玉《高唐赋》。

④ 参见本书第二章。

⑤ 光绪《巫山县志》卷31《寺观》引《元一统志》云：“楚王宫在县东北一里。”

年）崩，晋太元二年（377 年）又崩。当崩之日，水逆流百余里，涌起数十丈。今滩上有石，或圆如箪，或方似屋，若此者甚众，皆崩崖所陨，致怒湍流，故谓之新崩滩。其颓岩所余，比之诸岭，尚为竦桀。

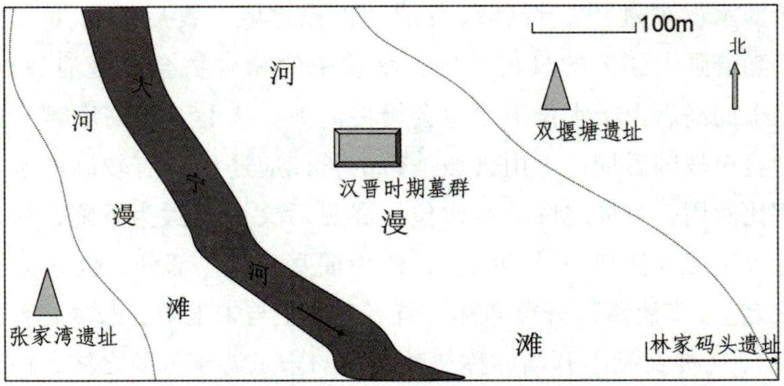

图 6—5 大昌盆地双堰塘遗址附近示意图

正是由于巫峡的通堵不时，所以也就造成巫峡以上巴东地区长江及其支流大宁河等的水位起落不定，于是，今天的环境考古学者如果仅仅依靠对某剖面的沉积物进行技术分析来复原大宁河流域的古水文环境，往往是难以获得令人信服的科学结论的①。

双堰塘遗址 T493 剖面的西周文化层由于大宁河水位上涨被淹没后，双堰塘遗址的居民应该搬到了相邻的海拔略高的林家码头遗址和大宁河对岸的张家湾遗址（海拔 142—149 米）等地居住。林家码头遗址发现有东周、汉代和明清时期的文化遗存，遗址地层第 1 层为耕土层，第 2—4 层为明清至近代的淤土层，第 5 层为汉代文化层，第 6—7 层为东周文化

① 按：例如，南京大学同一课题组不同的研究者对张家湾遗址的同一剖面（T911）采用基本相同的研究方法进行古环境研究所获得的结论差异甚大。张强等人认为大宁河流域历史时期的气候演化具有与我国东部地区相异的气候演化模式，竺可桢划分的历史时期气候变化第 1 冷期（1000—770BC）、第 2 冷期（0—600AD）在本区都不能得到响应。而张芸等人则认为本区的气候变化特征与竺可桢的结论基本相似。参见上揭张强等《长江三峡大宁河流域三千年来沉积环境与河床演变初步研究》；张芸等《长江三峡大宁河流域的沉积环境与古洪水研究》，《中国历史文物》2004 年第 2 期，第 83—88 页。

层，正好缺西周以前和汉代以后至明清间的文化层[①]。张家湾遗址发现有东周和汉代的文化遗存，地层第1层为耕土层，第2—4层为汉代以后的冲积层或淤积层，第5层为汉代地层，第6层为东周地层，第7层为生土层，同样缺西周以前和汉代以后的文化层[②]。把上述遗址的地层情况与大宁河北河漫滩上出土有汉晋时代墓群结合起来分析，对于汉以前大昌盆地大宁河的水位变化情况可以作如下估计：西周时期水位较高，接近140米（河漫滩海拔）；两周之际出现超高水位，接近145米（双堰塘遗址海拔）；东周以降，水位逐渐下降，到东汉前期，水位当接近今水位，即125米左右，这也就是大宁河北岸会出现汉晋墓群（见图6—5）的原因。随着东周以降高唐及大宁河水位的不断下落，大宁河的水运条件自然会越来越差。

众所周知，夷水（大宁河）几乎是落钟山盐产外运的唯一通道。而在廪君时代，他们的水上交通工具是“土船”。土船是什么船？《世本》云，“以土为船，雕文画之而浮水中”[③]，《晋书》中也有同样的说法[④]。历来研究者多认为土船就是陶制的小船，也有认为是木船或“本土之船”的[⑤]。笔者以为，在上古时代，土船应该还是与陶制器物有关。唐人陈黯《禹诰》说，“陶者，土之器也。”[⑥] 周代甚至还可以用“土”来称呼具体的陶制器物。《周礼·春官·大师》曰：“皆播之以八音：金、石、土、革、丝、木、匏、竹。”郑玄注：“土，埙也。”确实，早在新石器时代的浙江余姚河姆渡遗址和湖北宜都红花套遗址也出土过陶船模型[⑦]，不过，我们知道，那是陶制的木船模型，而真正用于河流航运的陶船则自古迄

---

① 中山大学人类学系、巫山县文物管理所《2001年度重庆市巫山县林家码头遗址发掘报告》，待刊。转引自石俊会《长江三峡大宁河流域的环境考古学研究》，《四川文物》2006年第3期，第64—70页。

② 南京大学历史系、重庆市文化局、巫山县文物管理所：《巫山张家湾遗址发掘报告》，《重庆库区考古报告集（1998卷）》，科学出版社2003年版。

③ 《太平御览》卷37《地部二·土》引。

④ 《晋书》卷20《李特载记》，第3021页。

⑤ 参见邓晓《论巴人与“土船”》，《重庆师范大学学报》（哲学社会科学版）2006年第5期，第87—92页。

⑥ 《全唐文》卷767《陈黯》。

⑦ 马志义：《长江航运简史》，人民交通出版社1997年版，第6—7页。

今闻所未闻。因此，上古时代用陶船作长距离航运应无可能。在笔者看来，巴人的土船实际上应是指一种专门用于运载盛装盐或卤水陶制容器的独木舟。正是由于土船的材料为木、陶，所以才能于船上“雕文画之”，雕者为木，画者为陶。例如，至今三峡地区多见战国时期巴人留下的大楠木船棺[①]，这说明当时“雕”船在技术上不成问题，而前述双堰塘遗址多见的花边口沿器（罐、盆等）则可能是运盐或卤水的“画”器。在大宁河水位较高的西周时期，这样的土船无疑可以方便地在河中航行；而到东周以降，随着大宁河水位的不断下降，土船要在多浅滩、险滩、礁石的大宁河中运输食盐或卤水，实在是困难无比。这可以用后世的情况来说明。例如，宋代的大宁监之所以放在离宝山咸泉“十七里”远的门洞地方，一个重要原因就是门洞附近的大宁河河心“有数十巨石，参差排列如门限”[②]。清人也说，大宁河“每当冬令水涸，虽大河亦可褰裳”[③]。在大宁河困难的航运条件下，如果操驾技术不好，土船自然很容易触滩礁而致装载的陶制盛具破碎、沉没，自然达不到运输盐产或卤水等货物的目的：这大概也可以解释为什么三姓之子在与务相比试了射箭本领以后还要比试操驾土船技术。而比试操驾土船技术的结果——“余姓悉沉，唯务相独浮”，又反过来证实了当时大宁河河道航运条件确实不好。

廪君四姓熬制的食盐由于无法外运，要继续利用落钟山咸泉从事食盐生产、贸易而生活，显然只有想办法把食盐的生产地尽量搬迁到方便食盐运输的地方去。这个办法就是前文提到的沿大宁河架设管道，把落钟山咸泉引到大宁河下游的某些地方再行熬制。这种管道是通过把楠竹竹节打通以后利用大宁河的自然落差来输送的。用竹子做管道输送落钟山咸泉的技术很可能早在廪君巴人外迁之前就已经发明，因为，盐阳神女挽留廪君时，即以“此地广大，鱼盐所出”作说辞。而双堰塘遗址出土的大量尖底陶杯和花边口沿器（罐、釜、盆等），也确很可能就是熬卤

① 陈明芳：《中国悬棺葬》，重庆出版社 2004 年版，第 108 页。

② 《舆地纪胜》卷 181《大宁监 · 大昌县》。

③ （光绪）《大宁县志》卷 1《地理 · 山川》。

制盐的容器[①]。前面已经指出，自古迄今，大宁河流域唯有宝源山（落钟山）咸泉可以用来熬制食盐，盐阳神女所居住的大昌盆地本地自然是没有天然盐泉涌出地表的。所以，大昌盆地盐阳神女部落所生产的盐就必定是来自落钟山咸泉。在大宁河水位较高时，咸泉（卤水）可以通过土船运输，而随着大宁河水位的下降，上游部分土船运输变得十分困难，尤其是在枯水季节。这样，大昌盆地的食盐生产原料咸泉，除用竹子做管道引来外，也别无选择。既然大昌盆地盐阳神女部落可以引咸泉生产食盐，为什么廪君又不愿意接受盐阳神女“愿留共居”的美意？这应该还是盐运方面的原因。今天大宁河大昌盆地以下河段是著名的巫山“小三峡”，而险滩即是小三峡的重要一景，在枯水季节，要安全通过此段60千米的航程并不容易。于是，廪君只好顺流而下，直到今大宁河口的巫山县城（夷城）一带，才不得不停下脚步，因为出河口即是江流浩荡的长江。廪君在看到“夷城石岸曲，泉水亦曲”的自然景象后，显然还是不太满意，否则，他当不会发出“我新从穴中出，今又入此，奈何”的感叹。而凑巧的是，今大宁河口巫山县城附近的一次崩岸所形成的小块缓坡阶地，终于使廪君四姓有了立足之处——这就是史籍所谓“岸即为崩，广三丈余，而阶陛相乘，廪君登之”[②] 的故事。我们知道，崩岸主要是水流冲淘刷深江岸坡脚造成的，崩岸现象在峡江地区甚为常见。于是，廪君四姓把熬盐场所搬到这里（夷城）也就顺理成章。如果这样的推测不错，那么，前文提到的现存于宝源山盐泉至大昌盆地及巫山城间的大宁河段西岸绝壁上供架设枧竹管道用的6888个石方孔（据实测，石孔海拔高度从宝源山盐泉所在地的237米左右，降至末端龙门峡口的近140米），其开凿时间当不是目前学者所确定的汉代[③]，而应该早至东周时期。

然而，架设竹管长距离引取卤水生产食盐的方式并不能保障廪君部落的生产稳定，因为，除了引卤竹管容易受洪水、山崩之类偶然性自然灾害的影响，最大的问题是，由于卤水腐蚀性强，引卤竹管每年都必须

---

① 参见孙华《四川盆地的青铜时代》，科学出版社2000年版，第271页。

② 《晋书》卷20《李特载记》，第3021页。

③ 刘卫国、任桂园：《宁河古栈道遗址新探》，《盐业史研究》2003年第1期，第64—70页。

更换。这从后世宁厂宝山盐泉每年十月旦日举行的绞篾节习俗可知。宋王象之云："绞篾在盐井，引泉踏溪，每一枧用一篾，其枧与篾经一年。十月旦日，以新易陈，郡守作乐以临之，井民歌舞相庆，谓之绞篾节。"[①]直到清光绪年间，由于用铁篾取代了篾篾，宁厂绞篾节才致消失。[②] 宁厂一地并不很长的引卤竹管更换都需要耗费大量的人力、物力[③]，试想，宁厂宝源山至巫山县城长达 110 余千米的引卤竹管更换该是多么浩大的工程！在 2000 多年前，这样浩大的工程，要一个小小的廪君部落或几个部落来承受，显然是无法长期持续下去的。如前引，即使到数百年后的汉永平七年（64 年），有人还想引宝山盐泉于巫山城煮盐，也因"水化为血，卒罢其役"，其实，这说的当就是引泉工程耗费巨大，极度地劳民伤财。于是，主要以制盐为生的廪君部落，可能不久就离开了今巫山城一带而去寻找新的方便运输的盐泉资源：这应该既是廪君部落沿长江向西迁徙的主要原因，也是促成战国时期奉节、云阳、万州、忠县等峡江沿江地区的盐泉、盐井相继得到开发的驱动力。例如，从已公布的考古材料看，忠县羊子岩遗址东周前后的遗存是由很深厚的单调的中口釜、尖底杯等陶器残件组成，并有储卤池、窑灶等典型制盐遗迹，而瓦渣地遗址春秋前期或稍后的文化面貌亦与之相同[④]——这很可能是春秋前期向西迁徙的廪君部落所留下的遗迹。夏商时代，川西与峡江两地的青铜文化面貌还很难看出巴与蜀的区别[⑤]，春秋前期廪君部落的西进，标志着巴文化从此正式开始影响四川盆地。

接下来说说"廪君"的称号问题。

关于廪君的称号，从来没人研究过它的来历。根据前引《后汉书》等史籍的记载，我们知道廪君的名字本叫务相，只是务相与三姓之子在洞穴中进行射箭比试、在河流中进行划船比试都取得胜利之后，才被三

---

① 《舆地纪胜》卷 181《大宁监·大昌县》，光绪《大宁县志》卷 3《食货·盐茶》引。

② 巫溪盐厂编：《巫溪县盐厂志》，第 53 页。转引自刘卫国《渝东盐场的民俗节》，《盐文化研究论丛》（第 1 辑），巴蜀书社 2006 年版。

③ 参见上揭刘卫国《渝东盐场的民俗节》文。

④ 孙华：《四川盆地盐业起源论纲——渝东盐业考古的现状、问题与展望》，《盐业史研究》2003 年第 1 期，第 16—22 页。

⑤ 上揭孙华《四川盆地的青铜时代》，第 134 页。

姓推为廪君的。为什么三姓不就称务相为君或王之类，而要称为廪君？显然，我们必须要了解“廪”字的含义。

在《史记·平准书》中有这样一段大家都熟悉的话：

> 大农上盐铁丞孔仅、咸阳言：“山海，天地之藏也，皆宜属少府，陛下不私，以属大农佐赋。愿募民自给费，因官器作煮盐，官与牢盆。浮食奇民欲擅管山海之货，以致富羡，役利细民。其沮事之议，不可胜听。敢私铸铁器煮盐者，釱左趾，没入其器物。郡不出铁者，置小铁官，便属在所县。”使孔仅、东郭咸阳乘传举行天下盐铁，作官府，除故盐铁家富者为吏。吏道益杂，不选，而多贾人矣。①

这段话中，最值得我们注意的是“愿募民自给费，因官器作煮盐，官与牢盆”一句，因为，在前文中，已经提到东汉永平七年（64 年）时，尝引宝山咸泉到巫（山）县城，“以铁牢盆盛之”。“牢盆”是什么东西？唐及其以前的注释家们对句中的“牢盆”作了如此解释：

> 《集解》：如淳曰：“牢，廪食也。古名廪为牢也。盆者，煮盐之盆也。”《索隐》：予牢盆。按：苏林云“牢，价直也。今代人言‘雇手牢盆’”。晋灼云，苏说是。

显然，汉代所谓牢盆，就是官府提供给愿意从事煮盐业者的煮盐器具。汉代这种铁制的牢盆，1999 年在四川省蒲江县还曾出土过一口②。由上述记载来看，从业者与官府的关系大体是：从业者从官府自费购得煮盐器具牢盆后，为官府生产食盐，而官府给予从业者廪食。因此，笔者以为，所谓廪君者，其意当就是向煮盐者收取租赋、给煮盐者发放廪食的头人（国君）。从事煮盐之业的三姓既然推举务相作为廪君，三姓与廪

---

① 《史记》卷 30《平准书》，第 1429 页。

② 侯虹：《蒲江盐井的开发与西汉四川盐铁经济的发展形态》，《盐业史研究》2002 年第 3 期，第 18—27 页。

君务相之间的关系应该就是这样：三姓在廪君务相的领导下生产食盐，而廪君务相向三姓收取租赋并给予三姓廪食。对此，从有关賨人（民）的记载中可以得到证实：

> 賨者，廪君之苗裔也。巴氏子务相……立为廪君，子孙布列于巴中。秦并天下，薄其税赋，人出钱四十。巴人谓赋为賨，遂因名焉。①

显然，在先秦“廪君”时代，巴人向“廪君”缴纳的賨钱可能要超过秦代“人出钱四十”的标准。廪君、賨人事实上就是巴人君、民的身份标志。汉代的食盐官府专营政策，或许在一定程度上受到了前代廪君巴人盐业管理方式的影响和启发。

五 殷商至春秋时代巴人的活动中心区

确定了廪君巴人早期居住在大宁河流域，为寻找殷商以降巴人的活动中心区提供了方便条件。

在现存的传世文献如《竹书纪年》《世本》等书中，并没有明确提到商代的“巴”。但是，在殷墟出土的甲骨卜辞中，却有关于“巴方”的记载：

> (1)《殷墟文字乙编》2948 + 2950：“辛未卜，争贞，妇好从其沚盾戈（古戎字）伐巴方，王自在商伐重阱妇好立……”
>
> (2)《殷契粹编》1230：“壬申卜，争贞，令妇好从沚盾戈伐巴方。”

此妇好征巴方事发生于商朝中叶武丁时期。根据今本《竹书纪年》，武丁元年为丁未，则辛未、壬申分别当武丁二十四年、二十五年。巴方在什么地方？早在1939年，唐兰就认为，其地当在殷墟西南的汉水流

① 《舆地纪胜》卷162引（刘宋）郗绍《晋中兴书》。

域[①]。应该说，唐兰的推测大体是正确的。

其实，早在尧舜之交，巴人的活动范围已经南向扩大：从汉水以北的丹江流域向南扩展至汉水以南的南河流域。这种南扩是与帝尧之子丹朱的迁徙事件联系在一起的。丹朱原居住在丹水（丹江）流域。帝尧陟（死）后，据《竹书纪年》所载："帝子丹朱避舜于房陵，舜让，不克；朱遂封于房，为虞宾；三年，舜即天子之位。"[②] 房陵，即今湖北南河流域上游房县一带。所谓"丹朱避舜于房陵"，当然是指原被流放于丹水的尧子丹朱，被舜再流放于更为偏僻的房陵一带。那么，丹朱避舜于房陵之事是否确实？笔者以为大致是没有问题的。证据有三。

其一，西周初年昭王（约前10世纪在位）时，以丹朱为名的丹朱氏后裔仍生活于房陵一带。甚至，周穆王很有可能是丹朱氏后裔的私生子或遗腹子，而不是周昭王的亲生儿子。对此，《国语·周语》如是说：

> 昔昭王娶于房，曰房后，实有爽德，协于丹朱，丹朱凭身以仪之，生穆王焉。是实临照周之子孙而祸福之。夫神壹不远徙迁，若由是观之，其丹朱之神乎？[③]

其二，房陵一带确是上古时期重要人物的流放目的地。关于此，《华阳国志·汉中志》有云：

> 新城郡，本汉中房陵县也。秦始皇徙吕不韦舍人万家于房陵，以其隘地也。汉时宗族大臣有罪，亦多徙此县。[④]

其三，房县附近七里河遗址的考古发现为之提供了重要佐证。七里河遗址位于房县县城西3.5千米处的二级台地上，总面积4万多平方米，先后发现古代房屋建筑19处、墓葬26处和墓穴多处，出土了一大批石

---

① 唐兰：《天壤阁甲骨文存并考释》，北京图书馆出版社2000年版。

② 《今本竹书纪年》卷上"帝尧陶唐氏"。

③ 《国语》卷1《周语上》，上海人民出版社1998年版，第32页。

④ 《华阳国志》卷2《汉中志》。按：秦汉时迁罪人于房陵事，另可参见《史记》卷6《秦始皇本纪》，第227、231、233页；《汉书》卷14《诸侯王表》，第407、409、415、417页。

器、陶器。器物中，大量的是屈家岭文化时期少见的陶器座，而少部分是当时较为普遍的圈足器。经鉴定、研究，该遗址大体属于丹江流域新石器文化系统，与中原地区的新石器时代晚期文化（黄河下游地区大汶口文化晚期至龙山文化，距今4200年左右）有着密切的联系。[①] 据文献记载，帝尧之子丹朱的生活时代大约即在前22世纪。显然，七里河遗址的时代与丹朱的生活时代基本吻合，因而，该遗址很有可能就是丹朱新的徙居地。

既然尧舜之际的丹朱即已迁至南河流域一带，那么，殷商时代今南河流域一带成为巴人的活动区域当完全可能。事实上，在汉代，今南河流域一带确实还有“巴西”“巴渠”等地名存在。《水经注》卷28《沔水》有如下文：

> 沔水又南，泛水注之。水出梁州阆阳县。魏遣夏侯渊与张郃下巴西，进军宕渠。刘备军泛口，即是水所出也。张飞自别道袭张郃于此水，郃败，弃马升山，走还汉中。泛水又东径巴西，历巴渠北新城、上庸东，径泛阳县故城南，晋分筑阳立。……泛水东流注于沔，谓之泛口也。

魏蜀战泛水事发生在汉末建安二十四年（219年），《三国志·先主传》《三国志·张飞传》皆有载。泛水，古又名防渚、粉水（防、泛、粉二字上古音近同）、筑水、彭水，也就是今南河。桑钦（?）《水经》（见《水经注》卷29《粉水》）云：

> 粉水出房陵县，东流过郢邑南，又东过谷邑南，东入于沔。

《水经注》卷28《沔水》又载：

---

① 湖北省博物馆等：《房县七里河遗址发掘的主要收获》，《江汉考古》1984年第3期，第1—11页；郑建明：《从房县七里河诸遗址看史前东夷族的西迁》，《华夏考古》2003年第2期，第57—63页。

沔水又南，径筑阳县东，又南，筑水注之。杜预以为彭水也。水出梁州魏昌县界，县以黄初中分房陵立。筑水东南流径筑阳县，……筑水又东径筑阳县故城南，县故楚附庸也。秦平鄢、郢，立以为县。……筑水又东流注于沔，谓之筑口。

古代南河之所以有数名并存，当是因为该河流域曾居住过巴（彭）、庸（郢）、蜀（筑）等不同部族。上文所谓“巴西”“巴渠”二名，自是巴人遗名，而宕渠、丹朱读音近同（丹、宕二字上古声纽分别为端母、定母，皆为舌尖音；韵部分别在元、阳二部，皆为阳声韵。朱、渠二字），亦当是巴人遗名。至于巴、彭二字，庸、郢二字，蜀、筑二字，上古读音皆近同，当分别是巴、庸、蜀三部族人的居住地。

一直到春秋时代，汉水支流南河流域仍然属于巴人的活动中心区。

六 结语

综上所考，笔者以为，我们主要可以获得如下几点认识。

（1）先秦时期的“夷水”（盐水），不是传统所说的今湖北境内的长江支流清江，而应是今重庆境内的长江支流大宁河。秦以后，清江才逐渐有了“夷水”之名。

（2）廪君巴人的原居地不是叫作“武落钟离山”，而是叫作“落钟山”，即今重庆市巫溪县宁厂镇宝源山。廪君，其意就是向煮盐者收取租赋、给煮盐者发放廪食的头人（国君）。廪君巴人的生活时代大约在西周末或东周初。

（3）廪君巴人迁徙所经过的“盐阳”，即今重庆市巫山县旧大昌镇（已淹没），也就是考古工作者近年所发现与发掘的双堰塘遗址。双堰塘遗址并不是纯粹的巴人遗址。

（4）廪君巴人迁徙的终点“夷城”，也就是后来楚巫郡治、秦汉三国时期的巫县治巫城，在今重庆市巫山县城巫峡镇旧城之北。夷城城址的地表部分到清朝末年才完全消失。

（5）廪君巴人以盐为生，其迁徙的原因在于东周以降大宁河水位下降而导致的落钟山食盐外运困难及其对部落盐业经济所带来的致命影响。

（6）殷商以降巴人的活动中心区位于汉水支流南河流域。

特定的人类活动离不开特定的地理环境。如果古代某特定人群生存的地理环境都完全被弄错了，那么，与之相关的学术问题研究结论自然会捉襟见肘、顾此失彼。笔者相信，上述诸结论的获得，为古代巴人研究中诸多谜题的开启提供了一串钥匙。从此，学术界争论已久的有关巴人历史、民族、考古等方面的不少问题便可以迎刃而解。

（本章原题《廪君巴人夷水应为今大宁河考——兼论廪君巴人的迁徙原因》，刊《历史地理》2008年号。收入本书时略有增补）

第七章

夜郎人的迁徙历程

提要：夜郎问题是西南古史研究中的一个巨大谜题。本章通过地理、语言、历史等方面的综合研究，为夜郎之谜的关键问题找到了较为科学、合理的解决方案。本章认为：夜郎部族原居住于四川盆地，属于氐羌系统。战国晚期，由于秦人势力的挤压，岷江、沱江二水中游的大部分夜郎人才被迫南迁云贵高原北盘江地区。由于夜郎部族在北盘江地区长期地“畬山为田”，这里的生态环境发生了重大变化。于是，夜郎部族在与濮、鸠等族杂居一段时间后，一部分人南迁中南半岛北部，他们演化为今老挝佬族的主体；而一部分人以“夷獠”的名义返回四川盆地，后来逐渐融入汉族之中。留在云贵高原北盘江地区的“夷獠”仍然向高原其他地区迁徙，尤其是高原的东部边缘地区。他们中很大一部分人成为今天仡佬族的祖先。

一 引言

只要研究西南地区的古代历史，大概不会不与“夜郎”打交道。数百年来，研究夜郎问题——例如夜郎的历史、地理、族属、后裔之类——的学者很多，留下来的论著也不少①。应该说，这些学者及其论著

① 20余年来关于夜郎研究的代表性论述有周维衍《古夜郎三题》（《历史研究》1979年第11期）、徐中舒和唐嘉弘《夜郎史迹初探》（《贵州社会科学》创刊号，1980年）、刘琳《夜郎族属试探》（《民族研究》1980年第5期）等文，以及数种关于夜郎问题的研究文集和相关著作，如贵州社会科学院历史研究所编《夜郎考》讨论文集之一、之二、之三（分别由贵州人民出版社1979年、1981年、1983年出版）及《夜郎史探》（贵州人民出版社1988年版）文集；方国瑜《中国西南历史地理考释》（中华书局1987年版，第9—10页），朱俊明（转下页）

为夜郎问题的研究深入做出了贡献。但是，不可否认的是，迄今为止，关于夜郎问题的研究并没有取得明显突破，夜郎历史的主要问题仍然还是不得其解的“历史之谜”[①]。由于夜郎问题在不断困扰着西南古史研究者，为解开夜郎之谜，贵州省人民政府甚至还在1995年成立了专门的“贵州省夜郎考古领导小组”[②]，希望通过考古发掘来找到破解夜郎之谜的更多资料。据报道，近年来贵州省夜郎考古计划发掘工作取得了最重要的进展——发现了被认为是夜郎部族遗存的贵州省赫章县可乐遗址墓葬“套头葬”式及其随葬器物[③]。然而，令人遗憾的是，这些发现对破解夜郎之谜似乎并不能提供多少帮助。

近些年，笔者由于研究长江流域的环境变迁问题，接触到了很多有关西南地区的历史、地理、语言资料，觉得夜郎之谜的关键问题可以通过历史、地理和语言等方面的综合考察而得到很多新的认识，夜郎的历史发展线索也能较为清晰地呈现出来。

下面，笔者就大致依据夜郎人（国）的历史发展过程，分四个部分来进行讨论。

二 四川盆地：夜郎人的故乡

说夜郎人的故乡在四川盆地，可能很多人都不以为然。但是，只要认真分析历史文献记载，这个结论并不难得出。

现存文献中，关于夜郎在四川盆地的明确记载最早出自东汉学者应劭的笔下。《汉书·地理志》“犍为郡”下唐颜师古注云：

> 应劭曰：故夜郎国

（接上页）《夜郎史稿》（贵州人民出版社1990年版）；1999夜郎学术研讨会论文集编辑委员会编《夜郎研究》（贵州民族出版社2000年版）；刘复生《僰国与泸夷——民族迁徙、冲突与融合》（巴蜀书社2000年版，第20—22页）；吴一文《失落的夜郎》（贵州人民出版社2001年版）等。至于涉及夜郎问题的论述更多，于此不一一列举。

① 贵州省文物考古研究所：《贵州赫章可乐夜郎时期墓葬》，《考古》2002年第7期。

② 《新中国考古五十年》，文物出版社1999年版，第394页。

③ 参见贵州省文物考古研究所《贵州赫章可乐夜郎时期墓葬》，《考古》2002年第7期。

汉犍为郡辖域即当今四川省岷江下游至沱江下游一带。从作为汉朝人的应劭称“故夜郎国”来看，一个“故”字就清楚地说明应劭所言并不是指当时夜郎国的位置所在（因为当代情况不言自明），而是指的汉朝以前夜郎国的位置情况。上述资料之外，现存文献中还能找到证明夜郎部族原本生活在四川盆地的明确记载。北魏时郦道元撰写《水经注》，在《江水》中如是说：

（犍为郡武阳）县，故大夜郎国。汉武帝建元十六年，开置郡县。

可能由于郦道元撰写《水经注》时有关西南地区的参考资料不足，书中对西南地区的记载在内容组合上多有混乱、矛盾。但是，无论如何，《水经注》中关于西南地区的这些文字段落本身绝不是郦道元的向壁虚构，而必定是采自当时的有关官方资料或地方文献之中，因此，像《江水》中的这条资料从可信度来看应该是没有问题的。武阳县治，在今四川省彭山县境，位于成都平原以南，汉代一直属于犍为郡辖域，东汉时一度还被作为犍为郡郡治。[①] 在夜郎人迁徙之前，这一带有可能就是夜郎国（部族）的中心所在。夜郎国之所以又被称作“大夜郎国”，很可能是因为岷江中游地区平原面积较广，农业发达，人口集中，在四川盆地夜郎诸部中，以生活在这一带的夜郎人势力最为强盛。到唐代，杜佑依据官方图书资料编撰《通典》，他在书中对四川盆地古夜郎国的地域范围讲得更为清楚：

今犍为、阳安、安岳之西境、仁寿、通义、和义、资阳，皆故夜郎侯国。[②]

---

① 参见《汉书·地理志》“犍为郡”条，《华阳国志》卷3《蜀志》“犍为郡”条。

② 《通典》卷175《州郡五》。按：该卷中另外还说：安岳郡“普州，秦时巴郡之西境及夜郎国之地”；“嘉州，故夜郎国”。唐嘉州当今乐山。以此，“夜郎侯国”即夜郎国。据《史记·秦本纪》《华阳国志·蜀志》等记载，秦灭巴、蜀之初，蜀地既置蜀郡，以张若为守，又立蜀侯国，封公子通（或作通国、繇通）为蜀侯，分封制与郡县制并行。大约与之相类，原夜郎部族集中居住的武阳一带亦立为夜郎侯国，原僰人部族居住的僰道一带立为僰侯国（《汉书·地理志》“犍为郡·僰道”颜师古注）。

唐代的犍为大约属今乐山，阳安大约当今简阳，安岳大约当今安岳，仁寿大约当今仁寿，通义大约当今眉山，和义大约当今自贡，资阳大约当今资阳：这七地属四川盆地中部偏西南地域的岷江中游至沱江中游一带。杜佑之言，具体而微，应非空穴来风。

杜佑之后，在岷江中游、沱江中游一带，我们仍然能够找到有关于夜郎的零星文献资料记载。例如，宋时流经丹棱、眉山一带的思濛江（今岷江支流思蒙河），亦名“夷郎川”[①]。按“夷”“夜”二字，上古声纽相同（餘母），韵部相邻（分别为脂部、鱼部）[②]，读音很近。所以，夷郎川很可能是夜郎川的异写。

战国晚期以前，不但今岷江中游的眉山一带属于夜郎之地，就是成都平原的西南边缘也当属于夜郎范围。宋时，成都平原西南边缘的新津县“北七里”尚有“夜郎溪”[③]。而明天启年间所修的《成都府志》中，新津县下除了有夜郎溪之名外，还有“夜郎坝”之名。[④]蜀人称平地为坝，此夜郎坝当就是指夜郎溪旁的冲积平原。新津，其南面即与前述“故大夜郎国”所在的“武阳”为邻。因此，估计战国晚期以前，夜郎部族（国）的疆域可能包有成都平原南部边缘的新津县一带，与蜀国（部族）的分界大致在今岷江一线[⑤]和新津、彭山县交界的东北—西南走向山体（今成都东南部龙泉山，也就是蜀汉人来敏《本蜀论》中所说的“巫山”[⑥]）一线。不过，夜郎部族（国）可能当时还是接受开明氏蜀国（部

---

① 见（宋）乐史《太平寰宇记》卷74“眉州”。

② 参见李珍华、周长楫编撰《汉字古今音表》（修订本），中华书局1999年版。按：下文中涉及汉字拟音问题，除注明外，皆依此书。

③ （宋）祝穆：《方舆胜览》卷52“崇庆府”。按：宋新津县城在明新津县城东南，故此夜郎溪即今岷江支流蒲江河，亦名南河。

④ （明天启）《新修成都府志》卷2《山川志》，1962年熊成显抄本影印本。

⑤ 按：这条部族分界线可能很早就已经存在，这从最近学者对成都平原上史前城址中发掘出的器物进行研究所获得的结果可以得到证明。宋治民说：“从陶质、陶色、纹饰、器形各个方面都说明（郫县）古城遗址和（新津）宝墩遗址差异较大，而和（温江）鱼凫村遗址大同小异，可视为同类型遗存。”宝墩遗址在岷江之西，鱼凫村遗址、古城遗址在岷江之东。参见宋治民《试论四川温江鱼凫村遗址、新津宝墩遗址和郫县古城遗址》，《四川文物》2000年第2期。

⑥ 《水经注》卷32《江水》引《本蜀论》云：“时巫山狭而蜀水不流，（望）帝使（鳖）令凿巫峡通水，蜀得陆处。”按：古蜀国望帝在位约当春秋前中期，故此“巫山”“巫峡”较今长江三峡的“巫山”“巫峡”得名要早得多。人们熟知的长江三峡地区的带“巫”地名最早只可以追溯至战国时期楚国所置的“巫郡”。

族）的统治的。史载，开明氏保子帝曾“攻青衣（今四川芦山县一带），雄张獠、僰”①。此之獠，当指夜郎（考见后）。又，作为夜郎部族重镇的武阳，是在秦惠文王后元九年（前316年）被秦攻占的。史称该年秦张仪、司马错等从石牛道伐蜀，蜀王败绩，遁至武阳，为秦军所害，开明氏蜀国遂亡。②顺便说，武阳一名带有明显的周秦文化特色（《尔雅》：“山南曰阳”），应为秦人占领该地后改名，其名很有可能是“巫阳”的谐音美义。③

随着开明氏蜀国的灭亡，居住在四川盆地西南岷江、沱江流域与蜀国唇齿相依的夜郎部族，大约受蜀部族人南迁的影响，也大量南迁往云贵高原。留下来的夜郎部族后来分别被称为“獠子（人）”“獽人”或“夷人”等。例如，在沱江流域，北宋人仍称荣州（治今荣县）一带为“古夜郎之国”④。在简阳一带，北宋时期“有獽人；……又有夷人，与獽类同；又有獠人，与獽、夷一同，但名字有异而已”⑤。“獽”之名渊源甚古，早在《华阳国志·巴志》中就数有出现。“獠”“獽”“郎”三字，古代读音近同；“夷”“夜”二字，古代读音亦近同。因此，所谓夜郎国（部族），其实应当是“獽（獠、郎、狼）人”“夷（夜）人”这两个源自上古时代靠近中原地区部族⑥的结合体。关于此，我们从《太平

---

① 《华阳国志》卷3《蜀志》。

② 同上。

③ 按：《元和郡县图志》卷30“奖州”有云：“本汉武阳县地，贞观八年于此置夜郎，属巫州。”唐奖州在今沅水上游㵲阳河流域，而汉武阳县即上述秦武阳县，当今四川彭山。此所谓汉“武阳县”显然是汉“无阳县”（见《汉书·地理志》“武陵郡”条）之误。不过，由此可见，唐时人们的知识中，“武阳”“无阳”“巫州”与“夜郎”部族之间是存在联系的。顺便说，西南地区的古地名中，带“巫”“武”“㵲”“无”“毋”字头的地名大多可能与夜郎部族及其后裔的居住有关系。

④ 《太平寰宇记》卷85“荣州”。

⑤ 同上。

⑥ 按：“夷人”自然是源自东夷；而“獽（獠、郎、狼）人”，当与《尚书·牧誓》所载随周武王伐商的“庸、蜀、羌、髳、微、卢、彭、濮人”八族中的卢人有关。因为，“獽（郎）”上古拟音作laŋ[1]，“卢”上古拟音作la[1]。根据（清）孔广森著名的“阴阳对转”理论，上古韵部中，只要元音相同，阴声韵（元音收尾的韵部）和阳声韵（鼻音收尾的韵部）的两个韵部可以对转（参见王力《汉语语音史》，中国社会科学出版社1985年版，第38页）。“獽（郎）”“卢”二字的韵部分别为阳（aŋ）部、鱼（a）部，正可以对转。以此，周初的卢人很可能就是战国时夜郎人的祖先之一。卢人，春秋初本是居住于今汉水中游的湖北襄阳一带的。

寰宇记》卷136“渝州”所记可以得到启发：

> 今渝之山谷中有狼猱，乡俗构屋高树，谓之阁栏①。

上文中的“狼猱”，一本作“猱狼”，这就说明狼猱或猱狼是狼人与猱人的组合，而猱狼显然又与“夜郎”音近同。（参见本章第四部分）

唐宋“渝州”辖域约当今嘉陵江下游重庆一带。而战国时期的嘉陵江中游流域确实生活着獽（獠、郎、狼）人的较大一支。“阆中”之名大约起于战国时代。《舆地纪胜》卷185引《图经》云：“秦司马错执巴王以归阆中，遂筑此城。”战国秦汉时期，“×中”地名很多，一般是指有河流流经的较大的盆地（平原）、谷地区域，例如“关中”“汉中”“秦中”“羌中”“湟中”等。“阆”“郎”二字，上古读音近同。因此，今嘉陵江边的“阆中”，应当就是“郎中”“獠中”之类名称的异写。例如，“阆中”一带，在《水经·漾水注》中是可称为“獠中”的：

> 汉水（指今嘉陵江）又东南得东水口，水出巴岭（今大巴山西脉米仓山），南历獠中。……汉水又东，濩溪水合，水出獠中。

“东水”“濩溪水”分别即今嘉陵江支流东河、西河。不过，阆中一带的夜郎人在战国末年并没有南迁的迹象，因为他们似乎先后接受了秦人和汉人的统治。例如，《华阳国志》卷1《巴志》有云：秦昭襄王时，“复（阆中）夷人顷田不租”；汉高祖时，则“户岁出賨钱，口四十。”对此，我们从后面有关“賨人”的论述中还可以得到认识。

近几十年来，四川盆地区域考古发掘出的属于春秋战国时期的墓葬很多，但是，有一个十分奇怪的现象——除盆西成都平原地区和盆东南边缘地区之外，在盆地广大的其余区域，春秋战国秦时期墓葬的发掘几乎是一片空白②——似乎还没有引起学者们的注意。这是为什么呢？考虑

---

① 按：据研究，“阁栏”可能是今仡佬语“绿色房子”或“楼房”的摹音。参见张济民《仡佬语研究》，贵州民族出版社1993年版，第4页。

② 参见上揭《新中国考古五十年》，第379—383页。

到川西高原地区都发现了属于此时期的不少石棺葬、石板墓和大石墓[①]，我们的疑惑不免更大。然而，如果我们肯定春秋战国时期四川盆地的大部分中央区域居住的是“夷（夜）人”和“獽（獠、郎、狼）人”的结合体夜郎部族，那么，这个问题就可以迎刃而解了。因为，上古时期夜郎人的主要葬俗很可能是火葬。例如，汉代建宁郡“夷獠”的葬俗是把尸体“置之积薪之上，以火燔之”[②]；清代贵州犵狫人死后仍然是“积薪焚之”[③]。正由于此，在2000多年后的今天，我们自然也就无法发现春秋战国时期夜郎人的墓葬了。[④]

当时的夜郎南面，西起今四川宜宾一带、东经今泸州至今重庆綦江一带[⑤]的长江沿岸地区属于僰人部族（国）。宜宾在汉代称为“僰道”。《汉书·地理志》犍为郡“僰道”下颜师古注云：“应劭曰：故僰侯国也。”众所周知，僰道是西汉时从四川盆地南往云贵高原道路的起点，交通位置极为重要。而今泸州，笔者以为，在汉以前本是叫“鳖”的。由于鳖的位置的确定对夜郎人活动地域的确定十分重要，因此，有必要对汉以前鳖地在今泸州的观点作一论证。汉以前汉鳖地为今泸州的证据有三。

一是来自地理学的证据。

（1）《汉书·地理志》犍为郡符县（今四川省合江县）下：

---

① 参见上揭《新中国考古五十年》，第381—384页。

② 《太平御览》卷391“朱提”引《永昌郡传》（约成书三国蜀时期）。

③ （清）田雯：《黔书》卷上。按：众所周知，火葬本是彝族的传统葬俗。后来，由于受汉族的影响，才渐渐改为土葬。火葬葬俗在今四川凉山、云南宁蒗等地彝族中仍有存在。而从传世贵州彝文典籍《夜郎史传》开篇就有“武僰夜郎根，夜郎僰子孙”的记载可知，彝族先民和古夜郎人有着十分亲密的关系。参见王子饶、刘金才主编《夜郎史传》，四川民族出版社1998年版，第3页。

④ 按：考虑到上古时期夜郎人很可能是采用火葬，所以，前面提到的近年在贵州赫章发现的可乐遗址所谓夜郎墓葬极其罕见的“套头葬”式，未必是战国至西汉时期的夜郎人遗存。笔者认为，它更可能是此时期在这一带活动的其他古代民族的遗存。不过，火葬之外，自魏晋以降，受汉族和其他民族葬俗的影响，某些地方的夜郎部族中也开始采用棺葬。例如，《永昌郡传》又说獠民“死人有棺，其葬竖棺埋之”（《太平御览》卷796“獠”引）；西晋时，今渝黔湘鄂交界一带的獠人中已流行悬棺葬葬俗（参见陈明芳《中国悬棺葬》，重庆出版社1992年版，第163页）。

⑤ 按：据《元和郡县图志》卷30“南州”载，唐时，南州（今重庆綦江县一带）一度改名“僰州，”境内亦有“僰溪水”（今綦江）。

温水南至鳖入黚水，黚水亦南至鳖入江。①

(2)《说文·水部》：

温，水，出犍为涪，南入黔水。

(3)《华阳国志》卷3《蜀志》：

犍为郡，孝武建元六年（前135年）置。时治鳖，县十二，汉户十万。鳖，故犍为地是也。鳖有犍山，见《保乾图》。

(4)《华阳国志》卷4《南中志》：

鳖县，故犍为郡城也。

上述史料可以说明两个问题：其一，鳖县附近有“温水”和“黚水”。但是，温水和黚水各是指今天的什么河流呢？清以来学者由于认定鳖地为今贵州省遵义市，因而勉强把流经遵义附近的乌江二级支流洪江指为温水②。笔者认为，这样的看法是顾此失彼的，因为，今遵义市的方位与《汉书·地理志》犍为郡“汉阳县”下所载“山闟谷，汉水所出，东至鳖入延（江）”的情况明显不合。其实，汉初的温水很可能就是明清

① 按：《水经·延江水注》在经文“延江出犍为南广县，东至牂柯鳖县，又东北屈流”下是这样写的：鳖县，故犍为郡治也。县有犍山。晋建兴元年，置平夷郡。县有鳖水，出鳖邑西不狼山，东与温水合。温水一曰暖水，出犍为符县，而南入黚水；黚水亦出符县，南与温水会，阚駰谓之阚水：俱南入鳖水。鳖水于其县而东注延江水。延江水又与汉水合。（汉）水出犍为汉阳道山闟谷，王莽之新通也，东至鳖邑入延江水也。郦道元明显是把延江水（今乌江）、汉水（今乌江北源六冲河）边的“鳖县”（《汉书·地理志》属“牂柯郡”）与“温水”“黚水”边的“鳖县”（《汉书·地理志》属“犍为郡”）混而为一了，使人读来如坠五里雾中。

② 按：王先谦《〈汉书·地理志〉补注》引洪亮吉云：“鳖水为今湘江，温水、黚水为合今湘江之洪江、仁江。……班《志》云‘至鳖入江’者，谓入延江水也。”

时的“洹水”，也就是今沱江下游支流濑溪河[①]，而䵩水当然就是指今沱江下游了[②]。“䵩”（或作“黔”）、“犍”（或作“楗”）的古代读音近同。䵩，《广韵》巨淹切；犍，《广韵》渠焉切：皆读如 qián。而䵩、犍实际上又当是上古荆、衿等字的方音或变音所至。上古文献中常有“荆蛮”或“蛮荆”的说法，荆在古代某些民族语言中，很可能是“大”的含义。因为，其一，荆、京二字上古声纽（见母）相同，韵部（耕部、阳部）相近，读音极近，当可通假，而《尔雅·释诂一》及《方言》卷1皆言：“京，大也。”其二，《春秋公羊传注疏·庄公十年》（《十三经注疏》本）唐徐彦引李氏云：“汉南曰荆州，其气惨刚，禀性强梁，故曰荆。荆，强也。”强、大义相通。“犍为”“犍山”“䵩水”之类的名称，追根究源，皆当来自“荆”字。[③] 其三，鳖县是犍为郡的最早治所。然而，为什么《汉书·地理志》犍为郡下没有“鳖县”？这是因为《汉书·地理志》大体反映的是平帝元始二年（2 年）的政区情况，此时，犍为郡已移治僰道，鳖的名称随着僰人的南迁早已移至云贵高原（新的鳖县治约在今贵州省黔西县附近），而鳖县故地则被改名为“江阳”了。鳖的名称发生过迁移，这从有关鳖的记载在《汉书·地理志》中分见犍为郡、牂柯郡条下，以及上引《华阳国志》分见《蜀志》《南中志》中，就能够感觉得到——尽管《华阳国志》的作者常璩也想把他看到的有关鳖的材料中所出现的差异设法弥合。

二是来自语言学方面的证据。

战国时，作为汉代江阳前身的鳖很可能是僰人（国）的都城。鳖也就是僰，而僰、鳖则当是“巴”的变音或转音。例如，汉代在属于僰人区域的符县（治今四川合江）设置有一个重要的关隘，名字就叫巴符关。巴人在周初是蛮族的一支，而僰人当然是巴人的一支。明人《南诏野

---

① 按：濑溪河，发源于重庆大足县，是古代大足经荣昌到泸州的主要交通运输通道；又，今濑溪河段两岸陡峭的石壁上还有四五十座东汉岩墓，有些还形成了岩墓群。

② 按：在汉以降至清代，今沱江全流多通称“雒江”，而雒江之名，亦随境而更，在雒江下游今富顺、隆昌二县一带，古又名“金川”（参见《读史方舆纪要》卷70《四川五·叙州府》“富顺县”“隆昌县”条）。“荆”“䵩”“犍”读音与“金”甚近。“金川”可能为“䵩水”之谐音美义。

③ 按：（宋）欧阳忞《舆地广记》卷29“成都府”中谓犍为郡“因山立名”，显然这还不是根源。

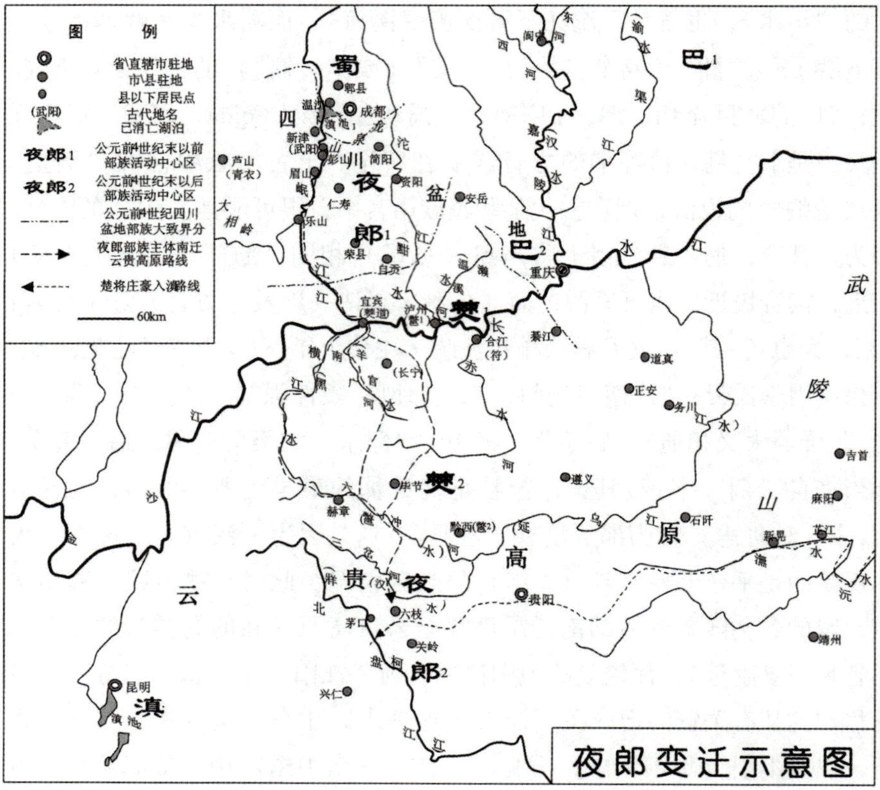

图 7—1 夜郎变迁示意图

史·云南》有云："僰人，一名百夷，又名摆夷，性耐暑热。""百""摆"与巴、鳖音极近，当为巴、鳖之音转。秦汉时期，随着长江沿岸（尤其是北岸）的犍为郡地区"汉民多，（僰人）渐斥徙之"[1]，也就是南上云贵高原。今云贵高原上生活的布依族旧自称布依、布夷，傣族旧自称摆依、百夷。布依、布夷、摆依等，自然就是百夷、摆夷之类名称的音转。因此，布依族、傣族都应为古巴（僰）人的直系后裔。[2] 事实上，今天的布依语、傣语也同属于汉藏语系壮侗语族壮傣语支。由于古代巴

① 《华阳国志》卷 3《蜀志》。

② 按：关于傣族为古僰人后裔的说法，20 世纪 30 年代即已经由美国学者葛维汉提出来了。参见葛维汉《有关僰人（白人）的历史文献——留存于四川的最后一批傣族》（陈宗祥译），中国悬棺葬学术讨论会秘书组编《悬棺葬资料汇集》，1980 年版。惜此说一直未为学者重视。

人多生活于丘陵、山地区域，且分布地域很广，历时既久，交流有限，自然在语言、习俗等方面会产生一定的差异——这大约就是汉代人把僰人与巴人进行一定区别的原因。

三是来自有关文献记载中透露出的信息。

宋人欧阳忞《舆地广记》有云："汉武帝开夜郎，置犍为郡，因山立名，初治鳖县，其地盖在今泸南徼外，后徙治僰道，今戎州（今宜宾市）是也。"① 欧阳忞大概是受到《汉书·地理志》所载夜郎县在牂柯郡的影响，他本人并不同意"汉武帝开夜郎，置犍为郡"的说法，因而把犍为郡的"初治鳖县"所在放到了"今泸南徼外"。尽管如此，欧阳忞在书中毕竟还是透露出了汉代鳖县与宋代泸州（治今泸州市）一带存在密切关系的信息。若是作为犍为郡最初治所的鳖县在今泸州，则今贵州黔西县一带作为新鳖县地，正好当宋之"泸南徼外"。

三　云贵高原：夜郎人的第二故乡

前316年秦军在夜郎境内武阳追杀蜀王开明氏后，居住在四川盆地西南部的夜郎人，大概是因为受到秦人的压迫和蜀人南迁的影响，也开始了南迁云贵高原的历程。蜀人可能主要沿岷江一线进入今云南高原的②。由于夜郎南面的长江沿岸地区为僰人居住，所以，夜郎人南上云贵高原可能主要是借道僰人区。从岷江顺流经僰道（今四川宜宾）渡长江南上云贵高原，当时只能沿自然水道和山谷穿行，路途十分艰险。《华阳国志》卷4《南中志》云：

> 自僰道至朱提（约今云南、贵州交界的昭通、赫章一带），有水、步道：水道有黑水（今横江）及羊官水（今南广河），至险难行；步道度三津，亦艰阻。

南迁夜郎人的主体应该就是由上述的水道兼步道来到了"牂柯江"

---

①（宋）欧阳忞：《舆地广记》卷29"成都府"。

② 按：古蜀国杜宇氏（望帝）时，有所谓"熊耳、灵关为后户"（《华阳国志·蜀志》）之说。熊耳即今四川青神县境内岷江上的青神峡。灵关约在今四川省芦山县一带。

地区，即今云贵高原北盘江地区。传世彝文古籍《宜那经书·经典》中亦反映了夜郎“先祖卧莫”经“南（部）［僰］”“南广”等地到“牂柯”的经历。[①]《史记·西南夷列传》所记“夜郎者，临牂柯江，江广百余步，足以行船”，说的是夜郎人来到云贵高原后的位置情况。北盘江区域正好位于今云贵二省交界一带，在滇池地区之东，所以，楚顷襄王时（前298—前263年），庄豪溯沅水西往滇池一带，必须经过夜郎国。由于夜郎人迁来此地不久，立足未稳，国力尚弱，以至于庄豪能顺道伐而灭之。[②] 随着庄豪在夜郎止步称王，夜郎有了先进文化的加入。于是，经过100多年的发展，到汉武帝建元年间（前140—前135年），夜郎地区已有“耕田，有邑聚”，“所有精兵可得十余万”，确实颇可自大，以致司马迁也说，“西南夷君长以十数，夜郎最大”。正因为夜郎人早在战国晚期就来到了云贵高原，消息闭塞，所以才会在见到汉朝使者时出现“不知汉广大”的情况。[③] 顺便说，如果夜郎国在战国晚期以前就一直是居住在北盘江地区，基础应该相当牢固，军力也应该不会很弱，以楚将庄豪所率领的一支不可能庞大的远征军，很难想象能轻而易举地伐灭之。

随着汉武帝时唐蒙“发巴蜀卒治道，自僰道指牂柯江”，开通了前往云贵高原中部的道路，而武帝元鼎六年（前116年）“牂柯郡”的设置，更标志着夜郎地区开始纳入汉朝的版图。[④] 关于此后的两汉三国以至西晋400多年时间里的夜郎部族情况，由于在《史记》《汉书》《后汉书》《三国志》《华阳国志》等史籍中略有记载，我们现在知道得稍为清楚些，于此不再赘述。然而，大约从东晋开始，随着史籍中关于“夜郎”的字眼

---

① 参见六枝特区民族事务委员会编《夜郎同亭》，贵州民族出版社1992年版，第10—11页。按：该书译者在《宜那经书·经典》的翻译中，对先祖卧莫途经的一系列上古地名进行对音翻译时有古今地名不分之失。如“南部”应正作“南僰”，因为“南部”（今四川省南部县）为南朝梁以降才有的地名。

② 参见《后汉书·南蛮西南夷列传》。按：注意这里是庄豪入滇，而不是庄蹻入滇。楚威王时（前339—前329年）庄蹻循江入滇事件见《史记·西南夷列传》，所到的“滇池”在今成都平原，今已消亡。庄豪入滇所到的“滇池”才是今云南滇池。庄蹻入滇与庄豪入滇时间不同、路线不同，目的地虽名同而实异。唐以降至今，学者多以《史记》、《后汉书》的记载皆有误，而强行糅合二事为一事，作楚顷襄王时庄蹻溯沅水入滇，实是大错。《史记》《后汉书》的记载是完全正确的。参见本书第十章“楚黔中郡与秦黔中郡”、第一章“成都平原的‘滇池’”。

③ 参见《史记·西南夷列传》。

④ 参见《史记·西南夷列传》《汉书·地理志》。

出现得越来越少，我们今天对“夜郎”的印象也越来越模糊了：夜郎部族好像从我们的历史视线中渐渐消失。

那么，夜郎部族到哪里去了？

四　獠人入蜀：夜郎人重返故乡

公元4世纪三四十年代的成汉时期，西南地区发生了一次规模浩大的民族迁徙：居住在牂柯郡的几十万獠人北上进入四川盆地区域。这就是历史上著名的“獠人入蜀”事件。关于此事，自《益州记》始，《水经注·漾水》《晋书·李势载记》《北史·獠传》《通典·边防三》《蜀鉴》等都有记载。梁李膺《益州记》所记最早，但只有一句话：

> 盖李雄据蜀，李寿从牂柯引獠入蜀境，自象山（今大相岭）以北，尽为獠居。①

而宋郭义恭《蜀鉴》卷4所记较晚，但综述得最详：

> （李寿）又从牂柯引獠入蜀境，自象山以北尽为獠居。蜀本无獠，自是始出巴西、渠川、广汉、阳安、资中、犍为、梓潼，布在山谷，十余万家。獠遂挨山傍谷，与土人参居。居家颇输租赋，在深山者不为编户。种类滋蔓，保据岩壑，依林履险，若履平地。

对于“獠人入蜀”的相关问题，有不少学者进行了研究，取得了不小成果——例如，獠人入蜀的时间、数目等问题可以说已有令人信服的结论。② 但是，对李寿为什么只引獠人入蜀、獠人为什么愿意入蜀，以及獠人原属于什么民族等问题，或无人研究，或没有定论。因此，笔者主要就讨论这几个问题。

---

① 《太平寰宇记》卷75“蜀州”江源县引。

② 按：关于獠人入蜀问题，目前学术界还存在一定的争论，但对李寿曾引一部分牂柯郡獠人北上进入四川盆地一事是大体肯定的。参见刘琳《獠人入蜀考》（《中国史研究》1980年第2期）、上揭刘复生《僰国与泸夷——民族迁徙、冲突与融合》，第52—56页。

首先，看看獠人的族属问题。

“獠”的称呼大约出现于东汉时期。[①] 刘宋范晔所撰《后汉书·南蛮西南夷列传》云：

> 武帝元鼎六年，平南夷为牂柯郡，夜郎侯迎降。天子赐其王印绶，后遂杀之。夷獠或以竹王非血气所生，甚重之，立为后，牂柯太守吴霸以闻。天子封其三子为侯。死，配食其父。今夜郎县有竹王三神是也。[②]

从上文所记事件的来龙去脉看，所谓“夷獠”显然就是夜郎人，夷獠之王即“夜郎侯”，或称“竹王”。事实上，夷獠一名在南北朝隋唐时期的其他史籍中也常可见到。例如，《元和郡县图志》卷33“雅州”下引梁李膺《益州记》：

> 自晋永嘉崩离，李雄窃据，此地荒废，今二十纪，夷獠居之。

又，《元和郡县图志》卷33“黎州”汉源县：

> 隋仁寿二年，平夷獠，于此置汉源郡。

又，《通典》卷175《州郡五》：

> 晋宋之间，（巴州等地为）夷獠所据，不置郡县。

此类夷獠用法，不胜枚举。[③] 按古代“夷”指少数民族时，行文皆作

---

① 按：关于“獠”的现存记载最早出现于晋代作品。陈寿（233—297年）《三国志·蜀志·霍峻传》云：“时永昌郡（治今云南保山一带）夷獠恃险不宾，数为寇害。”又张华（232—300年）《博物志·异俗》云：“荆州极西南界至蜀，诸民曰獠子。”

② 按：《华阳国志》卷4《南中志》记此事略同，但“夷獠”作“夷狄”。“狄”“獠”二字形近，“狄”显是“獠”之讹。这从《水经注·江水》记此事时亦作“夷獠”可证。

③ 按：大约在唐以后，“夷獠”一词的含义略有拓广，有时可以包括夜郎部族后裔以外的苗、徭等其他西南部族。例如，《太平寰宇记》卷118“澧州”云：“（风俗）大同荆楚，然少杂夷獠之风。”此之“夷獠”，可能就包括苗、徭等族。

“×夷”，如我们熟知的“东夷”“西夷”“南夷”“山夷”之类，而罕见有“夷×”之类的倒置用法。因此，笔者以为，所谓夷獠人就是夜郎人，而夷獠一词就是夜郎一名的异译①。众所周知，汉族人对同一少数民族的称呼（即使这个少数民族的自称发音完全不变），在不同的时期甚至在同一时期，经常使用不同的汉字进行对音翻译。夜郎一名，上古拟音作 ia^{3} $laŋ^{1}$；而夷獠一名，上古拟音作 $ʎei^{1}$ lau^{2}。② 可见，二词读音很是接近。另外，从地理位置上看，夜郎部族与入蜀前的獠人居住的主要地域也大致相同。如前所引，汉代夜郎部族居住地“临牂柯江”源，而晋代入蜀獠人亦系“从牂柯引”入。

然而，为什么夷獠当时又可以简称作獠？众所周知，我国古代很早就用“夷”字来称呼中原之外的少数民族。汉晋时期，中原人就把西南地区的少数民族统称为“西南夷”。大约由于这样的原因，“夷獠”的“夷”字在史籍中经常可以被省略而单称“獠”③。例如，上引梁李膺《益州记》的两处有关“獠人入蜀”的记载中，前只称“獠”，后则称“夷獠”。又如，同在今四川邛崃（晋临邛、唐邛州），前引《益州记》谓“尽为獠居”，《元和郡县图志》卷32亦谓“为獠所侵”，而《太平寰宇记》卷75则云“此郡与夷獠相杂，愈于诸郡”。

因此，“獠人入蜀”在一定程度上可以说是夜郎部族回归故乡。之所以说一定程度，是因为这些入蜀的獠人事实上已可能是以夜郎部族为主体的、加入有濮人和鸠民成分的新的民族共同体。战国末年，从四川盆地迁入云贵高原的夜郎部族的社会发展水平显然是高于云贵高原上的濮人、鸠民族群的。因此，经过战国末到晋代600余年的杂居，大部分的濮人、鸠民都已融合到夜郎部族中。例如，南北朝以后，濮、鸠等字眼就逐渐从文献中消失。在这个融合过程中，作为强势族群的夜郎人也不可

① 按：上揭刘琳《夜郎族属试探》文中曾明确指出“夜郎国是獠人建立”，甚是，但不当把獠人和濮人混淆。上揭方国瑜《中国西南历史地理考释》第10页在释《华阳国志》卷3《蜀志》“（保子）帝攻青衣，雄长獠僰”句时，也曾指出“獠即夜郎，而僰为西僰”，惜无论证。

② 按：据“阴阳对转”理论，上古韵部中，宵（au）部韵正可以与阳（aŋ）部韵对转。

③ 按：虽然“夷獠”可略为“獠”，但史籍中的“獠”不一定都是“夷獠”。例如，晋时，濮人有时被称为“濮獠”，“鸠民”有时也被称为“鸠獠”。一般来说，被称为“獠”的濮獠、鸠獠等族群，当时或与夜郎人杂居，或与夜郎人近邻（参见《华阳国志》卷4《南中志》）。到唐以后，“獠”的称呼似更为泛化。

避免地吸收了濮、鸠等族群的某些文化因素，比如某些风俗习惯。①

其次，四川盆地周围古代部族甚多，李寿为什么只引獠人入蜀？

这个问题从来没有人思考过。其实，个中原因既简单又复杂。简单的是，李寿本人就是獠人，引同族实“郊甸”理所当然——尽管后来的结果与之相反②。复杂的是，我们怎么知道李寿是獠人？要回答这个问题，我们必须对李寿的先世进行考索。据《华阳国志》卷9《李特雄期寿势志》，李氏先世的经历是这样的：

> 李特，字玄休，略阳临渭（治今甘肃天水市东）人也。祖世本巴西宕渠（治今四川渠县境）賨民。种党劲勇，俗好鬼巫。汉末，张鲁居汉中，以鬼道教百姓，賨人敬信。值天下大乱，自巴西之宕渠移入汉中。魏武定汉中，（曾）祖父虎与杜［濩］、朴胡、［袁］约、杨车、李黑等移于略阳，北土复号曰“巴人”。③

---

① 按：后来“犵狫”族中的一些风俗习惯有些是本族固有，有些则来自其他族群。例如，前述古代夜郎部族（夷獠、犵狫）主要的葬俗可能是火葬，而火葬葬俗其实本是氐羌系民族所固有的。《荀子·大略》：“氐羌之虏也，不忧其系垒也，而忧其不焚也。”《墨子·节葬下》曰：“秦之西有义渠之国者，其亲戚死，聚柴薪而焚之，燻上谓之登遐，然后成为孝子。”义渠亦为氐羌之属。而隋唐以降夷獠（犵狫）人的凿齿、打牙习俗，则应当起源于濮人。（唐）杜佑《通典·边防三》云：“赤口濮，在永昌南，其俗折其齿。”其他的穿桶裙、用铜鼓、住干（阁）栏等生活习俗出现时间皆较晚，大抵都不是夜郎部族（夷獠）所固有，而很可能是夜郎部族南迁至云贵高原后为适应自然环境条件的变化从其他濮、越部族那里学来的。因此，笔者认为，学界流行的通过比较古代西南民族之间的风俗习惯的方法来确定獠人的族属为百越系统，是存在问题的。

② 按：《晋书·李势载记》云：“初，蜀土无獠，至此，始从山而出，北至犍为、梓潼，布在山谷，十余万落，不可禁制，大为百姓之患。”

③ 按：引文中删补文字据刘琳《华阳国志校注》，巴蜀书社1984年版，第661页。又，引文中的“巴人”，《晋书·李特载记》作“巴氐”。因为“巴氐”即巴地的氐人之意，所以，笔者以为，古代夜郎人应属于氐羌族类。这方面的证据还有二，其一，（刘宋）裴骃《〈史记·司马相如列传〉集解》引（晋）徐广语曰：“（夜郎、西僰），羌之别种也。”其二，古籍中有“獠”“羌”相代的例证。《旧唐书·地理志四》“普州”云：“李雄乱后，为獠所据。”而《通典·州郡五》“普州”记此事作：“李雄之乱，为羌夷所据。”显然，獠即羌夷。事实上，早在蜀汉建兴三年（225年），诸葛亮以阆中人马忠（疑为賨民）为牂柯太守时，就曾“移南中劲卒青羌万余家于蜀”。我们知道，“羌”“氐”同类，所以汉晋史籍中，“羌”“氐”有时可以互换。这里所谓“青羌”即青衣羌，当就是后世“衣服尚青”的氐人（参见《通典·边防五》）。这亦可谓为“獠人入蜀”。基于此，笔者不同意夜郎人属百越系统的传统说法。古夜郎人与古蜀人一样，应同属于后来氐羌系统的先民。

可见，李氏本为賨民（即板楯蛮）。巴西一带就是前述的阆中一带，而賨民实际上也就是獠人。[①] 关于这一点，我们通过比较下列材料就很容易看出来：

（1）《艺文类聚》卷43引蜀谯周《三巴记》：

阆中有渝水（今渠江上游南江），賨民锐气喜舞。

（2）《华阳国志》卷1《巴志》：

阆中有渝水，賨民多居水，天性劲舞。

（3）刘宋阚骃《〈史记·司马相如列传〉集解》引晋郭濮言：

巴西阆中有渝水，獠人居其上，皆刚勇好舞。

正是由于賨民就是獠人，獠人就是夜郎部族，因而，上述賨民“俗好鬼巫”的风习，在牂柯郡的夜郎部族中也同样存在[②]，就不难理解了。

最后，夜郎部族主体在牂柯江上源一带已经生活了600余年，为什么还愿意入蜀？

蒙默认为，“獠人北迁的真正原因是由于昆明（人）向东发展”，而刘琳认为李寿引獠入蜀说还是不可轻易否定。[③] 笔者以为，这两方面其实都只是獠人入蜀的外因，而真正起主要作用的内因可能是夜郎

---

① 按：拙文初稿写成后，发现上揭刘复生《僰国与泸夷——民族迁徙、冲突与融合》第50—51页所论，与笔者观点有不谋而合处，可参见。

② 《华阳国志》卷4《南中志》“牂柯郡”云：“俗好鬼巫，多禁忌。”按：此种习俗以及夜郎人固有的“椎髻”发式，在宋代蜀地獠人中仍很普遍。参见《太平寰宇记》卷74“嘉州”、卷79“戎州”、卷88“泸州”等。而《太平寰宇记》卷149《忠州》说得更明确：“夷獠（风俗）颇类黔中”。唐宋时的“黔中”指今黔东北、渝东南一带。

③ 参见上揭刘琳《獠人入蜀考》文。

部族居住的今贵州高原西部地区生态环境在几百年间发生的重大变化。

迄今为止，贵州地区没有发现中石器时代遗址，新石器时代遗址也很少。[①] 因此，在战国末期夜郎人来到贵州高原西部时，估计人类活动对贵州高原生态环境所造成的影响很小。[②] 当时贵州高原较好的生态环境条件为夜郎人在牂柯江上源地区的早期发展提供了机遇。例如，到夜郎人迁来贵州高原西部170余年后的汉武帝建元年间（前140—前135年），据称“夜郎所有精兵，可得十余万”。[③] 若一户一兵，户均五口，则当时夜郎人口最高可能达到七八十万。贵州高原的自然特点是雨量较多，地形破碎，喀斯特（岩溶）地貌广布。对此，当时的人们就已有认识，所谓牂柯郡“处所险峻，率皆高山，而少平地”[④]，“多雨潦”[⑤]，即是。其实，贵州高原这样的自然环境条件，并不适宜长期的大规模的农业活动。汉武帝时，夜郎国的人口还不算多，人们可以在狭窄的“平地”（坝子）区过上夜郎人传统的“耕田，有邑聚”的农业定居生活[⑥]。但是，到汉武帝后近400年的晋代，牂柯江上源一带的人口肯定增加了不少[⑦]，以至于

---

① 参见上揭《新中国考古五十年》，第393页。

② 按：在夜郎人到来之前，今北盘江地区应该已有人居住。例如，《管子·小匡》中提到的“牂柯”国就应该在这一带，牂柯国的居民一般认为就是古代文献中多次出现的“濮”人。除了濮人之外，这一带可能还有“鸠民”居住。这从魏晋时代今北盘江已先后有“牂柯江”（疑为濮人所称）、“盘水”（疑为鸠民所称）、“遁水”（夜郎人所称）三个名称就可以看得出来。不过，汉晋时期的濮人、鸠民的生活尚相当原始，对环境的破坏当很小。参见《太平御览》卷791引《永昌郡传》、《华阳国志》卷4《南中志》。

③ 《史记·西南夷列传》。

④ 《太平御览》卷791引《永昌郡传》。

⑤ 《华阳国志》卷4《南中志》。

⑥ 按：生活在平原地带的夜郎人，在战国晚期南迁之前，应该早已过上了农业定居生活。例如，近些年，在成都平原西南边缘的新津、大邑两县分别发现了史前时期的宝墩、盐店两座古城；又前述夜郎境内有“武阳”邑聚。参见成都市文物工作队《四川省新津县宝墩古城调查与试掘》（《考古》1997年第1期）、《成都平原考古发现4300年前盐店古城遗址》（新华社成都，2003年1月19日电）。

⑦ 按：据上揭刘琳《獠人入蜀考》一文考证，入蜀獠人的数目有“十余万户”，“每户以五口记，至少有五十万人”。这些自然不是当时牂柯郡獠人的全部，甚至有可能只是牂柯郡獠人的少数。参见本章第五部分。

人们不得不“畲山为田”①，农业活动向“高山”发展。在牂柯郡一带“多雨潦”的气候条件下，大规模的畲山为田必然导致严重的水土流失。例如，学术界公认的汉代夜郎部族的重要聚居地今贵州省关岭布依族苗族自治县的自然情况就是明证。关岭县海拔为370—1850米，全县国土总面积中，喀斯特面积占84.88%，丘陵与坝地面积仅占10.73%，其余皆为山地，而耕地大部分为旱地，水土流失极为严重。② 我们知道，喀斯特山区土层瘠薄，长期而严重的水土流失必然导致农业生产水平不断下降。——这应该就是我们现在知道的晋代牂柯郡“无蚕桑……寡畜产，虽有僮仆，方诸郡为贫”③ 的真正原因。可能正是因为晋代牂柯郡獠人的生产、生活条件越来越差，他们中的一部分人才会在李寿的招引下，毅然离开生活了数百年的第二故乡云贵高原，而回迁祖先曾经生活过的四川盆地，以寻找新的机会。其实，即使没有外人的招引，为了生存，部分夜郎人（獠人）早已开始离开牂柯江上源一带，迁往中南半岛北部、云贵高原西部或东部边缘等地。例如，东汉安帝永初元年（107年），史称“九真徼外夜郎蛮夷举土内属”。④ “九真徼外”约在今老挝境内。这部分夜郎人在唐代被称为“生獠”，后来便演化为今老挝佬族的主体。⑤ 在高原西部，前述三国蜀汉时，永昌郡一带已有“夷獠恃险不宾，数为寇害”；在高原东部边缘，西汉时已经在今湘黔交界的㵲阳河置有“无阳县”，而南朝宋刘澄之所撰的《荆州记》中更明确说“舞溪”流域已有

① 《华阳国志》卷4《南中志》。按：这种耕作方法在云贵高原的夜郎（夷獠、仡佬）地区一直延续到20世纪50年代。如：（唐）李吉甫《元和郡县图志》卷30“珍州”云：珍州所辖夜郎等三县，“随所畲种田处移转，不常厥所”。（宋）陆游《老学庵笔记》卷4云：辰、沅、靖州的“犵獠”蛮等，“焚山而耕，唯种粟豆而已”。（嘉靖）《思南府志》卷1《地理志》：“处山箐者，芟林火之，因布种，谓之刀耕火种。”（清）李宗昉《黔记》：“黔省乃刀耕火耨之乡，素称瘠薄。”这种耕作方法对地力的破坏，上揭《思南府志》卷7《拾遗志》中就有明确记载：“合抱连云之材尽山伐而焚之，布种其中，谓之烟田，而地力穷矣。”

② 所引数据出自万军、蔡运龙《应用浅性光谱分离技术研究喀斯特地区土地覆被变化——以贵州省关岭县为例》（《地理研究》2003年第4期）一文中。

③ 《华阳国志》卷4《南中志》。

④ 《后汉书·南蛮西南夷列传》。

⑤ 参见王文光编著《中国南方民族史》，民族出版社1999年版，第69页。按：明以降，老挝在汉文史籍中曾被称为“哀牢”（参见范洪贵《同根生的民族——壮泰各族渊源与文化》，光明日报出版社2000年版，第207—208页）。而“哀牢”的近代拟音（ai① lau②）与“夜郎”很近。参见后文。

“獠、狝之类”活动①。

五 仡佬族：夜郎人的直系后裔

迁回四川盆地的獠人，到 11 世纪、12 世纪的两宋之际，已基本上与汉族融合。②那么，留在云贵高原的獠人（夜郎人），后来的情况又如何？

自明朝开始，人们就知道犵狫和獠的亲缘关系。③ 现在，西南古史研究者也大多都认同今天的仡佬族就是古代獠人的后裔。但是，对仡佬族的祖先就是古代夜郎人的说法，除少数研究者④有很明确的认识之外，尚未得到学界的广泛认同。在此，笔者主要从论者基本未曾涉及的语言学和地理学方面对仡佬族的祖先就是古代夜郎人的说法提供支持。

首先，我们来看看仡佬族名的来源与读音。

我们知道，“仡佬”，史籍中原本多写作“犵狫”。直到 20 世纪 50 年代进行民族识别以后，才把带有侮辱性的字眼“犵狫”统一改作“仡佬”。犵狫一名，最早见于史籍是写作“犵獠”的，时代约在南北朝；入唐，《元和郡县图志》中数有记载；而大量出现于史籍是在宋代。⑤ 宋以前，史籍一般写作“犵獠”；自宋以降，史籍中出现了“葛獠”“獦獠”“犵狑”“獇獠”“犵狵”“犵貘”“狤獠”“犵狫”等多个读音近同而写法不同的名称。试举数例。

---

① 《元和郡县图志》卷 30“叙州”引。

② 参见上揭刘琳《獠人入蜀考》一文。

③ 参见中国科学院民族研究所贵州少数民族社会历史调查组编《仡佬族简史简志合编》（初稿），中国科学院民族研究所 1963 年版，第 6 页。

④ 按：20 世纪 60 年代翁家烈撰有《古夜郎和仡佬族先民的关系》（《贵州师范学院学报》1963 年第 1 期）一文，其中就论证过古夜郎和仡佬族先民的关系。后来，周春元《略论古夜郎的族属问题》（贵州社会科学院历史研究所编：《夜郎考·讨论文集之二》，贵州人民出版社 1981 年版，第 140—151 页）、邓少琴《试谈古代滇与夜郎的族属问题》（贵州社会科学院历史研究所编：《夜郎考·讨论文集之三》，贵州人民出版社 1983 年版，第 79—94 页）两文更明确地论述了夜郎、獠与仡佬之间的关系。

⑤ 参见陈天俊等《仡佬族文化研究》，贵州人民出版社 1999 年版，第 3 页。按：该书说，“仡佬”名称，“最早见于隋黄闵《武陵记》”。有误。仡佬，应正为“犵獠”；黄闵为南北朝时萧齐人，非为隋朝人。

（1）《新唐书·南蛮传下》：

戎、泸间有葛獠，居依山谷林箐，踰数百里。

（2）黄庭坚撰、任渊注《山谷内集诗注》卷19《过洞庭青草湖》诗句：

行矣勿迟留，蕉林追獦獠。

（3）陆游《老学庵笔记》卷4：

辰、沅、靖州蛮，有犵狫，有犵獠，有犵猇，有犵㺏，有山猺。

（4）《宋史·西南溪峒诸蛮传》：

宝元二年，辰州犵獠三千人款附。

一般认为，这些名称都是唐宋人对当时散布在云贵高原北部、东部边缘的犵獠（狫）人的异称。然而，通过对这些名称读音的反复考察，笔者发现，犵獠（狫）一词的读音，在唐以前，并不是像唐以来一样读作 gē lǎo，① 而很有可能是音作 ŋĭət^{4}lau^2 的②。也就是说，“犵”字的上古音与中古音、近代音很可能不同。何以见得？理由之一，上古时代本无犵字，前述南北朝古籍中才开始出现了犵字，但犵字并不见于中古韵书。不过，上古、中古时代都有作为犵的异写字的“仡”。《说文》：“仡，勇壮也，从人，气声。”《广韵》：仡，鱼迄切，又许讫切。仡字上古音、中古音今人皆拟作 ŋĭət^4。理由之二，明时，今川南黔北一带有叫“羿獠”

① 按：“犵狫”的读音正式出现于字书，要晚至明末张自烈所编《正字通》。《正字通》虽征引繁芜，但常有穿凿附会之说。参见《辞海·语言文字分册》“正字通”条，上海辞书出版社1982年版。

② 参见李珍华、周长楫编撰《汉字古今音表》（修订本），中华书局1999年版，第194、283页。

的部族存在。例如，正德十二年（1517 年）九月辛卯巡抚四川都御史马昊奏称，长宁（治今四川长宁县南）民陈聪等纠羿獠者岳、者穷为乱。① 羿獠即为犵狫的异译。而“羿”字，近代音、现代音皆拟音作 i^4。据研究，羿獠在元时称“羿子”“蚁子”，唐时称“夷子”。②因此，“犵獠”音作 $ŋĭət^4$ lau^2，与中古、上古时期“夜郎”“义郎”③、“夷獠”的读音是很近的。唐宋以降，一般人之所以会读“犵”如 gē，很可能是因为不识此字而误读的结果。今天，贵州一带的犵狫人多自称为 hakei、lau、qau、to? lo 等④，与“犵”的现代读音 gē 没有关系。

其次，我们再看看历史上中原王朝设置的带“夜郎”名的行政单位与“犵狫”人居住地的联系。

（1）汉武帝元鼎六年（前 111 年）开置牂柯郡，下辖夜郎县。⑤ 这是以“夜郎”为名设置时代最早的古代行政单位。一般认为，其地约在今贵州省关岭布依族苗族自治县一带。到西晋永嘉五年（311 年），分牂柯郡等置夜郎郡，辖有夜郎、谈指二县。⑥ 夜郎县地仍前，谈指县约在今贵州省兴仁县一带。南朝萧梁大宝（550—551 年）后，郡县皆废。可见，“夜郎”作为县、郡名称在这里延续了 660 余年，时间相当之长。今关岭、兴仁、六枝一带及其附近诸县，仍居住着不少仡佬族人，而六枝县北盘江边的古镇茅口一带的仡佬、彝等族还传说自己就是夜郎的后裔。⑦

（2）唐武德四年（621 年），分宁夷县置夜郎县。贞观元年（627 年）废。⑧ 该夜郎县约在今贵州省石阡县一带。今石阡县有 7 万余仡佬族人⑨，居贵州各县仡佬族人数第三位。

---

① 《明武宗正德实录》卷 153。

② 参见上揭刘复生《僰国与泸夷——民族迁徙、冲突与融合》，第 191—198 页。

③ 按：据《华阳国志》卷 4《南中志》载：东汉末年，牂柯郡大姓“闻汉世祖在河北，乃远使使由番禺江（今珠江）出，奉贡汉朝。世祖嘉之，号为‘义郎’”。时牂柯郡为夜郎部族聚居地，故“义郎”之号实为“夜郎”的谐音美义。

④ 参见张济民《仡佬语研究》，贵州民族出版社 1993 年版，第 1 页。

⑤ 《汉书・地理志》。

⑥ 《华阳国志》卷 4《南中志》。

⑦ 唐文元、刘卫国：《夜郎文化寻踪》，四川人民出版社 2002 年版，第 158 页。

⑧ 《旧唐书・地理志三》。

⑨ 据上揭陈天俊等《仡佬族文化研究》，第 1 页。下引今贵州各县仡佬族人口数同。

（3）唐贞观八年（635 年）置夜郎县，属巫州。天宝元年，改为峨山县，属奖州。[①] 该夜郎县约在今湖南省芷江、新晃二侗族自治县潕水（㵲阳河）流域一带。前述西汉时这里已置有“无阳县”，南朝刘宋时也有记载说“舞溪”地区有“獠、狑之类”；唐时，附近的锦州洛浦县也曾有“犵獠反叛”。[②] 直到清代中期，湘西泸溪（今湖南省泸溪县）、乾州（今湖南省吉首市）一带尚有“犵狫”寨落“百数十处”。[③] 今麻阳苗族自治县仍然有“仡佬”人居住。[④] 新中国成立后，这里的犵狫人由于多改说苗语而被认定为苗族。

（4）唐贞观十六年（642 年）置珍州，下辖夜郎等三县。[⑤] 天宝元年（742 年），一度改州名为夜郎郡。[⑥] 五代时夜郎县废。北宋大观二年（1108 年）复置，宣和二年（1120 年）又废。[⑦] 此名“夜郎”的行政单位设置时间前后延续300 余年。该夜郎郡及夜郎县约当今贵州省桐梓、正安、道真、务川等县地域。今务川、道真皆为仡佬族苗族自治县，仡佬族人口分别为8.4 万、7.5 万，居贵州各县仡佬族人数第一、二位，居贵州各县仡佬族人数第四位的正安县亦有仡佬族人口1.2 万，而桐梓县自宋以降至今一直有“夜郎”地名存在。该区域显然是今仡佬族人最为集中的居住区。

可见，晋以后“夜郎”行政单位的设置地，基本上是与“犵獠”（仡佬）人的集中区域相重叠的。这说明早在唐宋时期，统治者就大体已知道当时的“夷獠”“犵獠”“獠”就是前代的夜郎人。[⑧]

最后，让我们听听仡佬族人的民间传说。

上引《后汉书·南蛮西南夷列传》以及《华阳国志·南中志》中皆记有夷獠竹王的传说。通过寻找古籍中有关竹王的记载，我们现在可以

---

① 《元和郡县图志》卷 30“奖州”。

② 《元和郡县图志》卷 30“锦州”。

③ （清）严如熤：《苗防备览》卷 9《风俗考下》，绍义堂道光二十三年版。

④ 参见张衢《麻阳仡佬问题初探》，《昭通师专学报》2002 年第 6 期。

⑤ 《元和郡县图志》卷 30“珍州”。

⑥ 《旧唐书·地理志三》。

⑦ 《宋史·地理志五》。

⑧ 按：《太平御览》卷 171 引（唐）梁载言《十道志》云：“珍州夜郎郡，古山獠夜郎国之地”，就基本上表明了这个意思。

知道古代夷獠人除今贵州、四川两省有分布外，广西、云南、重庆、湖南、湖北等省（直辖市、自治区）也有他们的足迹。① 过去，在仡佬族中没有收集到有关竹王的传说。然而，现在，在仡佬族最大聚居地之一的贵州省道真仡佬族苗族自治县，研究者终于收集到了《竹王传说》：

> 黔北道真《竹王传说》中的首领叫夜郎。仡佬族人在迁徙高山的过程中，遭敌人多次侵袭，夜郎躲进楠竹林，与仡佬族人团结战斗。夜郎培植竹林，人们称他竹王。②

竹王的故事最早出现于汉代牂柯江上源的夜郎国，因此，所谓“仡佬族人在迁徙高山的过程中，遭敌人多次侵袭”事，应当反映的是仡佬族对先民夜郎人从四川盆地南上云贵高原的历史记忆。

除了直系后裔仡佬族外，今天生活在云贵高原及其周围地区的汉族、藏族、羌族、彝族、白族、苗族、布依族、壮族诸民族中当然也有一部分人具有夜郎血统。

六 结语

综上所论，笔者以为，我们主要可以获得以下几点重要认识。

第一，夜郎部族原住于四川盆地，属于氐羌系统。战国末年，由于秦人势力的挤压，岷江、沱江中游的大部分夜郎人被迫南迁云贵高原北盘江地区。

第二，由于夜郎部族在北盘江地区长期地“畲山为田”，这里的生态环境发生了重大变化，于是，夜郎部族在与濮、鸠等族杂居了一段时间后，部分人逐渐离开了北盘江地区。先是在西汉末年左右，一部分人南迁中南半岛北部，他们演化为今老挝佬族的主体；接着，到成汉时期，又有一部分人以“夷獠”的名义返回四川盆地，后来融入汉族之中。

第三，留在云贵高原北盘江地区的“夷獠”仍然继续向高原其他地

① 参见上揭刘琳《夜郎族属试探》文、刘复生《僰国与泸夷——民族迁徙、冲突与融合》，第57页。

② 采自上揭陈天俊等《仡佬族文化研究》，第28页。

区迁徙，尤其是高原东部边缘地区。他们中很大一部分人成为今天仡佬族的祖先。

笔者以为，今后在研究夜郎问题时，有两个方面需要特别注意。一是民族迁徙。过去在研究夜郎的地域范围问题时，研究者大多缺乏动态的认识，往往把上古不同时期有夜郎名称的地方都当作“夜郎国”的疆域，而没想到古代夜郎部族可能有过大规模的迁徙。如果我们总是静止地看问题，那么，古代文献中本来不多的关于某部族的历史记载，在我们的头脑中只能留下奇乱无比的印象。事实上，由于战争的影响、人口的压力、生态环境的改变等方面原因，古代绝大部分民族都是有过迁徙历史的。对于古代民族来说，有迁徙应该是常态，不迁徙才是非常态。二是民族语言。过去在研究夜郎历史中的语言信息时，研究者大多是以今证古，而不大考虑古今语言（尤其是读音方面）的巨大差异。其实，由于古代西南的很多部族没有自己的文字，不同时期的汉族人在与他们交往时，只能使用汉字对他们的族名、地名等进行记载，而汉字的上古、中古、近代和现代读音常常是有变化的。如果我们不去考索某些译词当时的读音情况，那么，自然就不会发现很多隐藏在译词后面的珍贵信息。地理、语言方面的问题不能有正确的解释，古代夜郎部族的历史“迷雾”也肯定无法廓清！

本章是笔者在研究历史时期长江流域环境变迁问题时的新发现。希望本章的结论能够有助于西南民族、历史、地理问题研究的深入！

第八章

五尺道与西南夷道

提要：古往今来的学者都认为五尺道是秦始皇时期开凿的川南入滇道路。本章通过深入分析相关历史文献资料后指出，无论是五尺道的开凿时间还是道路宽度，都完全不能支持这样的说法；五尺道应为秦始皇之前110余年的秦惠文王时期由古蜀国人凿通的汉中入蜀道路，也就是汉以降所称的“石牛道”“金牛道”。川、滇二省相关的考古发掘资料，也能为本章的观点提供有力的支持。本章结论可使西南古史研究中的某些谜题得到科学、合理的解释。

一 引言

对我国西南古史感兴趣的人，大概都知道古代西南地区有一条重要的交通道路名叫“五尺道”。关于五尺道的开通时间、具体位置和道路宽度，在今天的研究者们看来，似乎都不是问题，因为，在今人的相关论著中，对于五尺道的表述可以说从来就没有过任何实质性争议。试举数例如下。

（1）《辞海·地理分册（历史地理）》①：

> 五尺道，古道路名。秦始皇统一全国后，为加强中原地区和西南地区的联系，开筑了一条由四川盆地通向云贵高原的重要道路，因道宽五尺而得名。当即汉武帝时唐蒙所修治的通西南夷道和隋、唐时代石门道的前身，北起今四川宜宾市，南抵今云南曲靖。

---

① 《辞海·地理分册（历史地理）》，上海辞书出版社1982年版，第33页。

（2）《中国历史地图集》第二册《秦·西汉·东汉时期》：

> 《秦时期全图》和《（秦）淮汉以南诸郡》图中皆标示有“五尺道”字样，其位置在今四川省宜宾市和今云南省曲靖市之间。①

（3）《华阳国志校注》卷4《南中志》注［七］②：

> 《史记·西南夷列传》：“秦时常頞略通五尺道，诸此国颇置吏焉。十余岁，秦灭。”据此，通五尺道是在秦始皇时，常頞疑为当时的蜀郡守。因为山水险阻，其所凿道宽仅五尺（当今三尺左右），故称“五尺道”。《史记·西南夷列传》《正义》引《括地志》：“五尺道在郎州。”唐代郎州在今云南曲靖。此道当是起于今宜宾，经高县、筠连，入云南昭通，南至曲靖，大致相当于唐代的“石门路”。

关于五尺道的诸如此类说法，笔者在阅读今天西南古史学者们的著作或文章中就常常遇到。其实，这样的说法早在一千多年前的唐代就已经基本形成（如上刘琳录《史记正义》引《括地志》所言），今人不过是把古人的说法奉为圭臬而已。那么，流传了一千多年的这个说法是否真的正确？笔者以为，这样的说法可谓是大错而特错。在此，特作考论如次。不当之处，冀望识者有以教之！

二 五尺道非古代川南入滇道路

说五尺道非川南入滇道路的依据主要来自两个方面，一是五尺道的开通时间，一是五尺道的道路宽度。

先看五尺道的开通时间。

现存关于五尺道的最早记载来自《史记》卷116《西南夷列传》，其

---

① 谭其骧主编：《中国历史地图集》第二册《秦·西汉·东汉时期》，地图出版社1982年版，第3—4、11—12页。所录文字为笔者据该图集相关内容转述。

② 刘琳：《华阳国志校注》，巴蜀书社1984年版，第339页。

文曰：

> 始楚威王时，使将军庄蹻将兵循江上，略巴、（蜀）黔中以西。庄蹻者，故楚庄王苗裔也。蹻至滇池，（地）方三百里，旁平地肥饶数千里，以兵威定属楚。欲归报，会秦击夺楚巴、黔中郡，道塞不通，因还，以其众王滇，变服，从其俗，以长之。秦时常頞略通五尺道，诸此国颇置吏焉。十余岁，秦灭。及汉兴，皆弃此国而开蜀故徼。巴蜀民或窃出商贾，取其筰马、僰僮、髦牛，以此巴蜀殷富。

《汉书》卷95《西南夷两粤朝鲜传》的记载与之略同。今人皆据上引文中“秦时常頞略通五尺道，诸此国颇置吏焉。十余岁，秦灭”一句，把五尺道的开通时间确定在秦始皇时。因为，尽管现在学界对“常頞”（《汉书》作“尝破”）二字应为名词（人名）还是动词尚存在不同意见①，但众所周知的是，秦是前207年灭亡的，而由此年往前推“十余岁”，当然就属于秦始皇在位时期（前221—前210年）。可是，令人吃惊的是，两千多年来，除了唐代著名学者杜佑对上引文中的说法有过怀疑之外，居然再没有人看出这段引文所存在的严重问题，甚至也没有人重视或思考过杜佑所提出的问题。先看看杜佑的疑问是怎样产生的：

> 按：《史记》及《汉书》皆云，楚威王时，使庄蹻略巴、黔[中]以西，至滇池，欲归，会秦夺楚巴、黔中郡，因以其众王滇；后十余岁，秦灭之。又按：楚自威王后，怀王立三十年，至顷襄王之二十二年，秦昭襄王遣兵攻楚，取巫、黔中郡地。《后汉史》则云，顷襄王时，庄豪王滇。豪即蹻。若庄蹻自威王时将兵略地，属秦陷巫、黔中郡，道塞不通，凡经五十二年，岂得如此淹久？或恐《史记》谬误，班生因习便书。范晔所记，详考为正。又按：庄蹻王

① 按：依下文所引（唐）梁载言《十道志》有“秦惠王破滇池，始通五尺道”之文，（唐）李吉甫《元和郡县图志》有“秦军破滇，通五尺道”之文，《通典》卷176《州郡六》亦有“秦时破滇，通五尺道”之文，笔者以为，《史记》“常頞”应依《汉书》卷95《西南夷两粤朝鲜传》正作“尝破”，作动词解。参见后文对此处文字的改正、译释。

> 滇后十五年，顷襄王卒，考烈王立，二十五年幽王立，十年王负刍立，五年而楚灭，后十五年而秦亡：凡七十年。何故云蹻之王滇后十余岁而秦亡？斯又未之详也。[①]

笔者以为，由于杜佑所产生的上述疑问来自“豪即蹻”这样一个错误判断[②]，因而自然是无法找到答案的。但是，杜佑按语中的“《史记》及《汉书》皆云，楚威王时，使庄蹻略巴、黔［中］以西，至滇池，欲归，会秦夺楚巴、黔中郡，因以其众王滇；后十余岁，秦灭之”这段文字却显得十分重要：它使我们知道了今本《史记》《汉书》中上述“十余岁，秦灭”一句，在古本《史记》《汉书》中是作“十余岁，秦灭之”的，古本《史记》《汉书》比今本《史记》《汉书》多了一个关键的“之”字。这个“之”字之所以关键，是因为只要在上引《史记·西南夷列传》的“十余岁，秦灭”一句中补上这个“之”字，杜佑所产生的上述疑问也就完全不成其为疑问了：原来，“十余岁，秦灭之”，所说的是庄蹻王滇后十余年，秦国灭了“此国”，亦即蜀国（参见本章后考），而不是指秦朝的灭亡时间前207年。楚威王前339—前329年在位，而秦国灭亡蜀国的时间无疑是在秦惠文王后元九年（前316年）[③]，如果庄蹻王滇的时间是在楚威王在位后期，那么，其间正好是相差“十余岁”。事实上，关于五尺道的开通时间应在秦惠文王时，直至初唐人的著作中尚有十分明确的记载。《太平御览》卷166引梁载言《十道志》即云：

---

① 《通典》卷187《边防三·滇》。

② 按：之所以说杜佑“豪即蹻”的判断错误，是因为庄豪入滇与庄蹻入滇本不是一回事。楚威王时（前339—前329年）庄蹻循江入滇事件见上引《史记·西南夷列传》，所到的“滇池”在今成都平原，今已消亡。楚顷襄王时（前298—前263年）庄豪溯沅入滇事件见《后汉书·南蛮西南夷列传》，所说的“滇池”才是今云南滇池。庄蹻入滇与庄豪入滇时间不同、路线不同，目的地虽名同而实异。唐以降至今，学者多以《史记》《后汉书》的记载皆有误，而强行糅合二事为一事，作楚顷襄王时庄蹻溯沅水入滇，实是大错。《史记》《后汉书》的记载是基本正确的。参见本书第十章“楚黔中郡与秦黔中郡”、第一章“成都平原的‘滇池’”。

③ 按：秦国灭亡蜀国的时间，《史记》中的三处记载完全一致。《史记》卷5《秦本纪》：“（秦惠文王后元）九年，司马错伐蜀，灭之。”《史记》卷15《六国年表》：“（秦惠文王后元九年），击蜀，灭之。”《史记》卷70《张仪列传》：“（秦惠文王）卒起兵伐蜀，（后元九年）十月，取之。”

> 秦惠（文）王破滇池，始通五尺道。

以此，我们现在已可确知，五尺道的开通时间根本不是传统所说的秦始皇时，而是在秦始皇之前110余年的秦惠文王时。

再看五尺道的道路宽度。

关于五尺道道宽五尺的说法，在现存秦汉时期的文献中并无只字记载。五尺道道宽五尺的说法始于三国魏人如淳。唐张守节《史记正义》引如淳之言曰："（五尺道）道广五尺。"[①] 而到唐代，五尺道道宽五尺的说法已成不刊之论。例如，唐司马贞《史记索隐》谓栈道广五尺；颜师古亦称五尺道"其处险阨，故道才广五尺"。[②] 显然，后人正是依据他们的说法才把秦五尺道的宽度认定为"五尺"的。

那么，古代川南入滇道路的基本情况是否与上述五尺道的情况吻合？关于古代川南入滇道路开凿的基本情况，较早且不完全重复的记载有四处：

（1）《史记·平准书》：

> 唐蒙、司马相如开路西南夷，凿山通道千余里，以广巴蜀，巴蜀之民罢焉。

（2）《史记·司马相如列传》：

> 唐蒙已略通夜郎，因通西南夷道，发巴、蜀、广汉卒，作者数万人。治道二岁，道不成，士卒多物故，费以巨万计。

（3）《史记·西南夷列传》：

> 当是时，巴蜀四郡通西南夷道，戍转相饷。数岁，道不通，士罢饿离湿，死者甚众。西南夷又数反，发兵兴击，秏费无功。

---

① 《史记·西南夷列传》，张守节《正义》。

② 《史记·西南夷列传》，司马贞《索隐》；《汉书·西南夷两粤朝鲜传》，颜师古注。

（4）《水经·江水注》：

> 汉武帝感（司马）相如之言，使（僰道）县令南通僰道，费功无成。唐蒙南入，斩之，乃凿石开阁，以通南中，迄于建宁，二千余里。山道广丈余，深三四丈，其錾凿之迹犹存。

显然，从这四处记载明确可知，由四川盆地的僰道（治今四川宜宾）一带南至云贵高原上建宁（蜀汉时郡名，前身即汉益州郡。治今云南晋宁境）一带的道路修筑，最早只可上溯到汉武帝元光年间（前134—前129年）唐蒙、司马相如通“西南夷道”之事，且所开之山道并不是“广五尺”，而是“广丈余”。因此，传统的五尺道开通于秦始皇时、道宽五尺的说法，也就同样得不到上述诸原始文献的支持。可见，川南入滇道路其实在汉代才着手开辟，名字叫“西南夷道”。

五尺道既然不可能是川南入滇道路，那么，到底应该是古代西南地区的哪条道路？

三　五尺道为古代汉中入蜀道路

说五尺道为古代汉中入蜀道路，亦即由今陕西汉中盆地经剑门关南达成都平原的古代交通线，虽然看起来有些让人不可思议，但是，我们确实可以从五尺道的开通时间和得名方面找到坚强的证据。

前文考订五尺道的开通时间乃在秦惠文王时。我们知道，秦惠文王前337年至前311年在位，是秦国历史上一位颇有作为的国君。而在秦惠文王时，秦国与蜀国之间确确实实曾开通了一条道路，但在现存史籍中，这条道路的名字并不是叫作“五尺道”，而是叫作“石牛道”。关于石牛道的开通时间，郦道元在《水经注》卷27《沔水》中略有记载，其文如下：

> 刻石云：汉明帝永平（58—75年）中，司隶校尉犍为杨厥[①]之

① 按：今存《石门颂》刻石原文有“故司隶校尉犍为武阳杨君厥字孟文”字样（见本章后注），《华阳国志》卷10中《先贤士女总赞·广汉士女》亦有“杨涣，字孟文，武阳人也”的记载，是知郦道元误读“杨涣”名为“杨厥”。（宋）洪适《隶释》一书中已指正其误。参见高文《汉碑集释》，河南大学出版社1997年版，第100页。

> 所开；逮桓帝建和二年（148年），汉中太守同郡王升嘉厥开凿之功，琢石颂德，以为“石牛道”。来敏《本蜀论》云：“秦惠王欲伐蜀而不知道，作五石牛，以金置尾下，言能屎金。蜀王负力，令五丁引之成道。秦使张仪、司马错寻路灭蜀。因曰石牛道。”厥盖因而广之矣。

应该说，郦道元的这段话是存在有严重错误的（见下考），但是，其中所引三国蜀人来敏《本蜀论》中的“五石牛”故事还是基本可信的。因为，五石牛故事在此前的西汉扬雄（前53—前18年）《蜀王本纪》和后来晋常璩的《华阳国志》卷3《蜀志》中都有记载。《蜀王本纪》中的五石牛故事①与来敏《本蜀论》中的记载略同。《华阳国志·蜀志》中的记载则是这样的：

> 周显王之世，蜀王有褒、汉之地（指今汉中盆地一带），因猎谷中，与秦惠（文）王遇。惠王以金一笥遗蜀王，王报珍玩之物，物化为土。惠王怒。群臣贺曰：“天奉我矣，王将得蜀土地。”惠王喜，乃作石牛五头，朝泻金其后，曰“牛便金”，有养卒百人。蜀人悦之，使使请石牛。惠王许之。乃遣五丁迎石牛。既不便金，怒，遣还之，乃嘲秦人曰“东方牧犊儿”。秦人笑之曰：“吾虽牧犊，当得蜀也。”

由此可见，不但五尺道与石牛道的开通时间都在秦惠文王时，而且二者显然都是联系秦蜀之间的重要道路。于是，我们完全有理由认定五尺道就是石牛道，也就是后来的金牛道。

秦时人为什么会称自汉中入蜀的道路为五尺道？笔者以为有两种可能的原因。一是“五尺道”很可能为“五石道”之讹，而五石道又很可能为“五石牛道”的略称。“尺”“石”二字，上古韵部同在铎部，声纽

---

① 《艺文类聚》卷94《兽部中》所引如下：“《蜀王本纪》曰：秦惠（文）王欲伐蜀，乃刻五石牛，置金其后。蜀人见之，以为牛能大便金；牛下有养卒，以为此天牛也，能便金。蜀王以为然，即发卒千人，使五丁力士，拖牛成道，致三枚于成都。秦得道通，石牛力也。后遣丞相张仪等随石牛道伐蜀。”

分别为舌音昌母、禅母，读音很近，且篆书（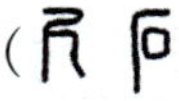）、隶书（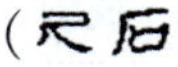）[1]的形状也较近，故读、写、识皆容易致误。二是虽然五尺道未必就道宽五尺，但其中的某些路段险窄可能也是事实。因为，我们知道，“五尺道”的某些路段，如今四川省剑阁县一带多悬崖绝壁（参见本章后注），在当时的技术条件下，阁道（栈道）确实不大可能修得宽广。由于秦汉时代所修阁道今皆已不存，故其宽度已无从通过实地考察核实，但是，从唐代历史文献中的有关记载，我们倒是大体可以知道中古时期西南地区所修栈道的宽度的。唐樊绰《蛮书》（《云南志》）卷1《云南界内途程第一》在记贞元十年（794年）马益所开“石门路”中的阁道（在今云南省盐津县豆沙关）情况时有云：

石门……西崖亦是石壁，傍崖亦有阁路，横阔一步，斜亘三十余里，半壁架空，欹危虚险，其安梁石孔，即隋朝所凿也。

我们知道，唐时“一步”为五尺，而一唐尺约当今0.30米[2]，则一步约长1.50米。既然唐时类似地理条件下的阁路才宽一步，那么，想来前此1000余年的秦惠文王时，蜀人为“拖牛”所修之阁道大概不会较之更宽。石牛道某些路段险仄的实际情况，显然会使讹名“五尺道”更为容易流传。

唐以降，学者中又曾流传着石牛道为褒斜道的说法。例如，唐贞观中，李泰主编、萧德言等撰的《括地志》有云：

褒谷在梁州褒城县（治今陕西勉县褒城镇）北五十里南山中。昔秦欲伐蜀，路无由入，乃刻石为牛五头，置金于后，伪言此牛能屎金，以遗蜀。蜀侯贪，信之，乃令五丁共引牛，堑山堙谷，致之

---

① 字形分别摹自《汉语大字典》（缩印本），湖北辞书出版社、四川辞书出版社1992年版，第405、1010页。

② 参见梁方仲编著《中国历代户口、田地、田赋统计》，上海人民出版社1980年版，第541—542页。

成都。秦遂寻道伐之，因号曰石牛道。[①]

唐李吉甫在《元和郡县图志》中亦说：

褒斜道，一名石牛道，张良令汉王烧绝栈道，示无还心，即此道也。[②]

在此，笔者需要特别指出的是，这样的说法也是完全错误的。之所以说褒斜道不是石牛道，是因为秦人在古蜀国人开通石牛道（五尺道）之前，就已经南越今秦岭进入汉水谷地活动了。上引《华阳国志·蜀志》所谓蜀王“因猎谷（指褒、汉之地的山谷）中，与秦惠（文）王遇”自是一证，而其实，早在秦惠文王之前的百数十年里，秦国就曾长期占有“南郑”地区，即今陕西汉中盆地一带。史载，战国初的秦厉共公二十六年（前451年），秦国就曾遣“左庶长城南郑”[③]。秦躁公二年（前441年），虽然发生了“南郑反”[④]事件，但南郑地区仍没有脱离秦国的统治。一直到秦惠公十三年（前387年），南郑地区才逐渐被当时强盛起来的古蜀国人夺走，秦人所谓“蜀取我南郑”[⑤]、前引《华阳国志·蜀志》所谓“周显王之世（前368—前321年），蜀王有褒、汉之地”，即其事。既然战国中期秦国就曾领有南郑一带，那么，在秦惠文王之前，秦人常来常往于连通关中平原与汉中盆地之间的秦岭山道就是很自然的事情了。而如果褒斜道就是石牛道，那么，秦惠文王时秦人当绝无可能出现“欲伐蜀而不知道”的情况。因此，笔者以为，正确的说法应当是：褒斜道是古代联系关中平原与汉中盆地之间的道路（之一），而石牛道（五尺道）是古代联系汉中盆地与成都平原之间的道路，亦可称为“剑阁道”。

---

① 《史记》卷55《留侯世家》，张守节《正义》引。

② 《元和郡县图志》卷22《山南道三·兴元府》。

③ 《史记·六国年表》。

④ 《史记·秦本纪》。

⑤ 《史记·六国年表》。按：《史记·秦本纪》作“（惠公）十三年，伐蜀，取南郑”，文意正好与《六国年表》相反；由《华阳国志·蜀志》有“周显王之世，蜀王有褒、汉之地”之文，知《史记·秦本纪》此句有误，应依《六国年表》正作“（惠公）十三年，（伐）蜀取［我］南郑”。

对此，李吉甫在《元和郡县图志》其他部分的说法和杜佑在《通典》中的说法都能证实这一点：

剑阁道，……秦惠（文）王使张仪、司马错从石牛道伐蜀，即此也。[①]

古剑阁道，秦使司马错伐蜀所由，谓之石牛道。[②]

所谓“剑阁道”“古剑阁道”，原本是指由小剑山到大剑山（今四川省剑阁县境）的“三十里”古栈道[③]，唐人显然是以此险段来别称经过该地的石牛道的。

其实，误指褒斜道为石牛道，并不是肇始于唐代学者。追根溯源，这个错误的说法应始自前引郦道元所撰《水经·沔水注》文，因为，郦道元在注文中，明显把先汉时就已开通的石牛道，与西汉武帝元光年间由张卬始凿“五百里”[④]、东汉明帝永平年间由杨涣修复并凿通“石门”的褒斜道混为一谈了。之所以能够这么说，是因为郦道元《水经·沔水注》所征引的“刻石”文字，即著名的《汉司隶校尉犍为杨君颂》（或称《石门颂》《杨孟文颂》）摩崖刻石文字，至今仍然保存完好[⑤]，而细

① 《元和郡县图志》卷33《剑南道下·剑州》。

② 《通典》卷176《州郡六·益昌郡》。

③ 按：《华阳国志》卷2《汉中志》“德阳县”条云：“有阁道三十里，至险”；《水经注》卷20《漾水》亦云：“（小剑戍）西去大剑三十里，连山绝险，飞阁通衢，故谓之剑阁也。”

④ 《史记》卷29《河渠书》，《汉书》卷29《沟洫志》。

⑤ 按：褒斜道石门摩崖石刻，原在今陕西勉县褒城镇东北斜谷的石门崖壁上；中华人民共和国成立后，为了兴修石门水库，摩崖石刻被整幅开凿下来，移至陕西汉中博物馆内保存。今录《汉司隶校尉犍为杨君颂》序文部分（参前揭《汉碑集释》第88—89页订改。原刻文中的古体字已改为今简体通行字，误字已改为正字，通假字不改）如下：惟坤灵定位，川泽股躬。泽有所注，川有所通。余谷之川，其泽南隆。八方所达，益域为充。高祖受命，兴于汉中。道由子午，出散入秦。建定帝位，以汉氏焉。后以子午，途路涩难。更随围谷，复通堂光。凡此四道，垓鬲尤艰。至于永平，其有四年。诏书开余，凿通石门。中遭元二，西夷虐残。桥梁断绝，子午复循。上则县峻，屈曲流颠。下则入冥，倾写输渊。平阿泉泥，常荫鲜晏。木石相距，利磨确盘。临危枪砀，履尾心寒。空舆轻骑，滞碍弗前。恶虫弊狩，蛇蛭毒蟎。未秋截霜，稼苗夭残。终年不登，匮馁之患。卑者楚恶，尊者弗安。愁苦之难，焉可具言？于是明知，故司隶校尉，犍为武阳杨君，厥字孟文。深执忠伉，数上奏请。有司议驳，君遂执争。百辽咸从，帝用是听。废子由斯，得其度经。功饬尔要，敞而晏平。清凉调和，烝烝艾宁。至建和二年，仲冬上旬。汉中太守，犍为武阳王升，字稚纪。涉历山道，推序本原。嘉君明知，美其仁贤。勒石颂德，以明厥勋。

读其文，知其中并无所谓“逮桓帝建和二年，汉中太守同郡王升嘉厥开凿之功，琢石颂德，以为‘石牛道’”之文意。郦道元之所以会出现这样的错误，其原因很可能是他撰《水经·沔水注》时不大小心谨慎，像前述把《石门颂》中“杨君厥字孟文”误读为“杨厥”一样，大概也把其中的“石门”想当然地混同为“石牛”了（见图8—1）。

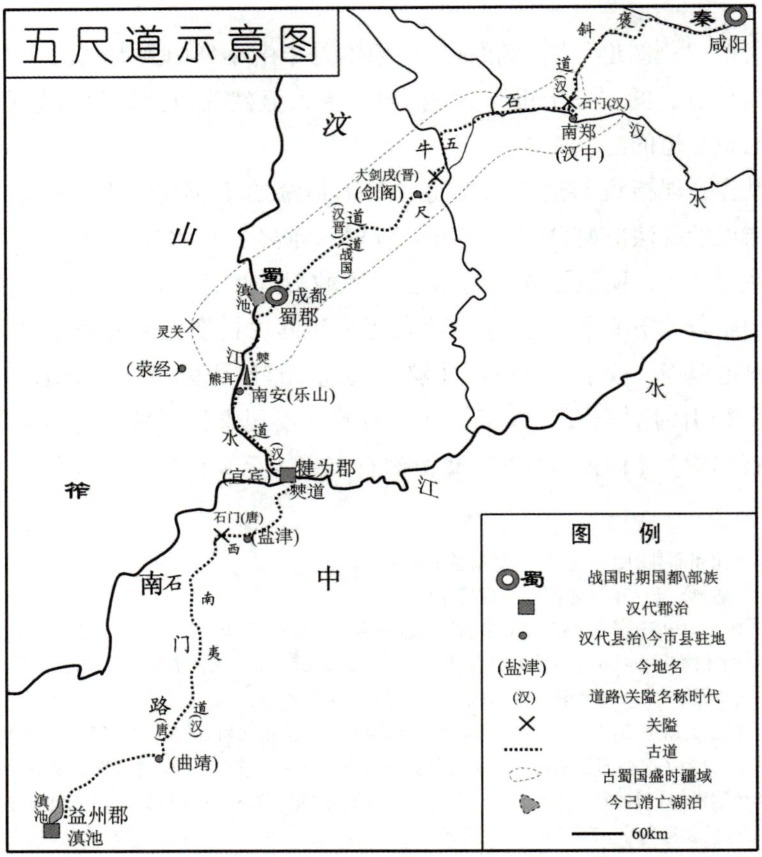

图8—1　五尺道示意图

四　余论

综上所考，我们清楚地知道了五尺道应该是古代汉中入蜀道路，而不是古代川南入滇道路。五尺道、石牛道、金牛道等名，是古人对古代汉中入蜀道路在不同历史时期的不同称呼。“五尺道”名称的流行时期大约为战国至秦时期，“石牛道”名称的流行时期大约为西汉至隋时期，而“金牛道”名称的流行时期大约自唐初武德年间始①。

在此，笔者觉得还有必要回答的是，“引言”中提到的五尺道为由四川盆地通向云贵高原的重要道路、道宽五尺这样的错误说法是如何产生的？为什么这样错误的说法能够流传千百年？

如前所述，最早说五尺道“道广五尺”的是三国时期的学者如淳。流传下来的如淳关于五尺道的说法也仅此四字而已。然而，到西晋学者张载给汉扬雄《蜀都赋》作注时，已开始把唐蒙所开凿的川南入滇道路与“广四五尺”联系起来了。张载注《蜀都赋》有曰：

> 鱼符津，数百步，在（南安）县（今四川乐山）北三十里。县临大江，岸便山岭相连，迳益州郡（治今云南晋宁境）有道，广四五尺，深或百丈，斩凿之迹今存，昔唐蒙所造。②

不过，张载仍然没有说唐蒙所开凿的川南入滇道路就是五尺道。最早把唐蒙所开凿的川南入滇道路与五尺道混淆起来的史籍文字是前引《括地志》所谓“五尺道在郎州”。众所周知，《括地志》是唐初由魏王李泰主持编写的一部著名的全国性地理总志，成书于贞观十五年（641年）。虽然该书现已散佚不存，但学术界一般认为，由于该书卷帙浩繁，文出多手，考校粗疏，致其内容与两《唐书》《通典》等史籍中的记载颇多出入。③ 郎州何在？据《旧唐书·地理志》，唐时曾有两个郎州，一为江南道的郎州，于贞观九年（635年）由播州分置，辖域约当今贵州省东北部一带；二为剑南道的郎州，于贞观八年由南宁州改名，辖域约当今

---

① 按：据《元和郡县图志》卷22《山南道三·兴元府》载：“金牛县，本汉葭萌县地，东晋孝武帝分置绵谷县；武德二年（619年），分绵谷县通谷镇置金牛县，取秦五丁力士石牛出金为名。”故金牛道的得名当在唐初。最近，有学者撰文对历史时期金牛道北段线路的走向变化进行了考察（李之勤：《金牛道北段线路的变迁与优化》，《中国历史地理论丛》2004年第2辑，第47—58页），有一定参考价值。

② 《续汉书·郡国志》“犍为郡”条唐李贤注所引。

③ 参见《辞海·地理分册（历史地理）》，上海辞书出版社1982年版，第315页；《中国历史大辞典·隋唐五代史》，上海辞书出版社1995年版，第515页。

贵州省西部、云南省东部一带。[①]《括地志》所指的这个郎州无疑是剑南道的郎州。由于《括地志》在唐初创造了“五尺道在郎州”的“权威”说法，而且，这种说法后来又得到著名学者张守节《史记正义》的引述，因而，不可避免会让人产生五尺道就是古代川南入滇道路的印象。而到唐后期李吉甫撰《元和郡县图志》（成书于813年）时，五尺道为古代川南入滇道路的说法终于完全形成：

> 初，秦军破滇，通五尺道；至汉武帝建元六年，遣唐蒙发巴、蜀卒通西南夷，自僰道抵牂柯，凿石开道二（十）［千］余里，通西南夷，置僰道县，属犍为郡。[②]

唐代之所以产生“五尺道在郎州”的说法，很有可能是因为受到当时在西南地区新修阁道道宽“一步”（五尺）规制的影响，如前述马益所开“石门路”中的阁道；当然，最可能的原因是自汉以降的学者们在西南古史的纪述与研究中，对与之相关的楚巴郡、黔中郡和滇池等重要地理事物的方位判断出现了重大错误[③]。由于千百年前的初唐人即把五尺道指为由四川盆地通向云贵高原的道路，晚近的学者们自然不会随便违拗，于是，这个错误的说法也就逐渐成为研究西南古史者的“常识”而深入人心了。

最后，为了便于研究者能够正确地理解拙文观点，笔者觉得有必要把最早提到“五尺道”的前引《史记·西南夷列传》中的一段文字，依据笔者的已有论述和上文考证，补正并译释如下。

> 【补正原文】始楚威王时，使将军庄蹻将兵循江上，略巴、（蜀）黔中以西。庄蹻者，故楚庄王苗裔也。蹻至滇池，（地）方三百里，旁平地肥饶数千里，以兵威定属楚。欲归报，会秦击夺楚巴、黔中

① 参见《旧唐书》卷40《地理志三·江南道》、《旧唐书》卷41《地理志四·剑南道》。

② 《元和郡县图志》卷31《剑南道上·戎州》。

③ 按：关于与本章主题相关的重大错误，笔者近年有详细研究。笔者的主要研究结论是，楚巴郡、黔中郡皆在今汉水上游流域及其左近，战国后期以前的“滇池”必是在今成都平原。参见本书第十章“楚秦黔中郡与秦黔中郡”、第一章“成都平原的‘滇池’”。

郡，道塞不通，因还，以其众王滇，变服，从其俗，以长之。秦时(常頞) [尝破]，略通五尺道，诸此国颇置吏焉。十余岁，秦灭[之]。及汉兴，皆弃此国而开蜀故徼。巴蜀民或窃出商贾，取其筰马、僰僮、髦牛，以此巴蜀殷富。

【译文】原来，楚威王在位时，派将军庄蹻率兵沿汉江而上，略取楚国巴郡、黔中郡以西之地。庄蹻，就是前楚庄王的后裔。庄蹻来到了滇池一带。滇池周长三百里，池旁的平原肥沃而广袤。于是，庄蹻用武力征服了滇池地区，使之臣属于楚国。庄蹻想回楚国向楚王报告这个消息，不料正好赶上秦军占领了楚国的巴郡、黔中郡，回楚国的道路变得梗阻不通。因此，庄蹻只好返回滇池地区，依靠所部建立对滇池地区的统治。他们通过改变自己的服饰，顺从当地的风俗，来统治当地人。秦国时，曾派军队攻破滇池地区，使五尺道变得通畅，于是秦人在该国置官分职。前后十余年，终于由秦国灭掉了该国。到汉朝建立时，滇池地区的庄蹻所部及当地人都已逃离该国，而去开拓蜀国以前的边徼地区。汉初巴、蜀二郡的人民，有时偷偷出境与他们贸易，换来他们的筰马、僰僮、髦牛，这样，巴、蜀二郡的人民变得殷实富裕。①

应该说，《史记·西南夷列传》中的这段文字经过补正后，文意变得相当顺畅了。唯一有些意义模糊的地方是文中的两处“此国”：“此国”何指？笔者以为，从“及汉兴，皆弃此国而开蜀故徼”一句分析，“此国”显然就是指的古蜀国。对此，还可以找到相关的材料佐证。其一，成都平原是西南地区最大的平原，唯有成都平原才称得上“平地肥饶数千里”，而成都平原正是古蜀国的中心所在。② 有其他记载表明，战国后期古蜀国确确实实从属过楚国。③ 其二，如前论，楚威王前 339—前 329 年在位，而秦国灭亡蜀国的时间明确在秦惠文王后元九年（前 316 年），

① 本译文参考了本书第十章、第一章的考证结论。

② 参见本书第一章。

③ 按：《淮南子》卷 15《兵略训》云：“楚地南卷沅、湘，北绕颖、泗，西包巴、蜀，东裹郯、淮。”可证。

如果庄蹻王滇的时间是在楚威王在位后期，那么，其间正好是相差“十余岁”。其三，众所周知，前316年秦军在武阳（今四川彭山境）追杀蜀王开明氏后，古蜀国人受到秦人的压迫，大量南迁云贵高原。唐张守节云：“蚕丛国（即古蜀国）破，子孙居姚（州，治今云南姚安）、嶲（州，治今四川西昌）处。”[①] 这与上文所谓“皆弃此国而开蜀故徼”的记载相合。而根据《华阳国志》的记载，古蜀国盛时“以褒斜为前门，熊耳（今四川青神境）、灵关（今四川芦山境）为后户，玉垒、峨眉为城郭……以汶山（泛指今川西高原）为畜牧，南中（泛指今云贵高原）为园苑”[②]，则“蜀故徼”自然就是指成都平原区域之外的“汶山”“南中”一带。这又与汉时巴蜀民贸易的“筰马、僰僮、髦牛”诸物所分别指示的产地——川西南雅砻江流域、川南宜宾云贵高原北缘、川西高原——完全一致。反之，如果按传统说法，以滇池为今昆明一带的滇池，不但与上文所描述的地理形势相违，滇池民自西南往东北的逃跑路线（从今滇池一带往成都平原边地），显然也是正好迎着秦军自东北向西南的进攻路线——而这无疑是与常理相舛的。其四，今天在成都平原及其周围地区战国墓葬的考古发掘中所见的浓厚楚文化因素，很大程度上支持并证实了对文献记载所进行的分析。迄今为止，考古工作者不但在作为蜀国中心的成都平原地区战国墓葬（如成都百花潭10号、羊子山172号、西郊，大邑五龙等）中发现了具有浓厚楚文化因素的一些实物，而且，在四川荥经等“蜀故徼”之地也发现了具有明显楚文化因素的战国土坑木椁墓等，[③] 这些楚文化因素很可能就是庄蹻所部生活而留下的遗迹。而相反，在云南滇池地区著名的晋宁石寨山古墓群所出土的大量器物中，却丝毫看不出滇文化与楚文化之间有什么必然联系。[④] 基于上面的理由，笔者认为，司马迁撰《史记·西南夷列传》时，之所以称“此国”而不称“蜀国”，可能是历史与现实之间存在的矛盾引起：有关于庄蹻的事迹在

① 《史记》卷13《三代世表》，张守节《正义》。

② 《华阳国志》卷3《蜀志》。

③ 参见徐中舒、唐嘉弘《古代楚蜀的关系》，《文物》1981年第6期，第17—25页；邹芙都《巴蜀文化中的楚文化因素》，《衡阳师范学院学报》（社会科学版）2005年第4期，第48—53页。

④ 参见张增祺《滇国与滇文化》，云南美术出版社1997年版，第25页。

史籍中明确是发生在古蜀国，而汉代新置的益州郡滇池县却在今滇池地区。云南高原上的滇池是司马迁西征“昆明”时亲自到过的地方，他不能不相信自己的眼睛；可是，他看到的史籍中，战国时期的滇池却明确是在成都平原，他也不能轻易否定。于是，他只能用“此国”这样的模糊称呼来解决其间的矛盾。这样的手法，司马迁在处理与此相关的问题时还有几次使用。①

因此，笔者以为，在上古历史地理的研究中，如果不对最原始的历史文献进行细致、认真、全面、科学的分析，而完全听信古人，尤其是晚近古人某些想当然的说法，那么，我们必然会食古而不化，上古很多历史地理谜题的解决也就不会有任何希望。古人云，“尽信书，则不如无书”，是谓也。

（本章原题《五尺道即石牛道考》，刊《中国历史地理论丛》2007 年第 4 期。略有改动）

① 参见本书第一章“成都平原的‘滇池’”。

第九章

庄蹻入滇与庄豪入滇

提要：战国时期楚将庄蹻入滇事件与庄豪入滇事件自来被当成一回事。通过深入、细致地辨析相关历史文献材料，本章指出，庄蹻入滇与庄豪入滇应为二事，所涉人物庄蹻、庄豪并非一人；庄蹻入滇事件的发生时间在楚威王时，不能改为楚顷襄王时；庄蹻入滇路线之“循江上”完全不同于庄豪入滇路线之“从沅水”，庄蹻途经的楚黔中郡也与庄豪所伐之夜郎国没有关系；庄蹻入滇实为入蜀，庄豪入滇实为入夜郎。本章结论为我国西南古史研究中的很多历史、地理、考古谜题的解决提供了重要依据。

一　引言

众所周知，庄蹻入滇是战国时期在我国西南地区发生的一个重要历史事件。关于庄蹻入滇事件的来龙去脉，最早见载于司马迁《史记》卷116《西南夷列传》中，其文曰：

> 始楚威王时，使将军庄蹻将兵循江上，略巴、（蜀）黔中以西。庄蹻者，故楚庄王苗裔也。蹻至滇池，（地）方三百里，旁平地肥饶数千里，以兵威定属楚。欲归报，会秦击夺楚巴、黔中郡，道塞不通，因还，以其众王滇，变服，从其俗，以长之。秦时（常頞）［尝破］①，

① 按：“常頞”二字不词，此据《汉书》卷95《西南夷两粤朝鲜传》改。参见本书第八章“五尺道与西南夷道”。

略通五尺道，诸此国颇置吏焉。十余岁，秦灭［之］[①]。及汉兴，皆弃此国而开蜀故徼。

后来，班固在《汉书》卷95《西南夷两粤朝鲜传》中也有大致相同的记载。应该说，从这段记载看，楚威王时派将军庄蹻将兵“循江”到达“滇池”地区并因此“王滇”的事实是大体清楚的。然而，有意思的是，在后来刘宋时期范晔删取各家后汉史书而新撰成的《后汉书》中，却又有这样一段文字：

初，楚顷襄王时，遣将庄豪从沅水伐夜郎，军至且兰，椓船于岸而步战。既灭夜郎，因留王滇池。以且兰有椓船牂柯处，乃改其名为牂柯。[②]

本来，《后汉书》中的这段记载与上录《史记》《汉书》中的记载相比较，除事件的结局皆为“王滇（池）”之外，其他情况并不相同：事件发生的时间一在楚威王时，一在楚顷襄王时；事件的主角一为楚将庄蹻，一为楚将庄豪；进军的路线一为“循江上”，一为“从沅水”；进军的任务一为略巴、黔中郡以西地，一为伐夜郎国。因此，按常理判断，这是两个不同事件的可能性要比是同一事件的可能性大得多。然而，也许正是由于受到事件类同之处的影响，汉末以降而至如今，学者们在有关庄蹻入滇的诸多问题上聚讼纷纭，一直没有达成共识。代表性的观点有三：一是调和派的观点。他们把《史记》《后汉书》中的记载整合起来，认为庄豪就是庄蹻[③]，庄蹻入滇事件发生在楚顷襄王时，路线是过黔中，越且兰、夜郎，到达今云南滇池附近，后因黔中被秦攻占，不得返楚而留王于滇。[④] 这既是传统的观点，也是今天绝大多数学者所认同的观点。二是

---

① 按：“之”字今本《史记》《汉书》中皆无，此据（唐）杜佑《通典》卷187《边防三》补。参见本书第一章、第八章。

② 《后汉书》卷86《南蛮西南夷列传》。

③ 《通典》卷187《边防三》。

④ （唐）虞世南：《北堂书钞》卷138《舟部下》引；李昉等：《太平御览》卷771《舟部四》引。

怀疑派的观点。他们认为《史记》庄蹻王滇说甚是可疑，应依东汉荀悦《汉纪》的记载把庄蹻王滇改作庄蹻王靡莫（今云南曲靖）。[①] 这种观点也有少数学者赞成。三是否定派的观点。蒙文通曾认为，由于“庄蹻王滇”一事在先秦诸子书中并无记载，因而是不可信的。[②] 近些年，云南当地考古学者通过分析今滇池地区的“滇文化”田野考古发掘资料，认为已出土的滇文化器物中实在看不出什么楚文化的影响，因而，也认为传世文献所谓庄蹻“王滇”乃子虚乌有[③]。这种观点得到了一些考古学者的肯定。

应该说，怀疑派和否定派对传统调和派观点的质疑与反动，于庄蹻入滇事件研究的深入具有一定的启发意义。但是，笔者以为，不管是调和派、怀疑派还是否定派，他们的看法都是不能成立的，因为庄蹻入滇与庄豪入滇根本就不是一回事。为什么这么说？笔者试作辨析如次，以为解释。文中若有不当之处，望识者能指出、教正！

二 “庄蹻”“庄豪”非一人

庄蹻即庄豪的观点，最早是由唐代学者杜佑明确提出来的。他在《通典》卷187《边防三》中如是说：

> 按：《史记》及《汉书》皆云，楚威王时，使庄蹻略巴、黔[中]以西，至滇池，欲归，会秦夺楚巴、黔中郡，因以其众王滇；后十余岁，秦灭之。又按：楚自威王后，怀王立三十年，至顷襄王之二十二年，秦昭襄王遣兵攻楚，取巫、黔中郡地。《后汉史》则云，顷襄王时，庄豪王滇。豪即蹻（若也）[也。若][④] 庄蹻自威王时将兵略地，属秦陷巫、黔中郡，道塞不还，凡经五十二年：岂得

---

① 徐中舒、唐嘉弘：《夜郎史迹初探》，《贵州社会科学》1980年第1期，第49—58页。

② 蒙文通：《庄蹻王滇辨》，《四川大学学报》（社会科学版）1960年第1期，第1—15页。

③ 张增祺：《“庄蹻王滇”的真伪问题》，《中国西南民族考古》，云南人民出版社1990年版，第273—294页。

④ 按：原文“若也”二字无解，应有误。联系上下文意，有两种句读变通法：一乙字，如上；一改字，作“豪即蹻。若（也）[此]，庄蹻自威王时将兵略地……”下文从乙字法径改，不另注。

如此淹久？或恐《史记》谬误，班生因习便书。范晔所记，详考为正。

不过，追根溯源，庄蹻即庄豪观点的始作俑者并不是杜佑，因为，在杜佑之前数百年的东晋时期，常璩所撰《华阳国志》（下略称常《志》）事实上就已把庄蹻、庄豪视为一人了。《艺文类聚》卷71《舟车部》引常《志》有云：

初，楚顷襄王时，遣将庄蹻从沅水伐夜郎，军至且兰，椓船于岸而步战。既灭夜郎，因留王滇池。以且兰有椓船牂柯处，乃改其名为牂柯。

《艺文类聚》所引庄蹻事是今存常《志》有关庄蹻入滇的几处佚文中最可信赖的（参见下文），当为常《志》原文。有意思的是，把此常《志》文与前引《后汉书》关于"庄豪"的记载进行比较，笔者惊讶地发现，二者的差别仅仅在于常《志》把《后汉书》中的"庄豪"替换为"庄蹻"。

或许是由于有常《志》和杜佑的认识在前，后来的学者对于《史记》《汉书》和《后汉书》中出入颇大的记载都不认可，而把庄蹻即庄豪的看法奉为圭臬。应该说，杜佑"豪即蹻"的结论仅仅得自对《史记》庄蹻"王滇"与《后汉书》庄豪"王滇"结果的简单比对，而并没有顾及二者其他方面的诸多抵牾、矛盾，本来是很牵强的，即使是杜佑自己也尚存疑问。可是，唐以后，居然没有任何一个学者对杜佑"豪即蹻"的观点提出过怀疑，非但如此，近人甚至还为杜佑"豪即蹻"的观点加上了音韵学"证据"，即所谓"豪、蹻古同在幽部，蹻即豪之音转"① ——这差不多使杜佑的牵强看法一变而为不刊之论。

笔者以为，庄蹻、庄豪并非一人，把庄蹻、庄豪视为一人的观点是完全不能成立的。理由有三。

其一，如前述，庄蹻入滇和庄豪入滇的时间、路线、任务完全不同。

① 徐中舒、唐嘉弘：《夜郎史迹初探》，《贵州社会科学》1980年第1期，第49—58页。

而从后文所考之实际结局来看，也完全不同。

其二，十分重要的是，现存文献对庄蹻、庄豪二人的身份说得相当清楚。前引《史记·西南夷列传》谓“庄蹻者，故楚庄王苗裔也”，这是说庄蹻乃春秋时楚庄王（前613—前590年在位）的后代。而庄豪“留王滇池”的记载如果可信，那么，其身份在《后汉书·南蛮西南夷列传》中也很明白：“滇王者，庄蹻之后也”。“后”者，谓子孙也。尽管如后所考，庄豪“留王滇池”的记载应该正作留王夜郎，但说庄豪为庄蹻之后还是有依据的，比如，此前汉昭帝（前84—前76年在位）时御史大夫桑弘羊就有类似的说法：“今西南诸夷，楚庄之后。”①楚庄，即楚庄王或楚庄氏之略称。从庄蹻为楚庄王苗裔的事实来看，唐宋时人所谓楚庄王为楚庄氏之始祖②并不是杜撰之说。王滇者庄蹻既为楚庄王苗裔，王夜郎者庄豪又为庄蹻之后代，而汉时“西南夷君长以什数，夜郎最大”，滇亦为“大国”③，故时人称夜郎、滇等西南诸夷为“楚庄之后”，大体上是说得通的。以此，作为庄蹻子孙辈的庄豪及其继位者，自然不能与庄蹻混同为一人！

其三，从上古豪、蹻二字的读音来看，二字只是韵部近同，而声纽完全不同。豪，为宵（幽）韵匣纽，可拟音作 ɣau^{1}；蹻有二读，或为药韵见纽，可拟音作 kĭauk^{4}，或为宵（幽）韵溪纽，可拟音作 khĭau^{1}。④ 那么，上古豪、蹻二字有没有假借或音转的可能？我们知道，在上古时代，文书中文字假借、音转的情况并不少见。假借的原则是假借字的语音必须相同或相近；如果韵部相差很远，即使是双声，也是不能假借的；如果声部相差很远，即使是叠韵，同样是不能假借的⑤；至于上古汉字的音转，更是“由于双声者多，由于叠韵者少”⑥。这样的观点已成为音韵学

① 桓宽：《盐铁论》卷9《论功》。

② 按：（宋）章定《名贤氏族言行类稿》有云：“庄姓，楚庄王之后，以谥为姓。”

③ 《史记》卷116《西南夷列传》，中华书局1982年版。

④ 李珍华、周长楫：《汉字古今音表（修订本）》，中华书局1999年版，第277、267、347页；王力：《古代汉语（第二册）》，中华书局1962年版，第671—694页。

⑤ 王力：《古代汉语（第二册）》，中华书局1962年版，第545页。

⑥ 钱玄同：《文字学音篇》，北京大学出版部1924年版，第31—32页。

界的基本共识[①]。豪、蹻二字虽然韵部近同，但豪的声纽匣为喉音，蹻的声纽见、溪为牙音[②]，并不相同，故豪、蹻二字基本没有假借或音转的可能。

既然庄蹻、庄豪二人之间具有亲缘关系，那么，二人是父子关系还是爷孙关系？笔者以为，庄豪为庄蹻之孙的可能性较大，但也不能完全排除庄豪为庄蹻之子的可能性，这是因为二人的出征时间相差50年以上。根据前录庄蹻"（王滇）后十余岁，秦灭之"的记载（参见后考），庄蹻入滇的时间当在楚威王五年（前335年）至十年（前329年），而庄豪征伐夜郎的时间约在楚顷襄王十八年（前281年。参见后考）。我们知道，周代男性婚龄较今为迟，女性婚龄较今为早，男三十、女二十为普遍的结婚年龄。《春秋穀梁传·文公十二年》即云，"男子二十而冠，冠而列丈夫，三十而娶；女子十五而许嫁，二十而嫁"。由于庄蹻入滇（蜀）后再也未能返回楚国（庄蹻最后的结局是被秦诛杀于蜀地，参见后考），庄蹻领兵远征之前必然已经结婚，否则，后来楚国就不会有作为"庄蹻之后"的庄豪。这样，庄蹻出征时的年龄很有可能接近古人所谓不惑之年（40岁）。如果这样的估计不错，则庄豪出征时的年龄或在30岁左右（为庄蹻之孙），或在60岁左右（为庄蹻之子）。

虽然庄蹻不是庄豪，但是，史籍中提到的古蜀相陈庄（壮）却很可能是庄蹻。《史记》卷70《张仪列传》曰："（秦）卒起兵伐蜀，（秦惠文王后元九年，前316年）十月，取之，遂定蜀，贬蜀王更号为侯，而使陈庄相蜀。"之所以说陈庄很可能是庄蹻，是因为，其一，读音上有据。陈庄，在《史记·秦本纪》中仅称"壮"（或写作"状"）[③]，庄、壮（状）上古声（庄纽）韵（阳部）相同，读音亦同；而陈、滇二字上古韵部相同（真部），声部相近（定纽、端纽，同为舌头音），读音近同。因此，"陈庄"很可能即"滇庄"之讹，而滇庄，当就是指据有蜀地滇池一带的庄蹻，故亦可仅写作"庄（壮）"。其二，时间上吻合。前引《史

① 孙雍长：《音转研究述要》，《河北师院学报》（社会科学版）1994年第4期，第131—136页。

② 王力：《古代汉语（第二册）》，中华书局1962年版。

③ 《史记》卷5《秦本纪》。

记·西南夷传》所谓“秦时尝破，略通五尺道，诸此国颇置吏焉。十余岁，秦灭［之］”，表明秦国是在楚威王（前339—前329年）后十余年灭了庄蹻所王之滇池古国（即古蜀国[①]）并在该国“置吏”；而综合《史记》中有关陈庄（壮）的记载，知秦国是在惠王后元九年（前316年）“起兵伐蜀，十月取之，遂定蜀，贬蜀王更号为侯，而使陈庄相蜀”，然后在秦武王元年（前310年）借口陈庄杀蜀侯公子通，遣甘茂等复伐蜀，诛陈庄（壮）[②]。无论是前316年还是前310年，皆距楚威王末年不足20年。可见，《史记·西南夷传》中有关庄蹻的事迹与其他材料中的陈庄事迹在时间上相当吻合。其三，身份上相宜。从秦“贬蜀王更号为侯，而使陈庄相蜀”的情况来看，秦初定蜀后采取的统治办法无疑是让蜀人自治，然后，利用蜀王、陈庄（庄蹻）之间的矛盾，使二人先后被杀。从楚威王时庄蹻返滇（蜀）后“以其众王滇，变服，从其俗，以长之”的情况分析，庄蹻虽名义上服从蜀王，却是实际的蜀（滇）地统治者，于是，作为傀儡的蜀王与作为玩主的庄蹻之间必定存在相当大的矛盾，这当也就是后来（前311年）所谓“蜀相壮杀蜀侯来降（秦）”的真正原因。庄蹻（陈庄、陈壮）杀蜀侯降秦应该是名义上的，实际上是想成为蜀地名实相符的最高统治者，并与秦对抗，这大概也就是在降秦后的次年（前310年）庄蹻（陈庄、陈壮）即被秦诛杀的原因。顺便说，至今仍有很多学者把王滇的庄蹻与楚顷襄王时（前298—前263年）导致“楚分而为四”的庄蹻[③]混为一谈：知道了上考王滇（蜀）庄蹻的死亡时间，学者们当不至于再有这样的看法了。随着蜀侯、庄蹻（陈庄、陈壮）的先后被杀和秦人的不断迁入，失去保护的古蜀族及庄氏部众也就逐渐迁出了古蜀国中心成都平原一带，前引《史记·西南夷传》所谓“及汉兴，皆弃此国而开蜀故徼”一句似乎就是这种情况的反映。

三 “楚威王”不能改为“楚顷襄王”

前引《史记·西南夷列传》先谓“始楚威王时，使将军庄蹻将兵循

---

① 《史记》卷5《秦本纪》裴骃《集解》引徐广。

② 《史记》卷5《秦本纪》；《史记》卷71《甘茂列传》；常璩《华阳国志》卷3《蜀志》，刘琳校注本，巴蜀书社1984年版。

③ 《史记》卷23《礼书第一》。

江上，略巴、黔中以西”。我们知道，楚威王的在位时间为前339年至前329年。显然，庄蹻入滇一事与《史记·秦本纪》所载秦孝公元年（前361年）“楚自汉中，南有巴、黔中”一事在发生时序上是吻合的。但是，《史记·西南夷列传》接下来的一段记载：“（庄蹻）欲归报，会秦击夺楚巴、黔中郡，道塞不通，因还，以其众王滇，变服，从其俗，以长之。秦时（常頞）［尝破］，略通五尺道，诸此国颇置吏焉。十余岁，秦灭［之］”，却令古今很多学者莫名其妙。例如，杜佑在前引《通典·边防三》中提出“豪即蹻”的错误看法后，紧接着还提出了如下的不解谜题：

> 若庄蹻自威王时将兵略地，属秦陷巫、黔中郡，道塞不还，凡经五十二年：岂得如此淹久？……又按：庄蹻王滇后十五年，顷襄王卒，考烈王立，二十五年幽王立，十年王负刍立，五年而楚灭，后十五年而秦亡：凡七十年。何故云蹻之王滇后十余岁而秦亡？斯又未之详也。

在笔者看来，杜佑其实并没有真正读懂《史记·西南夷列传》，其所谓“何故云蹻之王滇后十余岁而秦亡”的疑问实在是个假问题，因为，他的前引文明明是说“《史记》及《汉书》皆云，楚威王时，使庄蹻略巴、黔［中］以西，至滇池，欲归，会秦夺楚巴、黔中郡，因以其众王滇；后十余岁，秦灭之”。所谓“秦灭之”，从上下文看，显然是指秦国灭了庄蹻所王之滇，而根本不是指秦朝的灭亡时间前207年。此句在今本《史记》《汉书》中确实是作“后十余岁，秦灭”的，这很可能是唐以后学者受杜佑之疑惑的影响而错删“之”字。顺便说，正是这个错删去的“之”字，在相当程度上造成了西南古史研究的不少死结！

那么，秦国到底是在什么时候灭亡庄蹻所王之滇的？笔者以为，由于庄蹻所王之滇实际上是指以成都平原滇池为中心的古蜀国一带[1]，因此，秦国灭亡庄蹻所王之滇的时间也就是秦国灭亡蜀国的时间。秦国灭

---

① 按：关于庄蹻到达的“滇池”在今成都平原、所王之“滇”就是古蜀国的详细考释、论述，可参见本书第一章、第八章。

亡蜀国的时间在《史记》中有三处完全一致的记载。《史记·秦本纪》："（秦惠文王后元）九年，司马错伐蜀，灭之。"《史记·六国年表》："（秦惠文王后元九年），击蜀，灭之。"《史记·张仪列传》："（秦惠文王）卒起兵伐蜀，（后元九年）十月，取之。"秦惠文王后元九年，即前316年。不过，如前考，庄蹻（陈庄、陈壮）本人被杀的准确时间则是在前310年。

至于楚威王时"秦击夺楚巴、黔中郡"事件的准确年代，由于缺乏记载已不得而知，但大致时间无疑是在楚威王在位后期，因为，这不但有上述秦灭蜀的时间推考结果支持，也与秦孝公三年（前359年）商鞅变法以降秦国在汉水流域咄咄逼人的军事攻势相吻合：比如，前340年商鞅本人被封于丹江流域，即所谓"於商"，前333年秦在丹江中游已置武关，前313年张仪可以拿丹江流域一带的"商於之地六百里"与楚怀王作交易[①]——这说明秦在楚威王后期已经占有丹江流域一带，正好逼近楚巴、黔中郡所在的今汉水中游流域[②]。事实上，战国后期，秦、楚之间在汉水流域多有争夺，这也是众所周知的。例如，常璩《华阳国志·汉中志》中就说，"六国时，楚强盛，略有其（指汉中）地，后为秦，恒成争地"。因此，古今不少学者把此"秦击夺楚巴、黔中郡"事等同于秦昭襄王三十年（前277年）"蜀守（张）若伐楚，取楚巫郡及江南为黔中郡"[③]事，是完全错误的，因为他们把楚黔中郡和秦黔中郡混为一谈了。楚黔中郡和秦黔中郡虽有联系，但完全不是一回事。关于楚黔中郡和秦黔中郡的来龙去脉，笔者上揭《楚秦黔中郡新考》一文中已有详考，研究者可参见。

楚顷襄王的在位时间为前298年至前263年。如果把"楚威王时"改为"楚顷襄王"，那么，我们将既解决不了杜佑"何故云蹻之王滇后十余岁而秦亡"的疑问，也解释不了"后十余岁，秦灭之"所形成的问题：因为，根据文献记载[④]，滇国可明确是在汉武帝元封二年（前109年）时

① 《史记》卷5《秦本纪》；《史记》卷68《商君列传》；《史记》卷70《张仪列传》。

② 周宏伟：《楚秦黔中郡新考》，《九州学林》2005年第1期，第99—115页。

③ 《史记》卷5《秦本纪》。

④ 桓宽：《盐铁论》卷9《论功》；常璩：《华阳国志》卷4《南中志》。

才灭亡的！

四　楚黔中郡与夜郎无涉

在前引《史记·西南夷列传》文中，楚黔中郡与夜郎没有任何关系；在前引《后汉书·南蛮西南夷列传》文中，楚黔中郡与夜郎同样没有任何关系。楚黔中郡在今汉水中游的鄂西北地区[①]，战国晚期的夜郎国位于今云贵高原，本来也是相隔悬远的。可是，今人一谈及庄蹻入滇问题，楚黔中郡与夜郎就被紧紧地捆绑在一起。这是怎么回事？笔者经过细致考察，发现楚黔中郡与夜郎之所以能够建立起关系，原来完全是中唐以来学者篡改历史文献记载而导致的结果。试看不同时期有关文献所引常《志》庄蹻入滇事的差异。

（1）《艺文类聚》卷71《舟车部》“舟”条所引常《志》：

> 初，楚顷襄王时，遣将庄蹻从沅水伐夜郎，军至且兰，椓船于岸而步战。既灭夜郎，因留王滇池。以且兰有椓船牂柯处，乃改其名为牂柯。

《艺文类聚》为现存较早的类书，是唐初欧阳询、令狐德棻等十余人奉诏编纂的，其编纂工作始于唐高祖武德五年（622年），于武德七年书成奏上。此处所引常《志》片断与《后汉书》所录相比，如前所述，除了把庄豪改为庄蹻外，其余的文字完全相同。查同时的颜师古（581—645年）注《汉书·地理志》牂牁郡所引常《志》片断、中唐张守节《〈史记·西南夷列传〉正义》中所引常《志》片断亦与之大略相同。因此，可以说，《艺文类聚》中的此段常《志》引文最有可能是古本《华阳国志》原文。显然，在此引文中，夜郎与楚黔中郡是没有任何关系的。

（2）《北堂书钞》卷138《舟部下》“牂牁”条所引常《志》：

> 楚顷襄王遣将军庄蹻溯沅水伐夜郎，军至且兰而步战。既灭夜

① 周宏伟：《楚秦黔中郡新考》，《九州学林》2005年第1期，第99—115页。

郎，而秦夺楚地，无路得归，遂留之，号为庄王。以且兰有椓船牂柯处，乃改郡为牂牁矣。

《北堂书钞》为虞世南（558—638年）在隋秘书郎任上所编。《北堂书钞》较《艺文类聚》的成书时间略早，本应最可信赖，然其今行本已被后来学者篡改得面目全非。例如，《北堂书钞》今行本为明人陈禹谟（抱冲）的校刊本，由于陈氏对虞书大加删改增补，羼入了唐贞观之后以至五代十国时杂著，使得虞书原貌尽失①。清初常熟人钱曾即云："世行《北堂书钞》，为吾乡陈抱冲先生所刻，搀乱增改，惜无从订正。"② 此处引文较之《艺文类聚》及颜、张二氏等所引常《志》，明显就多出了"秦夺楚地，无路得归"等文字——夜郎也就是这样开始与"秦夺楚地"联系起来的。

（3）《太平御览》卷771《舟部四》"牂牁"条所引常《志》：

楚顷襄王遣将军庄蹻溯沅水，出且兰，以伐夜郎王，椓牂柯，系船于且兰。既克夜郎，而秦夺楚黔中地，无路得归，遂留王之，号为庄王。以且兰有椓船牂柯处，且改其名为牂牁。

同书卷116所引常《志》文字略简。与《北堂书钞》所引常《志》相比，此引文最大的不同在于把"秦夺楚地"增改为"秦夺楚黔中地"——于是，夜郎又进一步与楚黔中郡紧密联系起来了。《太平御览》一千卷，成书于宋太宗太平兴国八年（983年），为宋代最大的类书之一。该书的优点是内容蒐罗浩博，由此保存了很多亡佚古书片断，缺点是征引材料不够谨严，未能核对原书，甚至把唐人的一些注释性文字也混同为原文，所以存在不少错误③。《太平御览》此处对常《志》文字所增入的"黔中"二字，很可能就是中唐以降学者依据前引《史记·西南夷列

① 纪昀等：《钦定四库全书总目》卷135《子部四十五·类书类一》，中华书局1997年版。
② 钱曾：《读书敏求记》卷3《类家》，书目文献出版社1984年版。
③ 张舜徽：《中国史学名著题解》，中国青年出版社1984年版，第411—413页。

传》对“楚”字夹入的注释文字。

至于今行《华阳国志·南中志》中的庄蹻王滇文字，更是被南宋李坖改窜得面目全非[①]，自然无法凭据。

由此可见，楚黔中郡与夜郎确确实实是没有关系的。中唐以降的学者之所以把楚黔中郡与夜郎联系起来，很可能是因为中晚唐时期所设置的“黔中”行政区域与“夜郎”行政区域邻近而受到影响。据文献考察，唐先天二年（713 年）后所置黔中都督府、黔中道、黔中郡等皆治今云贵高原东北的重庆彭水县境内[②]，而唐先后设置的几个夜郎行政区域，皆与之相邻。唐武德四年（621 年），分宁夷县置夜郎县，贞观元年（627 年）废。[③] 该夜郎县约在今贵州省石阡县一带。唐贞观八年（635 年）又置夜郎县，属巫州。[④] 该夜郎县约在今湖南省芷江、新晃二侗族自治县潕水流域一带。唐贞观十六年（642 年）置珍州，下辖夜郎等三县。[⑤] 天宝元年（742 年），一度改州名为夜郎郡。[⑥] 该夜郎郡及夜郎县约当今贵州省桐梓、正安、道真、务川等县地域。

五　“循江上”非“从沅水”

《史记·西南夷列传》称“庄蹻将兵循江上，略巴、（蜀）黔中以西”，《后汉书·南蛮西南夷列传》称“庄豪从沅水伐夜郎，军至且兰，椓船于岸而步战”，那么，庄蹻所循之“江”与庄豪所溯之“沅水”是不是一回事？笔者以为，完全不是一回事。

我们知道，古人所谓的“江”，大多数情况下是指今长江。然而，古文献中的“江”有时又带有泛称性质，并不一定是长江的专称，像今长

---

① 徐中舒、唐嘉弘：《夜郎史迹初探》，《贵州社会科学》1980 年第 1 期，第 49—58 页；刘琳：《华阳国志校注》，巴蜀书社 1984 年版，第 335 页。

② 李吉甫：《元和郡县图志》卷 30《江南道六》，中华书局 1983 年版。

③ 《旧唐书》卷 40《地理志三》。

④ 李吉甫：《元和郡县图志》卷 30《江南道六》，中华书局 1983 年版。

⑤ 同上。

⑥ 《旧唐书》卷 40《地理志三》。

江的不少支流在古代皆可泛称为“江”，汉水即其中之一。[①]

前揭拙撰《楚秦黔中郡新考》一文已考定战国时楚巴、黔中郡在今汉江中上游流域陕、川、渝、鄂四省市交界一带，则庄蹻将兵所循之“江”，最有可能就是指今汉江。一则，在庄蹻入滇事件发生之前数十年，汉江中游一带已明确为楚国占有，秦人所谓秦孝公元年（前361年）“楚自汉中，南有巴、黔中”[②] 即其事。而早此20余年，汉江上游一带已成为蜀国的领地：秦惠公十三年（前387年），蜀国夺取了秦国的南郑（治今汉中市城区）地区[③]，正式领“有褒、汉之地”[④]。我们知道，在楚据有“汉中”、蜀据有南郑一带之前，楚、蜀两国境域相隔悬远，并不接壤，而前4世纪上半叶楚、蜀二国接壤局面在汉水流域的历史性出现，无疑为楚国攻击蜀国提供了绝好的机会，更使庄蹻选择循汉江一线进入蜀国（滇池地区）有了实现的可能。二则，古代汉江水流较平稳，且沿江断续有平行谷道，可水陆兼程，确实是从江汉平原一代前往汉中盆地、四川盆地北部联系的最重要通道。战国时期人们上溯汉江的具体路线虽已难知，但在后来的记载中不乏实例。比如，唐安史之乱时所谓“请于江淮置租庸使，吴盐、蜀麻、铜冶皆有税，市轻货繇江陵、襄阳、上津路转至（唐肃宗时驻跸之）凤翔”[⑤] 之路线，以及所谓“江、淮奏请贡献之蜀、之（唐肃宗驻跸之）灵武者，皆自襄阳取上津路抵扶风”之路线[⑥]，就都是指循该通道到汉中盆地一带之后，再北越秦岭到达关中平原西部的凤翔、扶风的。显然，庄蹻循汉江一线入滇（蜀国）应是当时最为合理的不二选择。

那么，庄蹻部队所循之“江”有没有可能指今之长江？笔者以为，长江三峡地区自来水流湍急，滩险甚多，在战国时期，大批军队要短时

① 石泉：《古文献中的“江”不是长江的专称》，《文史》第6期，中华书局1979年版，第81—89页。

② 《史记》卷5《秦本纪》。

③ 《史记》卷15《六国年表》。

④ 常璩：《华阳国志》卷3《蜀志》，刘琳校注本，巴蜀书社1984年版。

⑤ 《新唐书》卷57《食货志一》。

⑥ 《资治通鉴》卷218《唐纪三十四·至德元载八月》，中华书局1956年版。

间内乘船自江汉平原溯江而上至四川盆地一带几无可能。试看《水经·江水注》中关于三峡江段上溯航运条件的几段描述：

（1）江水又东径文阳滩，滩险难上。……江水右径虎须滩，滩水广大，夏断行旅。

（2）江水又东，径石龙而至于博阳，二村之间有盘石，广四百丈，长六里，阻塞江川，夏没冬出，基亘通渚。

（3）峡中有瞿唐、黄龛二滩，夏水回复，沿溯所忌。

（4）至于夏水襄陵，沿溯阻绝。

（5）江水又东径（宜昌县）流头滩，其水并峻急奔暴，鱼鳖所不能游，行者常苦之。……袁山松曰：自蜀至此，五千余里，下水五日，上水百日也。

其实，就是到千百年后的明代，人们尽管可以凭借纤力的帮助，但在长江三峡江段逆水而行，航运条件似乎并没有比上古时代改善多少。明人宋应星就说：

逆行而上，自夷陵（今湖北宜昌）入峡，……中夏至中秋，川水封峡，则断绝行舟数月；过此消退，方通往来。其新滩等数极险处，人与货尽盘岸行半里许，只余空舟上下。①

因此，从古代长江三峡江段极为困难的航运条件分析，庄蹻军队所循之“江”绝不可能是今长江。此其一。其二，从战国时期巴国中心地的位置情况分析，庄蹻军队所循之“江”也不可能是今长江。《华阳国志·巴志》有云：

巴子时虽都江州，或治垫江，或治平都；后治阆中。其先王陵

---

① 宋应星：《天工开物》卷上《舟车第九》。

墓多在枳。

众所周知，这里提到的巴国国都江州、平都分别即今重庆（渝中区）、丰都，巴国先王墓地所在的枳即今涪陵。丰都、涪陵、重庆（渝中区）这三个巴国的重要城邑自东往西列布于峡江沿岸，肯定是巴人的重点防守地带。例如，据记载，巴国在峡江上曾就置有扞（扜）关、阳关、沔关等所谓“巴之三关”以为防御[①]。如果庄蹻所循之“江”为今长江三峡江段，那么，我们实在不可想象庄蹻的楚军能在拥有相当军力的巴国腹地长驱直入，甚至还有能力到达遥远的滇池地区！

循汉水而上自是古代由长江中游区域往长江上游流域北部的首选，而古代由长江中游区域往长江上游流域南部云贵高原地区，则沅水为首选。沅水发源于贵州东南部，水量丰富，比降不大，较便航运，很早以来就成为长江中游沟通云贵高原地区最重要的水上通道。尽管古代上溯沅水也有一定障碍，例如春夏多雨季节水流较急，以致像东汉马援于“三月”平五谿蛮选择进军路线时，有人即谓溯沅水“从壶头（山，今湖南沅陵东北）则路近而水崄”[②]，但较之长江三峡江段的航运条件，毕竟不可同日而语。事实上，在楚顷襄王之前，沅水就已成为长江中游区域联系云贵高原地区的重要通道，这从楚怀王六年（前323年）所制《鄂君启节》铭文[③]中有“自鄂往，……内（入）……沅”的内容就大体可以看得出来。在楚顷襄王之后，沅水仍是前往云贵高原地区的捷途，比如马援平五谿蛮最终选择的路线就是溯沅水而上[④]。因此，楚顷襄王时（前298—前263年）遣将军庄豪伐夜郎选择沅水一线，自然就是顺理成章的事（见图9—1）。

---

① 常璩:《华阳国志》卷1《巴志》;《水经注》卷34《江水》。

② 《后汉书》卷24《马援传》。

③ 谭其骧:《鄂君启节铭文释地》,《长水集（下）》，人民出版社1987年版，第193页。

④ 《后汉书》卷24《马援传》。

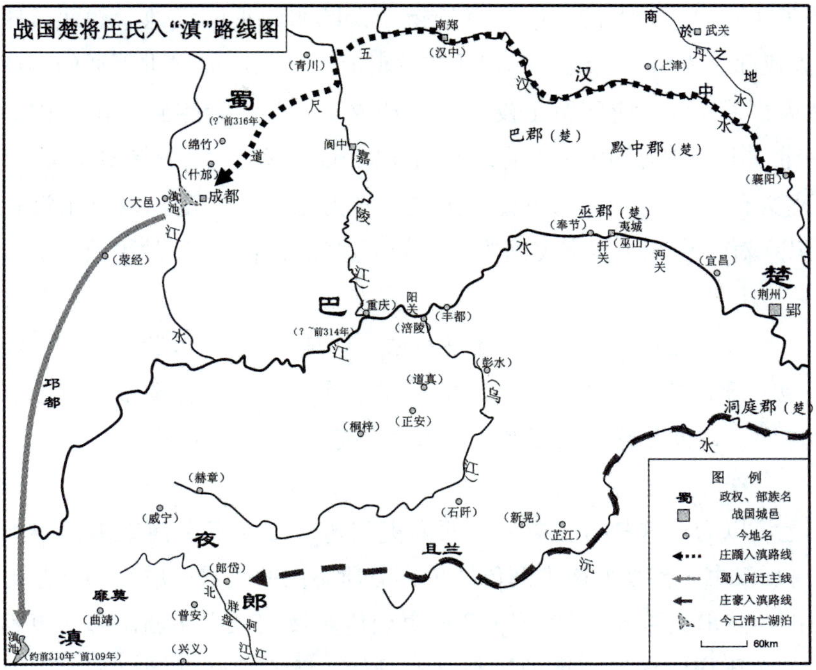

图 9—1 战国楚将庄氏入"滇"路线图

六 庄蹻所王之"滇"非庄豪所王之"滇"

前文已提及庄蹻所王之"滇"事实上就是古蜀国。古蜀国之所以可有"滇"之名，是因为作为古蜀国统治中心区的成都平原上本有一个面积颇大的过水湖泊"滇池"。这个"滇池"的名称，随着公元前 316 年古蜀国的灭亡和古蜀族主体的南迁，在汉以后即渐渐为人遗忘；而随着湖泊名称的改易，尤其是 6 世纪时湖泊水体的彻底消失，古代成都平原上的"滇池"也就从人们的记忆中彻底消失。古蜀族主体南迁的时候，他们把"滇池"的名称带到了今云贵高原的昆明一带，这样，造成汉以降的几乎所有学者一看到文献中的"滇池"名称，就以为是在云贵高原上，而完全不顾文献记载中古蜀国"滇池"周围的广袤平原环境与古滇国"滇池"周围的山地、丘陵环境大异其趣。关于此，前揭拙撰《"滇池"本在成都平原考》文中有详细考释、论证，不赘。

笔者需要在此特别讨论的是庄豪所王之"滇"何在。前引《后汉书·南蛮西南夷列传》称庄豪"既灭夜郎，因留王滇池"，这个"滇池"

显然是在云贵高原上的，应当就是指今天昆明附近的滇池。然而，庄豪“既灭夜郎，因留王滇池”一句话在逻辑上却是无论如何讲不通的：庄豪既然灭亡了夜郎，应该留王夜郎才顺理成章，怎么会跑到滇国境内的滇池一带去称王呢？联系到前录《北堂书钞》和《太平御览》所引常《志》文有“既克夜郎……遂留王之，号为庄王”之语，以及东汉荀悦《汉纪》对《史记·西南夷列传》文的下述加着重号文字的更改：

> 初，楚庄王使将军庄蹻将兵循江略地黔中、南以西。蹻至靡漠，地方三百里，其旁平地肥饶数千里。既克定之，会秦击夺楚巴、黔中郡，道塞不通，蹻因其众王靡漠，变服，从其俗。①

笔者以为，这些与《史记·西南夷列传》《汉书·西南夷两粤朝鲜传》《后汉书·南蛮西南夷列传》内容有所不同的表述，应当不会是无缘无故的。从前论可知，《史记·西南夷列传》及《汉书·西南夷两粤朝鲜传》中关于庄蹻入滇史事的记载真实可信，已不存在问题，那么，上录荀悦《汉纪》及《北堂书钞》《太平御览》所引常《志》文中的不同表述，当与庄豪入滇事件有关。

先看《北堂书钞》和《太平御览》所引常《志》文。尽管《北堂书钞》和《太平御览》所录常《志》文中后人羼入了《史记·西南夷列传》所记庄蹻入滇史事，但是，其中的“遂留王之，号为庄王”一句则是《史记·西南夷列传》文中所没有的，并且，更重要的是，“既克夜郎……遂留王之，号为庄王”一句在逻辑上也不存在任何问题，因此，后人羼入的“遂留王之，号为庄王”之语必非空穴来风。笔者以为，最可能的情况是，《后汉书·南蛮西南夷列传》中所称庄豪“既灭夜郎，因留王滇池”一语，原本是作庄豪“既灭夜郎，遂留王之，号为庄王”的。

再说荀悦《汉纪》中的相关内容。《汉纪》乃汉末荀悦按编年体对《汉书》删烦存要，改编而成，他对《史记·西南夷列传》《汉书·西南夷两粤朝鲜传》中关于庄蹻入滇的内容应该不会陌生。一般来说，改编历史文献，改编者不会随便更改内容，除非发现了文献记载中的错误或

---

① 荀悦：《汉纪》卷11《孝武皇帝纪二》。

矛盾。荀悦之所以作出上述改动，很可能就是因为他发现了《汉书·西南夷两粤朝鲜传》中关于庄蹻史事的记载与他看到的庄豪（当时也有可能已被误当为庄蹻）史事记载的矛盾：庄蹻所王之地为“滇”，庄豪所王之地怎么是“夜郎”？于是，荀悦不偏不倚，从史籍中找到正好位于滇国与夜郎之间的“靡漠”来解决其中的问题，而靡莫（漠）人与滇人也确确实实为同一族系。《史记·西南夷列传》云：“其（指夜郎）西，靡莫之属以什数，滇最大”，又云：“滇王者，其众数万人，其旁东北有劳浸、靡莫，皆同姓相扶。”事实上，荀悦用“楚庄王（时）”来解决“楚威王时”与“楚顷襄王时”之间的时序矛盾，亦是使用同样的方法。可惜的是，荀悦在这里露出了马脚：他取“庄蹻者，故楚庄王苗裔也”一句中的“楚庄王”来解决其间的矛盾时，竟然没有注意到楚庄王是早数百年前的春秋中期人，从而闹出了关公战秦琼式的笑话！因此，《汉纪》关于“庄蹻王靡漠”的内容很明显为编者荀悦所篡改，完全不足凭信。

最后，说说刘宋范晔所撰《后汉书·南蛮西南夷列传》。众所周知，范晔《后汉书》乃删类吴晋间诸家《后汉书》而成。他撰《南蛮西南夷列传》时，不可能不知道《史记》《汉书》所载庄蹻王滇事。然而，他之所以没有重复《史记》《汉书》中的记载，而是引入了庄豪王“滇”的新内容，应该是因为他所看到的吴晋间诸家《后汉书》中，记载的就多是庄豪王夜郎事件。可能他也觉得庄蹻王滇与庄豪王夜郎当为一事，于是，以庄豪王夜郎事迹为主，参照《史记》《汉书》中的庄蹻王滇事迹，把本来的庄豪王夜郎擅改而为庄豪王滇，却并没有注意到其间有逻辑上的严重缺陷！

由上论可见，史籍所谓庄豪王滇是假，而庄豪王夜郎才为真。对此，我们还可以找到两方面的重要旁证。一是范晔关于庄豪事件的记载见于《南蛮西南夷列传》中的夜郎传，而不是滇传。这样的内容安排说明庄豪所王之地确实是在夜郎，否则，吴晋间史家应该不会把庄豪事件置于夜郎的叙述中。二是现存《华阳国志·南中志》的下述内容：

> （永嘉四年，宁州刺史王逊）以五茶夷昔为乱首，图讨之，未有致罪。会夷发夜郎庄王墓，逊因此，遂讨灭之。

此引文中，永嘉四年，为公元310年；宁州，治今云南曲靖；夷，即为晋时对夜郎部族人的略称；夜郎，乃晋时郡、县名，约治今贵州境内北盘江上游（郎岱、茅口）一带。而从宁州刺史王逊亲自出征夷人的情况来看，夜郎庄王墓的位置应距宁州城不太远，今北盘江上游一带在宁州城以东，正可当之。夜郎部族人之所以发掘庄王墓，有可能是因为他们知道曾经统治过他们的庄王原本非其族人的。因此，可以认为，今北盘江上游一带也就是庄豪所部到达的具体区域。这样，《后汉书 · 南蛮西南夷列传》中的相关文字，大体应作以下修改、补充：

> 初，楚顷襄王时，遣将庄豪从沅水伐夜郎，军至且兰，椓船于岸而步战。既灭夜郎，因留王（滇池）[之，号为庄王]。以且兰有椓船牂柯处，乃改其名为牂柯。

顺便说，《后汉书 · 南蛮西南夷列传》中所谓“滇王者，庄蹻之后也”的记载也是确实可信的①。依据之一，汉武帝时，滇王名“尝羌”或“赏羌”②，尝（禅纽阳韵，可拟音 ʑĭaŋ^{1}）、赏（书纽阳韵，可拟音 ɕĭaŋ^{2}）二字与庄（庄纽阳韵，可拟音 ʧĭaŋ^{1}）字③上古读音较近。考虑到上古语言与今汉语一样也存在方音问题，估计尝（赏）、庄二字的实际读音可能相同。依据之二，司马迁的确是把滇王视为楚之余绪的。司马迁说：“楚之先岂有天禄哉？在周为文王师，封楚。及周之衰，地称五千里。秦灭诸侯，唯楚苗裔尚有滇王。汉诛西南夷，国多灭矣，唯滇复为宠王。”④汉初滇王之所以能“为宠王”，当是因为其所拥有的特殊的“楚苗裔”身份。

大约正是由于汉初人知道作为上层的夜郎庄王和滇王皆为战国时楚

---

① 按：关于庄蹻王滇实为王蜀，以及公元前316年秦灭蜀，尤其是公元前311年蜀相壮（陈庄、庄蹻）杀蜀侯降秦并为秦所诛后，古蜀族及庄蹻部众南迁今云贵高原滇池一带事，还可参见本书第一章、第九章的相关论述。

② 《史记》卷116《西南夷列传》，中华书局1982年版；《史记》卷116《西南夷列传》裴骃《集解》。

③ 王力：《古代汉语（第二册）》，中华书局1962年版；李珍华、周长楫：《汉字古今音表（修订本）》，中华书局1999年版，第326、336、324页。

④ 《史记》卷116《西南夷列传》，中华书局1982年版。

将庄蹻后代，与中原汉人在文化渊源上有相通处，因而，汉武帝开拓西南夷，即以夜郎、滇为出使重点，而最后的结局也确实是“西南夷君长以百数，独夜郎、滇受王印”①。这亦可作为前论的辅证。

七　余论

由上所论，我们已经知道，所谓“庄蹻入滇”实为入蜀，“庄豪入滇”实为入夜郎。而与之相关的一系列西南古史问题也已不再相互抵牾、无解。

在此，还值得提出来探讨的是庄蹻入滇（蜀）与庄豪入夜郎的动机问题。笔者曾经指出，楚威王时“使将军庄蹻将兵循江上，略巴、黔中以西”之蜀地的主要目的，可能在于从西南面遏制秦的扩张。② 那么，楚顷襄王时“遣将庄豪从沅水伐夜郎”的主要目的又何在？这仍然需要从当时秦楚争战的形势进行分析。我们知道，楚顷襄王是在秦强留楚怀王的情况下被迫于公元前298年登位的。楚顷襄王登位后，即面临来自秦国的巨大军事压力。为此，楚顷襄王显然是采取软硬两手策略来对付秦国：先是公开的和平方式。如“七年（前292年），楚迎妇于秦，秦楚复平”，“十四年，楚顷襄王与秦昭王好会于宛，结和亲”，“十六年，与秦昭王好会于鄢”等③。后是暗中的武力准备。如十八年（前281年），“顷襄王遣使于诸侯，复为纵，欲以伐秦”。④ 于是，在北面，“楚欲与齐韩连和伐秦，因欲图周”⑤，而在西面，原巴、蜀二国所在的今四川盆地一带早已成为秦土，楚可图之地唯有云贵高原上的夜郎国。这样，可能而合理的推测是，当时楚顷襄王知道夜郎之西的滇国国王为楚将庄蹻王蜀时再婚所留下的后代，于是，他把庄蹻留在楚国的后代将军庄豪找来，令他率领一支楚军借道（伐灭）夜郎，建立与滇国之间的联系，以联合滇国阻止秦军南进，减轻秦军对楚国西南面所构成的巨大压力。因此，庄豪从沅水伐夜郎的具体时间很可能就是顷襄王十八年。因为，自“十九年

---

① 《史记》卷116《西南夷列传》，中华书局1982年版。

② 周宏伟：《五尺道即石牛道考》，《中国历史地理论丛》2007年第4期，第119—126页；周宏伟：《楚秦黔中郡新考》，《九州学林》2005年第1期，第99—115页；周宏伟：《“滇池”本在成都平原考》，《西南师范大学学报》（人文社会科学版）2005年第5期，第45—52页。

③ 《史记》卷40《楚世家》。

④ 同上。

⑤ 同上。

（前280年），秦伐楚，楚军败，割上庸、汉北地予秦”事始，楚对秦的进攻几乎已无还手之力了[①]。

应该说，上文的考证结论完全是基于传世文献而获得的。那么，这样的结论是否能够得到考古发掘材料的支持？答案是肯定的。

先看滇文化的情况。我们知道，考古学上的滇文化指的是战国后期至西汉末年以滇池为中心的一支高度发达的青铜文化，其代表性物质遗存发现于滇池地区及其附近，如晋宁石寨山墓地、江川李家山墓地和呈贡天子庙墓地等。与本章关系密切的问题自然是滇文化的兴起时间和文化内涵，因为，这两个问题的解决可以使我们判断滇文化与蜀文化之间是否具有承继关系。一是滇文化的具体兴起年代。关于滇文化的兴起年代，考古学界曾存在一定争论，但近年不同的分析方法而导致的结论渐趋于一致。晋宁石寨山早期墓、江川李家山早期墓的年代，发掘报告中根据器物分析，认为其年代约为战国末至西汉初[②]，而米歇尔·皮拉左里（M. Pirazzoli）通过对滇文化几处墓地出土青铜器的对比研究，也得出了大致相同的结论[③]。徐学书通过研究这几处墓地早期墓的碳十四年代数据，同样认为与晋宁石寨山早期墓、江川李家山早期墓同期的呈贡天子庙（M41）木炭标本的碳十四年代数据（木椁距今2290±70年，兵器柲木距今2280±120年）属可参考的较为可靠的数据[④]。因此，说滇文化的起始年代为距今2300年左右的战国晚期，应该是较为可信的。而从前面的论述中，我们知道秦灭蜀在前316年，诛陈庄（庄蹻）在前310年。可见，蜀国灭亡、陈庄（庄蹻）被诛而导致的古蜀族及庄蹻余部大量南迁的时间与滇文化的起始年代惊人的吻合。二是滇文化的文化内涵。1955年以来，考古工作者对晋宁石寨山古墓群进行过数次发掘，出土了

---

① 《史记》卷40《楚世家》。

② 云南省博物馆：《云南晋宁石寨山古墓群发掘报告》，文物出版社1959年版；云南省博物馆：《云南晋宁石寨山第三次发掘报告》，《考古》1959年第9期，第459—461页；云南省博物馆：《云南晋宁石寨山古墓第四次发掘报告》，《考古》1963年第9期，第480—485页；云南省博物馆：《云南江川李家山古墓群发掘报告》，《考古学报》1975年第2期，第97—156页。

③ ［法］米歇尔·皮拉左里：《滇文化的年代问题》，《考古》1990年第1期，第78—86页。

④ 徐学书：《关于滇文化和滇西青铜文化年代的再探讨》，《考古》1999年第5期，第75—83页。

著名的金质“滇王之印”和大量的青铜器物；1966年以来，考古工作者对江川李家山古墓群也进行过数次发掘，同样出土了大量的青铜器物。[①]考古学者们经过深入研究后发现，这些被称为滇文化遗存的东西，居然不少与以成都平原为中心的蜀文化遗存有着惊人的相似，且这种相似性广泛地反映在表达政治、军事、礼制、服饰等不同内涵的器物上[②]。在2000多年前的战国秦汉时代，一支高度发达的青铜文化之所以会突然崛起于云南高原，必定是因为该文化此前在别处已具有悠久的发展历史和高超的技术根基，于是，用简单的文化传播与影响来解释这种相似性显然就是苍白无力的。考虑到上面两点，笔者以为，唯一符合情理的解释应该是：滇文化与蜀文化之间具有承继关系。那么，滇文化中是否包含有楚文化因素？考古学者通过对滇、楚文化器物的比较研究，认为石寨山、李家山等古墓群出土的大量器物与楚地出土器物之间尽管也存在某些相同或相似之处[③]，但总的来说看不出什么“楚文化”色彩[④]——笔者以为，这样的情况正好可以说明作为楚将的庄蹻、庄豪都没有领军到达今滇池一带，而在古滇国（约前310—前109年）为王的作为庄蹻后代的尝羌等人，基本上是在古蜀文化及其变种古滇文化的氛围中长大，自然不可能沾染上浓厚的楚文化气息。因为，早在楚威王时（前339—前329年），被迫留在成都平原古滇池地区的庄蹻及其所部，为了统治古蜀国，采用了“变服，从其俗，以长之”的策略，而这样的策略，显然会使庄蹻及其所部加速融入当地蜀文化之中的。

再看古蜀地区和夜郎地区的考古发现。众所周知，在四川成都平原及其附近一带出土的战国后期至秦的墓葬中，已发现有多处墓葬带有明显的楚文化因素，如出土楚文化器物的墓葬地点就有成都中医学院、成

---

① 云南省博物馆：《云南晋宁石寨山古墓群发掘报告》，文物出版社1959年版；云南省博物馆：《云南晋宁石寨山第三次发掘报告》，《考古》1959年第9期，第459—461页；云南省博物馆：《云南晋宁石寨山古墓第四次发掘报告》，《考古》1963年第9期，第480—485页；云南省博物馆：《云南江川李家山古墓群发掘报告》，《考古学报》1975年第2期，第97—156页。

② 徐学书：《关于滇文化和滇西青铜文化年代的再探讨》，《考古》1999年第5期，第75—83页；段渝：《跨生态的文化和政治扩张：古蜀与南中诸文化的关系》，《西南民族大学学报》（人文社会科学版）2005年第2期，第294—301页。

③ 王海平：《庄蹻入滇略探》，《贵州社会科学》1990年第4期，第53—57页。

④ 张增祺：《滇国与滇文化》，云南美术出版社1997年版，第25页。

都金沙巷、成都三洞桥青羊小区、成都西郊石人小区、成都青羊宫、成都羊子山、大邑五龙、绵竹清道、什邡城关、荥经同心村、荥经南罗坝村、青川郝家坪等。[①] 笔者以为，在蜀地这些地方不断发现的带有较浓厚楚文化色彩的遗址、遗存、器物，应该与庄蹻及其所部有关。由于贵州夜郎考古一直没有获得十分重大的发现，以至于现在还无法用考古发掘资料来证实庄豪王夜郎的结论，未知这是否与前述夜郎庄王墓早在西晋时就已为夷人破坏有关。不过，据报道[②]，在贵州中西部的普安、兴义、安龙、赫章、威宁等地也发现了一些青铜文化器物，如长条形锄、尖叶形镬、一字格曲刃剑、“石寨山式”鼓等，这些青铜器与滇文化器物存在许多相似之处。显然，战国末年以至秦汉时代，贵州中部、西南部与云南中部的联系已经建立，而这种联系可以视为庄豪王夜郎后，夜郎与滇之间关系加强的表现。

［本章原题《庄蹻入滇与庄豪入滇非一事辩》，刊《西南大学学报》（社会科学版）2009 年第 1 期］

---

① 徐中舒、唐嘉弘：《古代楚蜀的关系》，《文物》1981 年第 6 期，第 17—25 页；邹芙都：《巴蜀文化中的楚文化因素》，《衡阳师范学院学报》（社会科学版）2005 年第 4 期，第 48—53 页；黄尚明：《试论楚文化对晚期蜀文化的影响》，《江汉考古》2006 年第 2 期，第 52—61 页。

② 本社编：《新中国考古五十年》，文物出版社 1999 年版，第 393—395 页。

第十章

楚黔中郡与秦黔中郡

提要：楚、秦黔中郡的设置、地望、范围等问题，一直不太清晰。通过辨析相关历史文献，笔者认为，楚黔中郡约置于前361年，管辖地域为以今鄂西北竹山县为中心的鄂陕交界地区，一度北越汉江有“汉北”地，南接今陕渝鄂交界的大巴山东脉一线；秦黔中郡始建于前308年，管辖地域为今秦岭东南的汉江支流丹江流域，即所谓“商於之地”。前280年，秦黔中郡并吞了“上庸、汉北地”等楚黔中郡地域。前277年，黔中郡又加入了新获得的“巫郡及江南地”，更名为“巫黔郡”，习惯上仍称黔中郡。巫黔郡约在前273年解体。

一　引言

关于楚、秦黔中郡的设置、地望、范围等问题，学术界好像从来不存在不同意见，因为，迄今为止，笔者还没有发现学术界对有关楚、秦黔中郡的传统说法提出过公开质疑。学术界关于楚、秦黔中郡问题的传统说法是这样的：战国时，楚置黔中郡，后入秦；秦代黔中郡的治所在临沅（今湖南常德市）；黔中郡的辖境相当于今湖南沅水、澧水流域、湖北清江流域、重庆黔江流域和贵州东北一部分；汉改名武陵。[①] 初看起

---

① 参见《辞海·地理分册（历史地理）》“黔中”条，上海辞书出版社1982年版，第295页。杨宽：《战国史（增订本）》，上海人民出版社1998年版，第679、681页。笔者所见专门讨论楚秦黔中郡问题的论文，只有严耕望《楚、秦黔中郡地望考》，《责善半月刊》第2卷第19期，齐鲁大学国学研究所1941年版，第9—16页；桑秀云《黔中、黔中郡与武陵郡的关系》，《中央研究院历史语言研究所集刊》1981年第52卷第3期，第511—524页。本章作为论文2005年在香港《九州学林》发表后，又得见石泉《古巫、巴、黔中故址新探》，载氏著《古代荆楚地理新探·续集》，武汉大学出版社2004年版。

来，这样的说法合于晋以降某些正史作者的认识①，但是，饶有意味的是，这样的说法，首先与其他相关的历史文献记载明显不符。例如，汉班固《汉书·地理志》中称武陵郡为汉"高帝置"，与秦黔中郡无涉。晋常璩《华阳国志·蜀志》中则说，周赧王七年（前308年），"（秦）司马错率巴蜀众十万，大船舶万艘，米六百万斛，浮江伐楚，取商於之地为黔中郡"。《华阳国志·巴志》中也有大致相同的记载。众所周知，"商於之地"的位置，学术界是铁定在陕鄂交界的汉水支流丹江流域的——这与传统说法中楚、秦黔中郡的位置显然风马牛不相及。其次，这样的说法也与最近考古发现的地下文献记载扞格不入。2002年湖南龙山里耶发现的秦简上的文字②无可辩驳地证明，秦时今湘西的沅水、澧水流域一带是属于洞庭郡的，与黔中郡毫无瓜葛。因此，仅凭这两点，笔者就可以肯定地说，千百年来，古今学者关于楚、秦黔中郡的地望、范围等方面的认识是存在严重问题的，也基本上是错误的。

那么，楚、秦黔中郡的来龙去脉究竟是怎样的？

我们知道，楚、秦黔中郡的有关问题与楚、秦历史，尤其是西南古史的研究有不可分割的联系，楚、秦黔中郡问题错误认识的纠正将有利于解决西南古史研究中的诸多谜题。因此，不对楚、秦历史和西南古史进行深入的了解，要获得楚、秦黔中郡问题的新认识是不可能的。近数年，由于笔者从事历史时期长江流域的环境变迁问题研究，因而顺便对上古西南历史地理问题进行了认真而缜密的思考，对有关楚、秦黔中郡问题的历史文献也进行了较系统的清理，自以为楚、秦黔中郡的有关问题现在大体上可得到科学而合理的解决。于此略缀小文，以陈鄙见，不当之处，望识者有以教之。

二　关于楚黔中郡

最早的黔中郡是楚黔中郡。然而，楚黔中郡置于何时何地？

---

① 司马彪《续汉书·郡国志》云："武陵郡，秦昭王置，名黔中郡，高帝五年更名。"见《后汉书》卷22《郡国四》，中华书局1965年版，第3484页。

② 参见湖南省文物考古研究所《湖南龙山县里耶战国秦汉城址及秦代简牍》，《考古》2003年第7期，第15—19页。

关于“黔中”一名的最早记载出自《史记·秦本纪》，其文曰：“楚自汉中，南有巴、黔中。”① 此事发生时间系于秦孝公元年（前361年），也就是楚宣王九年。我们知道，今嘉陵江上游的西汉水为先秦时代的汉水上游，因此，这里的“汉中”也就是指今汉江中上游的汉中谷地一带。“楚自汉中，南有巴、黔中”一句的意思显然是说，楚国占有汉中后，从汉中谷地向南又占有了巴地和黔中地。有的学者认为“南有巴、黔中”句应读作“南有巴黔中”，即楚国向南占有巴国的黔中地。然而，不管依从哪种句读，“巴、黔中”或“巴黔中”邻近汉中或今汉江中上游一带是毋庸置疑的。

从现存文献和遗迹看，今汉江中上游一带确实是先秦时期的巴人活动地。其一，春秋时期，巴人曾先后伐邓、申、庸、鄾等国②，邓、申、庸、鄾诸国都在今汉江流域的襄阳到南阳盆地西缘一带。童书业以此指出春秋时期的巴国在楚西北的汉水流域是较为正确的。③ 其二，古蜀族人称今川北广元至陕南汉江上源勉县一带为“苴”，蜀王开明氏九世别弟即封于此，称“苴侯”。苴，即音巴。④ 秦人之所以用“苴”字记古蜀国北部，当在于与相邻的古巴国区别。其三，自汉以降，今汉中盆地汉水以南的山脉一直称“巴岭”“巴岭山”⑤，至今仍称大巴山。其四，自20世纪80年代以来，在陕南汉江流域的汉阴阮家坝、紫阳马家营和白马石、西乡红岩坝等地发现了一批相当于夏商时期的文化遗存，考古学界名之为“白马石类型”，有学者根据遗存的特征将其归属于巴蜀文化。⑥ 这是有一定见地的。巴人主体当是在楚人、秦人的不断压迫下才南迁四川盆地东南边缘的。⑦

战国中期以前的巴人活动中心既靠近汉江上中游地区，黔中地也应

---

① 《史记》卷5《秦本纪》，中华书局1959年版，第202页。

② 《左传》鲁桓公九年、鲁庄公六年、鲁文公十六年、鲁哀公十八年，分别见《春秋左传集解》，上海人民出版社1977年版，第99、165、505、1835页。

③ 参见童书业《春秋左传研究》，上海人民出版社1980年版，第241—243页。

④ 参见《史记》卷70《张仪传》引司马贞《索隐》，第2281页。

⑤ 参见《水经注》卷27《沔水》，岳麓书社1995年版，第414、415页。

⑥ 参见陕西考古研究所等《陕南考古报告集》，三秦出版社1994年版，第7、384—387页。

⑦ 参见本书第六章。

该是在这一带。对此，我们可以找到相关的其他证据。首先，苏秦说楚威王时曾言，“（楚）西有黔中、巫郡，……南有洞庭、苍梧”。[①] 楚威王时期（前339—前329年）楚国的中心区域是在今江汉平原地区。楚“洞庭、苍梧”二郡（今湖南及其以南地区[②]）的确是在今江汉平原以南，而楚巫郡我们知道是在今长江三峡以北的巫山、巫溪二县一带，如果黔中地（郡）也在汉水上中游流域，则这些地区与苏秦所言楚“西有黔中、巫郡”的相对方位正合。其次，《史记·西南夷列传》中如是说：

> 始楚威王时，使将军庄蹻将兵循江上，略巴、（蜀）黔中以西。庄蹻者，故楚庄王苗裔也。蹻至滇池，（地）方三百里，旁平地肥饶数千里，以兵威定属楚。欲归报，会秦击夺楚巴、黔中郡，道塞不通，因还，以其众王滇，变服，从其俗，以长之。秦时常頞略通五尺道，诸此国颇置吏焉。十余岁，秦灭［之］[③]。及汉兴，皆弃此国而开蜀故徼。巴蜀民或窃出商贾，取其筰马、僰僮、髦牛，以此巴蜀殷富。[④]

《汉书·西南夷两粤朝鲜传》的记载与之略同。千多年来，这段话引起的争论很多，涉及的问题很多，笔者因有专文讨论[⑤]，于此不赘。笔者该章的结论是：上引文中“江”为今汉江，“滇池”在今成都平原，“五尺道”即后来的“金牛道”。只有这样，引文中“楚巴、黔中郡”的位置才正好与前“楚自汉中，南有巴、黔中”的记载吻合，当时的秦国也才有可能“击夺”二郡。楚威王时的秦人的活动区域南向还局限于汉江

---

① 《史记》卷69《苏秦传》，第2259页。

② 参见周宏伟《传世文献中没有记载过洞庭郡吗?》，《湖南师范大学社会科学学报》2003年第3期，第83—84、120页。

③ 按：“之”字今本《史记》《汉书》中皆无，此据杜佑《通典》卷187《边防三》补，岳麓书社1995年版，第2641页。因为楚威王前339—前329年在位，秦前207年灭亡，若不补此字，则会出现杜佑所谓“何故云蹻之王滇后十余岁而秦亡”的年代矛盾，而与基本史实不符。

④ 《史记》卷116《西南夷列传》，第2993页。

⑤ 参见本书第一章。

上中游[①]，若是当时黔中郡在今湘西等地一带，实在无法想象秦人能跨越巴国“击夺”遥隔不止千里的黔中郡。

楚黔中郡既在汉江中上游地区，那么，是不是能够进一步明确它的位置所在？笔者以为，通过认真分析现存的有关文献记载，是完全可以做到的。

其一，如前所述，在东汉班固《汉书·地理志》中，位于今湘西、黔东地域的汉武陵郡（治索县，当今湖南汉寿）为“高帝置”，与秦黔中郡无任何牵连。汉武陵郡与秦黔中郡发生关系是从西晋司马彪《续汉书·郡国志》才开始的，即所谓“武陵郡，秦昭王置，名黔中郡，高帝五年更名”云云。[②] 东晋徐广注《史记·苏秦列传》时演变为楚黔中郡为“今之武陵也”。[③] 到刘宋范晔撰《后汉书·南蛮西南夷列传》时，更发展为如下理解：“秦昭王使白起伐楚，略取蛮夷，始置黔中郡[④]；汉兴，改曰武陵。”[⑤] ——就这样，秦黔中郡便成了汉武陵郡的前身。显然，汉武陵郡是先与秦黔中郡建立关系，然后再与楚黔中郡建立关系的。其实，汉武陵郡与秦黔中郡确是存在一定联系的。例如，《水经注·沅水》云，“汉高祖二年（前205年）割黔中故治为武陵郡”。[⑥] 这说的本是汉高祖刘邦把靠近汉武陵郡的原秦黔中郡治（前277年后治今重庆彭水，考见后）一带划为汉武陵郡辖域，但晋以降的学者如司马彪等显然理解错误。汉武陵郡与秦黔中郡之所以被晋以降的一些学者错误地联系起来，东汉时武陵县的废省很可能是其中的主要原因。据《汉书·地理志》，西汉时，汉中郡下有一个武陵县；而据《续汉书·郡国志》，东汉汉中郡下已无该县。西汉汉中郡地域约当今汉江中上游的陕南、鄂西北地区，明显

---

① 《战国策》卷3《秦策一》云，秦惠文王初立时（前337年），秦“南有巫山、黔中之限”，上海古籍出版社1985年版，第78页。

② 《后汉书》卷22《郡国四》，第3484页。

③ 《史记》卷69《苏秦列传》，第2259页。

④ 按：据《史记·秦本纪》，“（秦昭王）二十八年，大良造白起攻楚，取鄢、邓，赦罪人迁之。二十九年，大良造白起攻楚，取郢为南郡，楚王走。……三十年，蜀守若伐楚，取楚巫郡及江南为黔中郡。”《史记》卷5《秦本纪》，第213页。可见，范晔所谓白起伐楚置黔中郡事乃子虚乌有。

⑤ 《后汉书》卷86《南蛮西南夷列传》，第2831页。

⑥ 《水经注》卷37《沅水》。

与战国时楚巴、黔中二郡地域相当。西汉内地所置郡县多依前代，因此，颇疑武陵县即为楚黔中郡郡治。东汉班固撰《汉书·地理志》时，因距秦时颇近，故汉武陵郡与秦黔中郡不会发生任何混乱；东汉后，因距秦时已远，且东汉只有武陵郡而无武陵县，故史家们在追述汉以前史事时，对“黔中郡，（治）今之武陵（县）”之类的记载，很容易把它与汉武陵郡错误地联系起来。考武陵县，三国魏时复置，属上庸郡；后周时又废，唐初又置，贞观十年（636 年）废入竹山县。武陵县故城的位置约在今湖北省竹山县城西南 20 余千米，明时该地尚有“武陵水”“武陵山”诸名。①

其二，《三国志·王昶传》中对于汉代“黔（中）”的位置也说得比较清楚：

> 黔、巫、秭归、房陵皆在（长）江北。②

我们知道，“巫”“秭归”“房陵”三地分别即今长江三峡北岸支流大宁河流域的重庆巫山和巫溪一带、香溪流域的湖北秭归和兴山一带以及今汉江支流南河流域的湖北房县一带，而“黔（中）”可当之地只有今汉江支流堵河流域，即今湖北竹山、竹溪一带。顺便说，今堵河在战国时期有可能是被称为“黔水”的。《山经·中次八经》有“景山”，宋人即谓该山在“房陵（今湖北房县）西南二百里”③，如此，则其地即今堵河（九道梁河）源地神农顶一带。《山经》称景山为“荆山之首”，今神农顶海拔 3105 米，乃华中第一峰。上古时代，景（见纽阳韵）、黔（群纽侵韵）二字读音是较为接近的。因“黔水”而竹山盆地一带有“黔中”之名。战国秦汉时，“×中”地名很多，一般是指有河流流经的较大的盆地（平原）、谷地区域，他如“关中”“汉中”“秦中”“羌中”“湟中”“封中”等。

---

① 参见（清）顾祖禹《读史方舆纪要》卷 79《湖广五·郧阳府·竹山县》，海南国际新闻出版中心 1997 年版，第 1624、1625 页。

② 《三国志》卷 27《魏书·王昶传》，中华书局 1982 年版，第 749 页。

③ （宋）祝穆：《方舆胜览》卷 33《房州》，岳雪楼影钞本，江苏广陵古籍刻印社 1991 年版，第 713 页。

综上可知，楚黔中郡开置于战国中期的楚宣王九年（前361年），其时所辖地域大约相当于今鄂西北汉江支流堵河流域（见图10—1）。

三 关于秦黔中郡

楚黔中郡问题的解决，为秦黔中郡问题的解决提供了条件。

如前引《华阳国志》所述，秦“取商於之地为黔中郡”，则秦黔中郡是与“商於之地”联系起来的。其实，楚黔中郡同样是与商於之地联系起来的。因此，商於之地问题的解决既是秦黔中郡问题解决的关键，也可为上述楚黔中郡的位置提供辅证。

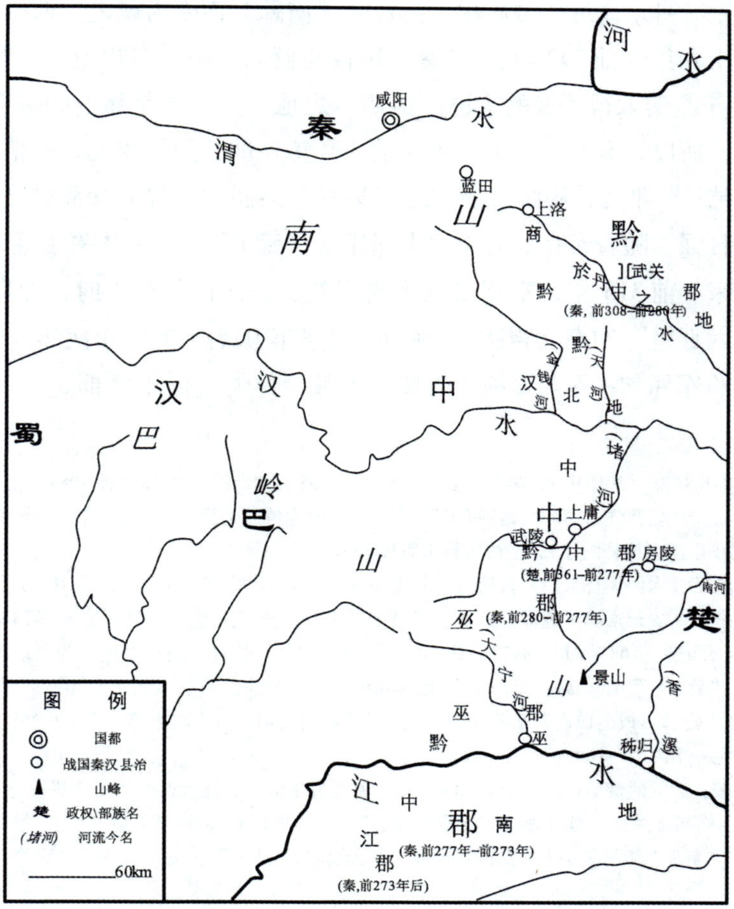

图10—1 楚秦黔中郡示意图

我们知道，商於之地曾是战国中期秦楚之间争夺的重点所在。关于商於之地的地望，研究者们的具体指认虽然不同[①]，但大致位置都在今秦岭东南的陕豫鄂三省交界的丹江流域一带。据有关历史文献考察，商於之地及相关的陕南、鄂西北一带的归属变化有一个相当曲折的过程。由于从来未有研究者对此过程作过清楚的考察，笔者在此不妨略微缀述。

早在周成王时，商於之地一带为楚子熊绎封地，即《史记·楚世家》中所谓“丹阳”。丹阳，即指丹水（今丹江）之阳。大约在春秋末晋出公在位时（前511—前474年）已属晋。《竹书纪年》中有“丹水壅，不流”的记载。晋烈公三年（前417年），晋称“楚人伐我南鄙，至于上洛”[②]，“上洛”乃洛水的发源地，与丹水上源邻近。前376年三家分晋后，洛水、丹水流域一带属魏，由晋之“南鄙”而变为魏之“西鄙”。魏惠王二十九年（前342年），“秦卫鞅伐我西鄙。……王攻卫鞅，我师败绩”[③]，于是秦取得了魏的这块“西鄙”之地。由于秦是靠卫鞅取得了这块魏地，所以，秦孝公二十二年（前340年）即封卫鞅于此，所谓“於、商十五邑”[④] 即是。从此，秦楚之间又有了共同的边界。秦商鞅变法后，秦国力日强，随着秦在商於之地中部建立“武关”[⑤]，秦楚关系逐渐变得微妙起来。前313年，秦相张仪为离间楚、齐而说楚怀王时，即以“商於之地六百里”和秦女相诱。[⑥] 楚怀王受张仪骗后，怒，于次年（前312年）派将军屈匄率军与秦战于丹阳，大败，并失“汉中之郡”。[⑦] 而楚不

---

① 参见杨宽《战国史》，第359页；刘琳《华阳国志校注》，巴蜀书社1984年版，第34页；等等。按：任乃强对商於之地别有解，谓“商於地为楚盐商行盐所至之地”，未知所据。见任乃强《华阳国志校补图注》，上海古籍出版社1987年版，第13页。

② 参见《水经·丹水注》及所引《竹书纪年》，《水经注》卷20《丹水》，第304页。

③ 参见《史记索隐·魏世家》所引《竹书纪年》，《史记》卷44《魏世家》，第1847页。

④ 《史记》卷68《商君列传》，第2233页。按：众所周知，“商於之地”为商地和於地的合称，故“於、商”即“商、於”。又，据《水经·浊漳水注》所引《竹书纪年》，“秦封卫鞅于邬（同‘於’），改名曰商”事系于魏惠王三十年（前341年），与之略异。《水经注》卷10《浊漳水注》，第167—168页。

⑤ 按：武关的最早记载见于前333年苏秦说楚威王语中，即所谓“大王不纵［亲］，秦必起两军，一军出武关，一军下黔中，则鄢郢动矣”。见《史记》卷69《苏秦列传》，第2259页。又，“武”“於”“邬”三字上古韵同在鱼部，读音近同，“武关”或是“於关”“邬关”之谐音美义。

⑥ 《史记》卷40《楚世家》，第1723页；《史记》卷70《张仪列传》，第2287页。

⑦ 《史记》卷40《楚世家》，第1724页。

甘失败，又倾全国之力袭秦，约在秦楚蓝田（当今陕西省西安市东南的蓝田县境内）大战前终于夺得全部商於之地（否则，秦楚不可能在蓝田交锋）。蓝田大战虽然以楚军再次失败告终，但秦军在大战中可能也遭受重创，所以，次年（前311年）楚秦之间开始和谈，秦“复与楚亲，分汉中之半（按：当为包括商於之地在内的‘汉中’东部）以和楚”[①]，而“楚割两城以与秦平”[②]。正是由于商於之地已为楚有，才顺理成章有三年后的前308年司马错攻取商於之地建立秦黔中郡事。司马错之所以在伐楚所得的商於之地置郡名“黔中郡”，当是因为楚黔中郡就在附近的缘故。由于商於之地在今汉江支流丹江流域，因而，司马错“浮江伐楚”所浮之“江”也就必是今汉江。或许有人会说，司马错的“大船舶”平均每艘的载重量六百斛，合今12吨以上，这是汉江的航运条件所能承受得起的吗？笔者以为，在今天的汉江中上游要全程通行12吨以上木船确有困难。据20世纪50年代调查[③]，汉中盆地在汉中以上常水可通5吨木船，汉中市以下可通9吨木船；洋县至石泉可通20—30吨木船；石泉至老河口可终年通行10吨以上木船，至于老河口以下则枯水期间也能通行载量30吨以上的木船。但是，考虑到上古时代汉江上源为今嘉陵江上游西汉水[④]，水量较今为大，河床淤浅也肯定较今为轻，并且，秦军很可能是“乘夏水而下汉”[⑤]，故司马错伐楚时汉江干流通过12吨以上木船当完全可能。或许有人还会说，司马错攻商於之地为什么放着蓝田近道不走而迂回汉江水路？笔者以为，这可能主要是考虑到大批秦军行动的后勤补给问题：走蓝田往商於之地虽近，但需要翻越今秦岭，山道险而补给难；迂回汉江往商於之地虽远，但顺水行舟，水路快而补给易。

公元前304年，秦昭襄王初立，为与楚修好，又“与楚上庸”。[⑥] 上庸（今湖北省竹山县城）即为楚黔中郡域。至此，公元前312年秦夺得

---

① 《史记》卷40《楚世家》，第1724页。

② 《史记》卷70《张仪列传》，第2288页。

③ 中国科学院地理研究所、水利部长江水利委员会汉江工作队：《汉江流域地理调查报告》，科学出版社1957年版，第91—92页。

④ 参见本书第五章。

⑤ 《史记》卷69《苏秦列传》，第2272页。

⑥ 《史记》卷5《秦本纪》，第210页；《史记》卷40《楚世家》，第1727页。

的楚“汉中之郡”的黔中郡部分，又基本上归还给楚了。但此后的前301年、前300年、前299年、前298年，秦又连年伐楚，不得已，楚怀王受秦昭襄王之邀，于前298年“往会秦昭王”，秦因强留楚怀王，并“要以割巫、黔中之郡”。[①] 由于楚速立顷襄王继位，秦未能如愿，故“秦昭王怒，发兵出武关攻楚，大败楚军，斩首五万，取析十五城而去”，于是“秦楚绝”[②]。前292年，虽然在秦的威胁下，“秦楚复平”，前285年更“结和亲”，[③] 秦楚之间似乎有了几年的“亲密”关系，但到前281年，秦楚之间又开始了战争。秦昭襄王二十七年（前280年），秦故技重施，“使司马错发陇西，因蜀攻楚黔中，拔之”[④]。此事在《史记·楚世家》中记作“秦伐楚，楚军败，割上庸、汉北地予秦”。[⑤] 如前所述，上庸为楚黔中郡域，而“汉北地”大约即今湖北省郧西县天河、金钱河流域一带，该区域正好夹在上庸与商於之地之间，可能也属当时的楚黔中郡辖域。楚人之所以称“上庸、汉北地”而不称黔中郡，当是因为此时楚黔中郡治（疑为武陵县）尚未失去。看来，司马错此役实际上只拔（割）得楚黔中郡的上庸、汉北地部分，使秦黔中郡的辖域扩展到了汉水以南。

四年之后的秦昭襄王三十年（前277年），秦又遣“蜀守（张）若伐楚，取楚巫郡及江南为黔中郡”。[⑥] 此事《史记·楚世家》记作“秦复拔我巫、黔中郡”。[⑦] 楚人之所以现在才称秦拔黔中郡，可能是直至此时楚黔中郡治才被秦攻破。如前所述，楚“巫郡”当今长江三峡以北、大巴山东脉以南的巫山、巫溪二县一带，则“江南”应指今长江三峡以南的鄂西南、渝东南地区。所以，张若实际上是夺取了楚黔中郡包括郡治在内的余下部分、巫郡和江南地后，拓展了秦黔中郡地域。于是，秦黔中

---

① 《史记》卷40《楚世家》，第1728页。按：此事《史记·张仪列传》作“秦要楚，欲得黔中地，欲以武关外易之”。见《史记》卷70《张仪列传》，第2288页。此“武关外”即指商於之地东南半部。

② 《史记》卷40《楚世家》，第1729页。按：“析十五城”当在今丹江支流淅川河流域及其附近地区。

③ 《史记》卷40《楚世家》，第1729页。

④ 《史记》卷5《秦本纪》，第213页。

⑤ 《史记》卷40《楚世家》，第1735页。

⑥ 《史记》卷5《秦本纪》，第213页。

⑦ 《史记》卷40《楚世家》，第1735页。

郡到此时已包有今汉江中游和长江三峡两岸地区，较初时只有商於之地的秦黔中郡增广数倍。与此同时，秦楚在商於之地及相关的今陕南、鄂西北一带前后持续几十年的争夺战也宣告完全结束。

应该指出的是，前277年开始的地跨江、汉广阔地域的秦黔中郡的持续时间并不很长。因为，就在次年的楚顷襄王二十三年（前276年），“襄王乃收东地兵，得十余万，复西取秦所拔我江旁十五邑以为郡，距秦”。[①] 此事《史记·秦本纪》亦记作“楚人反我江南”。[②] 楚顷襄王已于前278年东走陈（今安徽淮阳一带），楚顷襄王组织“东地兵”进行的这次反击应该对秦黔中郡沿江县邑造成了一定的影响。而郡域广阔的秦黔中郡真正发生分裂的时间是在三年之后的秦昭襄王三十四年（前273年），史载该年“秦与魏、韩；上庸地为一郡，南阳免臣迁居之”。[③] 秦黔中郡之所以进行分割，其原因很可能是秦、楚在西南部的大规模战事结束后，郡域广阔的秦黔中郡不便日常行政管理。秦黔中郡的这次分割好像是以今大巴山东脉一线为界，汉江流域的上庸地、商於之地一带新名为“上庸郡（？）”——这个秦郡是从来没有人提及过的；而长江三峡两岸的楚巫郡、江南地一带被称为“巫黔郡”，也就是黔中郡与巫郡的组合。周晓陆等于2005年发表的《于京新见秦封泥中的地理内容》[④] 一文，其中提到北京文雅堂主人杨广泰收藏的秦封泥中有“巫黔□邸”“巫黔右工”二枚。周晓陆等认为，“巫郡、黔中郡为楚故郡，秦先下楚黔中，再下楚巫郡，合称巫黔郡在情理之中”，即以二枚秦封泥中“巫黔”是指的巫、黔中二郡的合称。应该说，周晓陆等关于秦有“巫黔郡”的判断是完全正确的。巫黔郡名的来历，显然跟古今历史上一些政区合署后用名常各取合并双方地名一字的命名办法一样，如江浙、襄樊之类。巫黔郡的出现，事实上就标志着秦黔中郡名称从此消失。不过，巫黔郡也是一

---

① 《史记》卷40《楚世家》，第1735页。

② 《史记》卷5《秦本纪》，第212页。

③ 《史记》卷5《秦本纪》，第213页。按：该句今《史记》各标点本皆误读作“秦与魏、韩上庸地为一郡，南阳免臣迁居之”。因为上文谓（前274年）“魏入南阳以和（秦）”，秦绝不可能“与魏、韩上庸地为一郡”，且上庸地与魏、韩地不相连接，一郡亦不可能同属魏、韩。以此，“秦与魏、韩”应成一句，意为秦和魏、韩亲近。

④ 周晓陆等：《于京新见秦封泥中的地理内容》，《西北大学学报》（人文社会科学版）2005年第35卷第4期。

个短命的郡名，大体就只存在于前277—前273年这四年间，因为，随着前273年北部上庸郡的分立，巫黔郡也就必定解体，而余下的巫郡部分可能不久就并入南郡了。后出《水经·江水注》中有“秦兼天下，置立南郡，自巫（上）［下］皆其域也”[①]之语，或有所据。顺便说，2002年里耶秦简出土后，考古学家何介钧在接受记者访谈时曾率先提出“秦王朝不存在‘黔中郡’”[②]的说法；后来，周振鹤也曾设想秦代可能没有黔中郡[③]，但遗憾的是都没有能够拿出足够坚强、确切的证据。由于巫黔郡名封泥实物的发现，至此，秦代无黔中郡的设想应是毋庸置疑的，或者更准确地说，在秦始皇前221年统一全国之前半个多世纪的前277年（秦昭王二十八年），事实上就已不存在黔中郡，不过，习惯上还存在黔中郡郡名。

由于秦黔中郡辖域的不断变化，为了攻击楚国西南面的需要，秦黔中郡郡治当也有一个迁移过程：郡治先必是在今陕东南的商於之地，前280年并有楚黔中郡后可能南移至今鄂西北竹山县一带，而前277年并得楚巫郡及江南地后，尤其是前273年后，历秦代以至汉高祖二年（前205年），黔中郡（巫黔郡）郡治应是在今渝东南彭水县一带。北周建德三年（574年）所置黔州、隋大业三年（607年）所置黔安郡和唐先天二年（713年）后所置黔中都督府、黔中道、黔中郡等皆治今彭水县境内[④]，当有所自。前引《水经注·沅水》有言“汉高祖二年割黔中故治为武陵郡”，今彭水县一带靠近汉武陵郡，正可以相割。

四 结论

自来研究者把前361年楚所得“黔中”（今鄂西北汉水之南）、前280年之前的秦“黔中郡”（即商於之地）、前280—前277年的秦“黔中郡”、前277—前273年的秦“黔中郡”（巫黔郡）混为一谈，实是大误。根据上面的论述，笔者现在把楚秦黔中郡的发展变化的基本情况大略归

---

① 《水经注》卷34《江水》。下，据杨守敬疏改正。

② 《秦王朝不存在“黔中郡”》（刘晓燕报道），《中国青年报》2002年7月18日。

③ 周振鹤：《秦代洞庭苍梧两郡悬想》，《复旦学报》2005年第5期，第63—67页。

④ 参见《元和郡县图志》卷30《江南道六》，中华书局1983年版，第735—736页。

结为表10—1（并见图10—1）。

表10—1　楚秦黔中郡的变化

<table>
<tr><th>年代</th><th>楚黔中郡郡域变化</th><th>秦黔中郡郡域变化</th></tr>
<tr><td>前361年</td><td rowspan="3">今鄂西北竹山县为中心的鄂陕交界地区，一度北越汉江有“汉北”地，南接今陕渝鄂交界的大巴山东脉一线。</td><td>—</td></tr>
<tr><td>前308年</td><td>今秦岭东南的汉江支流丹江流域，即所谓“商於之地”，与楚黔中郡邻接。</td></tr>
<tr><td>前280年</td><td>北起丹江流域，南接大巴山东脉，即在“商於之地”基础上加上“上庸、汉北地”等楚黔中郡地域。</td></tr>
<tr><td>前277年</td><td>—</td><td>北起丹江流域，越大巴山、长江南接今武陵山脉，即在“商於之地”“上庸、汉北地”基础上再加上“巫郡及江南地”，并改郡名为“巫黔郡”。文献中习惯仍称黔中郡。</td></tr>
<tr><td>前273年</td><td rowspan="2">—</td><td rowspan="2">大巴山脉以北部分新立为上庸郡，以南峡江一带可能与江汉平原部分区域合为南郡。</td></tr>
<tr><td>前273年后</td></tr>
</table>

（本章题《楚秦黔中郡新考》，刊香港城市大学《九州学林》2005年第1期。入本书时略有补充）

附 录 1

湘西里耶盆地诸古城遗址的历史身份

提要： 学术界关于里耶古城与附近魏家寨、大板村等古城（遗址）的关系一直没有合理的解释。本章通过对考古材料与历史文献记载的深入分析，指出里耶古城为楚秦汉初的迁陵县治，魏家寨古城为西汉中后期的迁陵县治，大板村遗址为东汉时代的迁陵县治，里外城村为三国西晋时期的迁陵县治，仓库堡遗址为唐代三亭县治。里耶盆地诸古城遗址历史身份的确认，有利于里耶历史文化遗产的科学保护与利用。

一 引言

里耶盆地位于沅水支流酉水中上游，属于酉水冲积而成的狭长山间河谷盆地，面积不大。从 1997 年开始，为配合酉水流域梯级电站湖南省保靖县碗米坡水电站的建设，湖南省文物考古研究所对碗米坡水库库区进行了文物考古调查，发现古文化遗址和墓地 79 处，包含从旧石器时代、新石器时代，经商周、战国秦汉，一直到宋元各个时期的古文化遗存，而里耶盆地是库区文物最丰富最重要的集中埋藏地区。2002 年 4 月，考古工作者通过对里耶盆地龙山县里耶镇战国—秦汉古城进行的抢救性考古发掘，在古城的一个古井中出土了 3 万多枚秦简，引起国内外学术界的轰动，里耶古城由此成为海内外考古、历史和文物保护专家瞩目的焦点。近几年来，不少学者对里耶古城在战国秦汉时代的地位进行了探索。迄今为止，绝大部分学者认同里耶古城就是出土秦简简文“迁陵以邮行洞庭”中所提到的“迁陵”，属于其时洞庭郡的辖县[①]。由于里耶古城的第二期城墙修筑于西汉[②]，于是，有学者又进一步认为汉代的迁陵县也当在这一带[③]。

笔者也基本认同秦汉时期里耶古城为迁陵县治的观点。但是，笔者以为，问题至此并没有彻底解决，因为，学者们似乎回避了在里耶盆地酉水沿岸发现的距离里耶古城很近的另外两座汉代古城（遗址）：一为酉水南岸的魏家寨古城，属于西汉时期；一为酉水北岸的大板村古城（遗址），属于东汉时期。很明显，如果肯定里耶镇古城为秦汉迁陵县的话，那么，这魏家寨古城、大板村古城（遗址）又该是什么地方？即如有学者所提出的问题：里耶古城第二期汉城的性质怎样，与附近魏家寨古城、大板村古城（遗址）的关系如何？[④] 应该说，学者们已经认识到“里耶古城遗址与麦茶古墓群、魏家寨古城遗址及古墓群、大板古城遗址及古墓群之间存在密切的考古学文化联系”，因而，他们及时地提请湖南省人民政府将麦茶古墓群、魏家寨古城遗址及古墓群、大板古城遗址及古墓群纳入了“里耶古城遗址的保护范围及建设控制地带”。[⑤] 不过，由于学者们对三古城（遗址）之间的关系等问题一直没有进行合理的解释，于是，诸古城遗址的历史“身份”问题也就成了里耶古城研究中的重要谜团。笔者近年由于从事国家历史文化名镇里耶的保护规划示范研究，觉得解决诸古城（遗址）之间的关系问题十分有助于里耶地区历史文化遗产的保护与利用，于是，通过研究相关考古发现资料与文献记载，认为完全可以为诸古城遗址的身份问题寻求正解。故此，笔者试考于次，以就正于方家！

---

① 参见李学勤《初读里耶秦简》，《文物》2003 年第 1 期，第 73—81 页；湖南省文物考古研究所《湖南龙山县里耶战国秦汉城址及秦代简牍》，《考古》2003 年第 7 期，第 15—19 页；晏昌贵、钟炜《里耶秦简所见的阳陵与迁陵》，《中国历史地理论丛》2006 年第 4 期，第 85—91 页；等等。

② 湖南省文物考古研究所：湖南龙山县里耶战国秦汉城址及秦代简牍》。

③ 徐少华、李海勇：《从出土文献析楚秦洞庭、黔中、苍梧诸郡县的建置与地望》，《考古》2005 年第 11 期，第 63—70 页。

④ 湖南省文物考古研究所：《湖南龙山县里耶战国秦汉城址及秦代简牍》。

⑤ 湖南省人民政府：关于调整里耶古城遗址的保护范围和建设控制地带的通知》，2005 年 12 月 9 日。

二 里耶古城：楚秦汉初的迁陵县治

里耶古城发现于1996年，之后，湖南省文物考古研究所曾多次进行过考察。2002年，湖南省文物考古研究所会同州、县文物部门对古城进行了大规模的抢救性发掘，基本上弄清了城址的大体布局，城墙、城壕和城内外各种遗迹的关系，以及各个时期的文化内涵。大致情况如下。

里耶古城东临酉水，东部相当大的一部分已被酉水冲毁。城址现存部分呈长方形，南、西、北三面被护城河环绕，仅南面城门有道路与城外连通，城隅略带弧形，西北部露出一段城壕。从护城河外缘计算，城址南北长210.4米、东西残宽103—107米，残存面积近20000平方米。通过对南、北城墙的解剖，初步认定这座古城有两个主要的建筑和使用时期。第一期城墙筑于生土上，被遗址堆积的第11层叠压，年代为战国中期至秦代。第二期城墙叠压在第11层上而被第9层叠压，年代为西汉；第10层为较纯净的黄褐色土，可能是与第二次筑城同时期的城内垫土。城墙经夯筑而成。据北城墙的解剖结果，一期城墙底部宽约21米、现存高3.7米；城墙外侧与护城河相连，护城河宽16米、深约7米。二期城墙略向外加宽，护城河变窄，在城墙与护城河之间砌有高约2米的卵石护坡。经勘察，护城河的水源应来自城西北的溪口河（长潭河），目前尚存宽约40米的古河道。酉水属于山溪，涨落幅度很大，目前的正常水位低于城址近20米，推测当时的护城河应是半封闭式的。在发掘区内已全面揭露出汉代城址的整体布局。在城址中部发现一条东西向大道，高于两侧地面约0.5米、宽约13米，路面尚存车辙痕迹。西端与城址中部的黄土台相连，东端与连通南城门的南北向大道垂直相交。南北向大道因受河流破坏，仅存南段局部。在南、北城墙内侧与东西向大道之间，分布有大量的房屋。其中，发现有排列整齐的柱洞76个，没有发现墙基，报告者认为可能属吊脚楼式的木构建筑。①

里耶古城第一期最重要的遗迹是始建于战国的1号井。井口离现存地表深3米，直径4米、深14.27米，内置2.1米见方的木井圈。井内堆积由淤泥和生活遗物组成，分17层，其中第1—4层为西汉初期堆积，第

① 湖南省文物考古研究所：《湖南龙山县里耶战国秦汉城址及秦代简牍》。

5—16层为秦末废弃时堆积，第17层为战国至秦代的使用时期堆积。井内最重要的出土遗物是秦代简牍，在距地表深3.8米的第5层开始出现，直到井底，初步统计达36000余枚。值得注意的是，第5层出土了数十片楚简。简文内容为官署档案，涉及社会生活的各个方面，包括邮递、军备、算术、记事等。简牍的时代皆属秦始皇统一中国后的秦朝时期，纪年由秦始皇（秦王政）二十五年（前222年）至秦二世二年（前210年），一年不少。①

从上述情况可以作出三点推断：一是古城受到洪水的威胁很大。古城由于紧靠酉水河岸线，受到酉水及其支流溪口河汛期洪水的很大影响（见图11—1）。城址南北长210.4米，而东西残宽仅103—107米，估计该古城的东西向墙体2000多年来已为酉水河洪水冲毁了数十米。而城墙与护城河之间砌有高约2米的卵石护坡的情况，更说明城墙修建的时候城墙就经常受到洪水的淘蚀。二是古城地下水位很高，地面相当潮湿。之所以第10层为铺垫的较纯净的黄褐色土，当是因防潮的需要而不得不加高地面。城内房屋之所以有排列整齐的柱洞而无墙基，确实可能是因为其建筑形式为干栏式吊脚楼木构建筑，而干栏式建筑的主要功能就是可以防潮防湿。三是古城废弃的时间应在汉初。这是因为，古井最上的第1—4层堆积即属于西汉初期。古城之所以废弃，应该就是因为汉初酉水发生的一次特大洪水。今天所见为洪水冲毁了数十米的临河古城部分，可能早在秦汉时代就已经开始受到破坏，因为，西汉第二期城墙向外加宽的目的，可能就在于加强城墙对洪水的防御能力。西汉初期在继续使用一段时间的古城之后，可能由于城墙无法抗御西汉初年经常性洪水的袭击而部分垮塌，而不得不最终放弃古城。也就是说，里耶古城之所以废弃，应是当时酉水经常性的洪水影响所致。今里耶镇区酉水河的一般洪水位为240.2米，最高洪水位为250.3米，河床宽度为120—150米，而镇区海拔接近250米。虽然酉水“目前的常水位低于城址近20米”，镇区受酉水洪水的影响似不是很大，但作为现代历史上“里耶三劫”之一的1927年6月里耶水患事件，洪水仍把里耶街道最高点的婆婆庙台地

① 湖南省文物考古研究所：《湖南龙山县里耶战国秦汉城址及秦代简牍》。

（今古城遗址所在）淹没[①]。而我们知道，春秋战国秦汉时代（前 800—前 200 年）属于气候史上的第三温暖期，此间我国年均气温较今高 1—2℃，各地降水量也相当丰富，因此，其时酉水出现山洪暴发的概率应该很高。而 2000 余年前的酉水上中游河道，河床较今必定要浅，水位较今必定为高，在里耶古城当时地面又较今地面要低 3 米左右（里耶古城 1 号井口距今地表高度）的情况下，自然，里耶古城遭受洪水袭击的概率就相当之高。事实上，今古城 1 号井口距地表有 3 米左右的高度，主要当就是汉初古城废弃以来的 2000 余年中历次洪水所带来的淤泥堆积厚度。顺便说，也正是洪水带来的泥沙淤积，才使秦末政权更替时迁陵县衙官员丢弃于古井中的竹简得以保存下来。

三　魏家寨古城：西汉中后期的迁陵县治

魏家寨古城与里耶镇隔河相望，距里耶古城遗址约 2 公里，属于保靖县清水坪镇魏家寨村。为弄清城址的结构、年代和性质，2004 年、2005 年，湖南省文物考古研究所主持对该古城进行全面勘探和试掘。简单情况如下。

古城城址位于酉水南岸二级阶地的一个土台子，三面环水，外围南面有一条壕沟。土台子近方形，东西宽约 76 米，南北长约 82 米，其南北两端和西端北部均发现呈长条形延伸的夯土带，夯土层厚度一般在 0.4—1.7 米不等，个别地段厚达 3 米有余，宽度均为 10 米左右。其中发现有汉代的遗物如陶片、铁器等。该夯土带应为城墙遗址。城址中部也发现有几处局部夯土，分布呈锅底状，深 2 米左右，应是房基的筑垫层。夯土台为人工有意识地大面积堆筑而成。如果复原城内的台面，地势要比城外高出约 10 米，而北部沿线基本上为人工堆筑。城址设有北门、东门，西南两面呈封闭状态，东门、北门皆可以直通酉水河。城内分布有丰富的汉代建筑遗迹，靠城墙内侧分布较密，城址中部几乎不见。[②]

从上述情况看来，属于西汉时代的魏家寨古城最重要的特征，一是面积很小，工程量不大；一是城内人工堆筑的地面很高。这似乎可以说

---

① 张心平：《发现里耶》，湖南文艺出版社 2004 年版，第 70—71 页。

② 湖南省文物考古研究所：《里耶发掘报告》，岳麓书社 1997 年版，第 651—658 页。

明该城的兴建，一方面具有军事据点性，另一方面又吸取里耶古城受到洪水威胁、破坏的教训而作了特别考虑。那么，魏家寨古城是历史上的什么地方？通过分析《水经注》中关于酉水流域的有关记载，能够为这个问题找到答案。试看《水经注》中的相关记载：

（1）《水经注》卷36《延江水》：

> 更始水，即延江枝分之始也。……又谓之西乡水，亦谓之西乡溪，溪水间关二百许里，方得出山。又通波注远，复二百余里，东南入迁陵县也。……西乡溪口在迁陵县故城上五十里，左合酉水，酉水又东际其故城北，又东迳酉阳故县南而东出也。两县相去，水道可四百许里。

（2）《水经注》卷37《沅水》：

> 酉水导源益州巴郡临江县，故武陵之充县酉源山，东南流，迳黚阳故县南，又东迳迁陵故县界，与西乡溪合，即延江之枝津，更始之下流，谓之西乡溪口。酉水又东迳迁陵县故城北，王莽更名曰迁陆也。酉水东迳酉阳故县南，县故酉陵也。酉水又东迳沅陵县北，又东南迳潘承明垒西，承明讨五溪蛮，营军所筑也。其城跨山枕谷。酉水又南注沅水。

上述《水经注》中与迁陵县相关的两个段落，记载显然是基本一致的。这些记载虽然存在一定的问题，如延江水（今乌江）枝津沟通酉水之类，尚值得怀疑，但从这些文字中，我们还是可以对晋及晋以前里耶盆地及其附近地区的情况有所了解。

其一，所谓西乡溪水（更始水、西乡水），即今酉水支流梅江无疑。梅江水道历史上是乌江与酉水间沟通的唯一通道。

其二，所谓“迁陵县故城”，即魏家寨古城无疑。因为，一是魏家寨古城上距梅江口水路的距离，与“西乡溪口在迁陵县故城上五十里”（约合今21公里）的记载大体一致；二是魏家寨古城位于酉水南岸，与“酉水又东际其（指迁陵县）故城北”“酉水又东迳迁陵县故城北”的位置记载相合；三是如前所述，考古发掘结果表明，魏家寨古城建于西汉时期，而“西水又东迳迁陵县故城北，王莽更名曰迁陆也”一句，正好说明该故城属于西汉时期。南朝以降，该故城可能又被称为“三亭古城”，因为，唐贞观九年（635年）分溪州大乡县新置的三亭县，其名即称得自该故城[①]（见图11—1）。

其三，所谓“酉阳故县”，即今保靖县龙溪乡四方城遗址。四方城遗址位于保靖县城东北4公里的酉水北岸，城址坐北朝南，呈正方形，属于汉代；城址内发现了大量汉代的板瓦、筒瓦，呈水平分布，瓦砾下层系夯筑土层；城北缘为一条自东向西延伸的护城壕沟。遗址现已发现战国、汉代、晋、唐、宋等各时代墓葬，东周遗址1处，春秋时期沟1条，战国粮窖1处，汉代青铜器冶炼遗址1处，出土有陶釜、五铢钱、钵、灶、圆壶等文物。[②] 过去，学者皆据《嘉庆重修一统志》[③] 和地方志书所言，指秦汉迁陵县故城在保靖县东的四方城遗址；至今，绝大部分学者仍然认为该遗址是汉代的迁陵县城。其实，只要对照上述《水经注》中“酉水又东迳迁陵县故城北”一句，就会发现这种认识是与文献记载完全不符的，自然也是错误的。而以四方城遗址为汉酉阳故县，不但与酉阳一名的含义相符，也与《水经注》所谓迁陵、酉阳“两县相去，水道可四百许里”（约合今172千米）的记载大体一致。顺便说，上述《水经注》中之所以没有提及作为楚秦汉初迁陵县治的里耶古城、作为东汉迁陵县治的大板村遗址（参见后），可能在于晋宋间人来这里时，里耶古城、大板村遗址所在地都已看不到城墙或官署之类的地面遗迹了。

综合考古发掘与文献记载可知，魏家寨古城应该是在西汉时里耶古城被洪水毁坏后而新建的迁陵县治。虽然迁治建城的具体时代已不得而知，但从魏家寨附近发现的汉墓多达数千座的情况推测，魏家寨古城作为西汉迁陵县治的时间不短。因此，魏家寨古城很可能是西汉中期和后期的迁陵县治。

---

① 《元和郡县图志》卷30《江南道六》溪州三亭县条。

② 参见梁莉莉《保靖县酉水沿岸古文化遗址古墓葬调查发掘概述》，《湘西文史资料》总第32辑，1994年，第222—224页；国家文物局主编《中国文物地图集·湖南分册》，第396页；等等。

③ 《嘉庆重修一统志》卷372《永顺府》。

四　大板村遗址：东汉时代的迁陵县治

大板村遗址位于里耶镇以西约1.5千米的酉水北岸一处高出河面约12米的台地，与魏家寨古城隔酉水相望（见图11—1）。台地东西长约400米、南北高约300米，地势平坦、视野开阔、耕地深厚，适合居住。台地北部有一条土堤，土堤以北有一宽约15米的东西向自然干河道，由于台地上曾广泛发现有东汉时期的文化层、陶片，台地以北以东发现有大量汉墓，1996年文物普查时将这里定为东汉城址。2004年，湖南省文物考古研究所会同州、县文物部门通过对该遗址开挖解剖沟进行发掘，初步结果表明，该遗址独立的城墙地层并不存在，但发现的出土物有瓮、罐、盆等器物，采集有陶钵、筒瓦残片等。由此，发掘者认为大板村东汉墓群对应的并不是大板村东汉遗址，而仍然是里耶古城。①

上述的考古发掘结果应该是可信的。不过，发掘者据此得出的大板村东汉墓群对应的并不是大板村东汉遗址而仍然是里耶古城的认识，却是很值得商榷的。理由有三：一是该遗址发现有筒瓦残片，而众所周知，汉代筒瓦属于官署或寺庙建筑的专用建材，在汉代僻远的里耶盆地一带，自然作为官署建材的可能性最大；二是该遗址北面存在东西向的自然干河道，成为一条具有防御作用的天然壕沟——如前所述，在东汉时代，酉水的水位必定较今为高，这样，今天的这条自然干河道，当时应该是有水流的；三是里耶古城由于地势偏低，经常遭洪水袭击，汉初即已废弃，不大可能重新作为县治，而至今在里耶古城中并没有发现东汉时代的任何遗迹，甚至唐代的三亭县治也没有选址于此（参见后文）。基于这样的认识，大板村遗址极可能是东汉建武二十一年（45年）至二十三年（47年）刘秀政权恢复对武陵郡的统治②后新建的迁陵县县治。之所以择地在酉水之北新建迁陵县城，当是由于前述王莽当政至东汉初的近40年中包括迁陵县在内的五溪蛮地区脱离中原政权统治之后，原西汉迁陵县治魏家寨古城失去军事行政功能而被废弃为当地五溪蛮族的居住聚落，

---

① 湖南省文物考古研究所：《里耶发掘报告》，第659—664页。

② 王晓天：《五溪地区何时纳入刘秀政权统治范围——刘尚二征五溪史事索隐》，《民族论坛》1987年第2期，第30—33、21页。

已经不便再作为复建的迁陵县的县治。至于新建迁陵县城为什么没有修筑城墙，则可能是在时间上没有来得及。因为，就是从建武二十三年（47年）开始，迁陵县一带名义上虽然属于东汉武陵郡，但大部分时间可能已经脱离了东汉政权的实际控制，属于时人虞诩所说的“羁縻”统治性质。试看选自《后汉书·南蛮西南夷列传》中的关于东汉时期武陵山区群蛮反叛东汉统治的如下记载：

（1）建武二十三年（47年），精夫相单程等据其险隘，大寇郡县。遣武威将军刘尚发南郡、长沙、武陵兵万余人，乘船溯沅水，入武谿击之。尚轻敌入险，山深水疾，舟船不得上。蛮氏知尚粮少入远，又不晓道径，遂屯聚守险。尚食尽引还，蛮缘路徼战，尚军大败，悉为所没。二十四年，相单程等下攻临沅，遣谒者李嵩、中山太守马成击之，不能克。明年春，遣伏波将军马援、中郎将刘匡、马武、孙永等，将兵至临沅，击破之。单程等饥困乞降，会援病卒，谒者宗均听悉受降。为置吏司，群蛮遂平。

（2）肃宗建初元年（76年），武陵澧中蛮陈从等反叛，入零阳蛮界。其冬，零阳蛮五里精夫为郡击破从，从等皆降。三年（78年）冬，溇中蛮覃儿健等复反，攻烧零阳、作唐、孱陵界中。明年春，发荆州七郡及汝南、颍川弛刑徒吏士五千余人，拒守零阳，募充中五里蛮精夫不叛者四千人，击澧中贼。五年春，覃儿健等请降，不许。郡因进兵，与战于宏下，大破之，斩儿健首，余皆弃营走还溇中，复遣乞降，乃受之。于是罢武陵屯兵，赏赐各有差。

（3）和帝永元四年（92年）冬，溇中、澧中蛮潭戎等反，燔烧邮亭，杀略吏民，郡兵击破降之。

（4）安帝元初二年（108年），澧中蛮以郡县徭税失平，怀怨恨，遂结充中诸种二千余人，攻城杀长吏。州郡募五里蛮六亭兵追击破之，皆散降。赐五里、六亭渠帅金帛各有差。明年秋，溇中、澧中蛮四千人并为盗贼。又零陵蛮羊孙、陈汤等千余人，著赤帻，称将军，烧官寺，抄掠百姓。州郡募善蛮讨平之。

（5）顺帝永和元年（126年），武陵太守上书，以蛮夷率服，可比汉人，增其租赋。议者皆以为可。尚书令虞诩独奏曰：“自古圣王，不臣异俗，非德不能及，威不能加，知其兽心贪婪，难率以礼。是故羁縻而绥抚之，附则受而不逆，叛则弃而不追。先帝旧典，贡税多少，所由来久矣。今猥增之，必有怨叛。计其所得，不偿所费，必有后悔。”帝不从。其冬，澧中、溇中蛮果争贡布非旧约，遂杀乡吏，举种反叛。明年春，蛮二万人围充城，八千人寇夷道。遣武陵太守李进讨破之，斩首数百级，余皆降服。

(6) 桓帝元嘉元年（151年）秋，武陵蛮詹山等四千余人反叛，拘执县令，屯结深山。至永兴元年（153年），太守应奉以恩信招诱，皆悉降散。永寿三年（157年）冬，武陵蛮六千余人寇江陵，荆州刺史刘度、谒者马睦、南郡太守李肃皆奔走。遣车骑将军冯绲讨武陵蛮，并皆降散。武陵蛮亦更攻其郡，太守陈奉率吏人击破之，斩首三千余级，降者二千余人。

(7) 灵帝中平三年（186年），武陵蛮复叛，寇郡界，州郡击破之。

可见，东汉时期武陵地区群蛮的反叛活动规模大，持续时间长，几乎与东汉王朝的统治相始终。在这样的背景下，作为武陵郡边县的迁陵，位置僻远，接受东汉王朝实际控制的时间不可能很长，因而，作为迁陵县新治的大板村东汉遗址没有城墙建筑也就是十分合理的。

五 里外城村：三国西晋时代的迁陵县治

东汉末至三国时代迁陵县的情况如何？从《三国志·吴书·钟离牧传》中的下述记载可以略知迁陵一带的大概：

永安六年，蜀并于魏。武陵五溪夷与蜀接界，时论惧其叛乱，乃以（钟离）牧为平魏将军，领武陵太守，往之郡。魏遣汉葭县长郭纯试守武陵太守，率涪陵民入蜀迁陵界，屯于赤沙，诱致诸夷邑君，或起应纯，又进攻酉阳县，郡中震惧。牧问府吏曰：“西蜀倾覆，边境见侵，何以御之？”皆对曰：“今二县山险，诸夷阻兵，不可以军惊扰，惊扰则诸夷盘结。宜以渐安，可遣恩信吏宣教慰劳。”牧曰：“不然。外境内侵，诳诱人民，当及其根柢未深而扑取之，此救火贵速之势也。”敕外趣严，掾吏沮议者便行军法。抚夷将军高尚说牧曰：“昔潘太常（承明）督兵五万，然后以讨五溪夷耳。是时刘氏连和，诸夷率化。今既无往日之援，而郭纯已据迁陵，而明府以三千兵深入，尚未见其利也。”牧曰：“非常之事，何得循旧?”即率所领，晨夜进道，缘山险行，垂二千里，从塞上，斩恶民怀异心者魁帅百余人及其支党凡千余级，纯等散，五溪平。

其实，早在东汉建安十三年（208年）赤壁之战后，武陵太守金旋降刘备，武陵郡即为刘备所据；七年之后的建安二十年，吴蜀分荆州，武陵郡仍然属蜀[①]。上引文所及之永安六年为263年，已是三国末年，文既然称“蜀迁陵”，说明此前迁陵仍属蜀辖。由此可知，自汉末以至于三国末期，迁陵县属于蜀国之境。有学者依《晋书·地理志》荆州下有谓建安二十四年（219年）吴平荆州，武陵郡入吴，以及《资治通鉴》胡三省注谓三国迁陵县为吴境之说，而指《钟离牧传》文谓迁陵属蜀有误[②]，笔者以为是欠说服力的。因为，一则《钟离牧传》文谓迁陵属蜀十分明确。二则武陵蛮夷思归蜀汉。如刘备军次秭归时，武陵五溪蛮夷曾“遣使请兵”，“渠帅皆受（蜀汉）印号”。[③] 三则迁陵县为武陵郡边县，正好与蜀所据益州相邻，有属蜀的很大可能。《晋书·地理志》说武陵郡属吴，可能是就武陵郡大部而言，不一定代表所有辖县皆为吴实际控制。234年，吴太常潘承明（浚）确实讨平武陵蛮夷[④]，但其实际控制的地域为今沅陵、泸溪一带。上录《钟离牧传》中高尚也说是因东吴与“刘氏连和”，才致“诸夷率化”。四则尚有其他迁陵属蜀的记载可以支持。唐李吉甫有云，唐时三亭县酉水南有龙标故城，为蜀将马德信所筑，城甚宽大[⑤]。

① 《三国志》卷32《蜀书·先主传》。

② 陈健梅：《孙吴政区地理研究》，岳麓书社2008年版，第181—182页。

③ 《三国志》卷32《蜀书·先主传》，卷39《蜀书·马良传》。

④ 《三国志》卷47《吴书·孙权传》。

⑤ 《元和郡县图志》卷30《江南道六》溪州三亭县条。

唐三亭县（约治今保靖县比耳镇仓库堡遗址一带[①]）即汉之迁陵县。马德信，即三国时蜀汉名将马忠，曾为蜀汉牂牁郡太守[②]。在三国纷争的时代，马忠在吴蜀交界地带的迁陵县境择地筑城防御，十分合理。

值得注意的是，今里耶盆地酉水南岸保靖县清水坪镇里外城村西发现有大致属于东汉时期的狮子山墓群[③]，结合上录“三亭县酉水南有龙标故城”的文献记载，笔者以为，今里外城村当即马忠所筑之龙标城所在，而狮子山东汉墓群即是古龙标城的对应物。不过，龙标城的名字应是后来的民间误称。从《钟离牧传》可知，三国蜀时这一带仍称迁陵县。也就是说，三国时代蜀国在今里外城村新建了迁陵县治。里外城分里、外二城，位于酉水南岸的锅巴溪山谷中，背山面溪，地势较为险要，距魏家寨古城直线距离约2.5公里，与大板村遗址遥隔酉水相望。过去，酉水滩头歌乐句有云：“大板上、里外城，热热闹闹坐古人”[④]，可谓关于二地古老历史的一种民间记忆。考虑到三国时蜀汉牂牁郡与东吴武陵郡接壤的情况，笔者以为，永安六年（263年）之前，迁陵县应一直属于蜀汉牂牁郡，而该年吴武陵太守钟离牧赶走立足未稳的魏将郭纯之后，才使迁陵县回归东吴武陵郡，这种状况应该一直维持至晋武帝咸宁三年（277年），因为史称该年“五溪蛮夷……帅种人部落内附”。[⑤] 顺便说，里外城村的历史地位至今没有引起文物考古学界的太多关注，应该考虑把该地纳入里耶古城历史文化遗产的保护范围，进行较深入的考古发掘工作（见图11—1）。

武陵蛮夷在晋武帝咸宁三年（277年）归附后，到永嘉年间（307—

---

① 按：据《元和郡县图志》卷30《江南道六》溪州三亭县条所载，唐新置三亭县“因县西十五里有三亭古城为名”。由前引《水经注》的相关内容估计，唐时里耶盆地一带存在地面古城建筑的只有魏家寨古城，因此，魏家寨古城作为西汉迁陵县治废后，民间可能称为三亭古城。据报告，今在魏家寨古城东水路约7公里的比耳镇仓库堡发现的古遗址面积约1050平方米，文化堆积厚约1.5米，采集有多角坛、罐等陶器残片，附近还发现有董界坡、禁山包两处唐宋时代墓群。（国家文物局主编：《中国文物地图集·湖南分册》，第396—397页）这在里耶盆地附近一带是仅见的。以此推定，仓库堡遗址应是唐三亭县治所在。

② 《三国志》卷43《蜀书·马忠传》。

③ 国家文物局主编：《中国文物地图集·湖南分册》，湖南地图出版社1997年版，第164、397页。

④ 贾少兴编著：《酉水船歌》，青海人民出版社2007年版，第172页。

⑤ 《晋书》卷3《武帝纪》。

313 年）又开始反叛中原政权的统治①。此后，一直到唐贞观年间设立三亭县，在这约三个世纪的时间里，迁陵县一带可能只是名义上存在于中原政权的版图中，或是属于羁縻统治状态，因为，历史文献中留下的相关记载基本上是武陵蛮夷对中原政权的对抗②，而至今在里耶盆地一带也确实未发现相关时代的任何遗存。

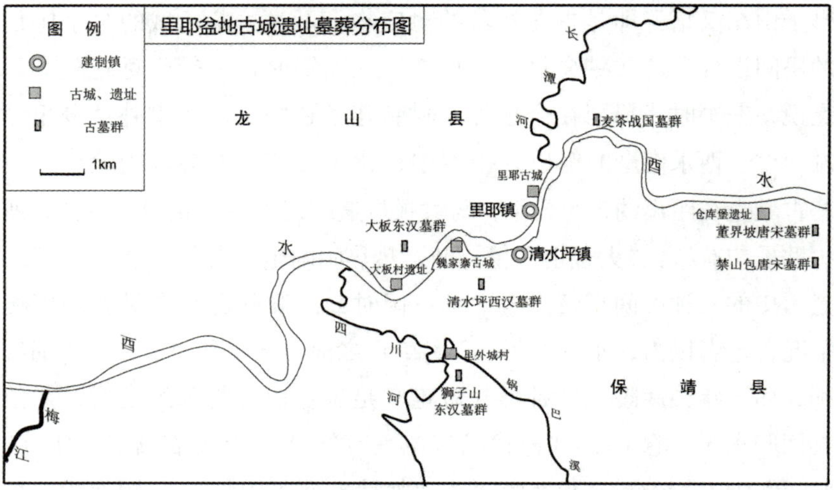

图 11—1 里耶盆地古城遗址墓葬分布图

六 结语

根据已有的论述和上面的讨论，笔者以为可以获得如下几点重要认识。

（1）里耶古城始建于战国中期的楚国，本为楚洞庭郡迁陵县治。前 278 年，秦白起破楚都郢后，秦昭襄王与楚顷襄王会于襄陵，楚王献青阳（今湖南湘阴北）以西予秦，于是，楚洞庭郡变为秦洞庭郡③，迁陵县当随之。但在前 276 年，楚又夺回了包括洞庭郡在内的“江南地”。此后，一直到秦始皇二十五年（前 222 年）“王翦遂定荆江南地”④，洞庭郡才

① 《晋书》卷 37《应詹传》。

② 参见伍新福主编《湖南通史》（古代卷），湖南出版社 1994 年版，第 244—245 页。

③ 周宏伟：《楚汉青阳位置之谜试解》，《中国历史地理论丛》2011 年第 1 期。

④ 《史记》卷 6《秦始皇本纪》。

正式成为秦郡。秦对迁陵一带进行有效统治即从该年开始，故里耶秦简的纪事年代亦始于该年[①]。汉兴，高祖五年（前202年），改洞庭郡名武陵郡[②]，迁陵县属之。由于其时迁陵县治所（今里耶古城）受到洪水的经常性破坏，维修无果，而不得不另择新址。

（2）魏家寨古城属于西汉中后期新筑的迁陵县治。系由里耶古城迁来。自王莽代汉始，因迁陵县一带脱离了中原政权的实际控制，古城废弃而为蛮民聚落。

（3）大板村遗址属于东汉时代的迁陵县治。由于东汉时代武陵地区群蛮的反叛活动规模大，持续时间长，位置僻远的迁陵，接受东汉王朝实际控制的时间十分有限，因而，作为迁陵县新治的大板村遗址没有来得及进行城墙建设。

（4）里外城村是三国时期的迁陵县治，亦即蜀将马忠兴建的“龙标城”所在。

（5）里耶盆地边缘尚有一座古城，即唐初贞观年间兴建的三亭县治，位于今保靖县比耳镇仓库堡遗址。

至此，里耶盆地一带诸古城遗址的历史“身份”情况大体可归结如下（见表11—1）。

表11—1　　　　里耶盆地诸古城遗址的历史身份

遗址名称（属地）	历史名称（性质、辖属）	延续时代	备注
里耶古城（湖南省龙山县里耶镇）	迁陵（县治，属洞庭郡）	楚（约前385—前222年）	始筑城
	迁陵（县治，属洞庭郡）	秦（前222—前208年）	
	迁陵（县治，属武陵郡）	西汉初（前202年—?）	城淹坏，迁县治

① 湖南省文物考古研究所等：《湘西里耶秦代简牍选释》，《中国历史文物》2003年第1期，第8—25页。

② 周宏伟：《释“洞庭”及其相关问题》，《中国历史地理论丛》2010年第3期。

续表

遗址名称（属地）	历史名称（性质、辖属）	延续时代	备注
魏家寨古城（湖南省保靖县清水坪镇）	迁陵（县治，属武陵郡）	西汉中后期（？—8年）	新县治。后民间称“三亭古城”
	迁陆（县治，属武陵郡）	新莽（9—23年）	未实辖
大板村（湖南省龙山县里耶镇）	迁陵（县治，属武陵郡）	东汉（约46—220年）	实辖时间短，无城墙
里外城村（湖南省保靖县清水坪镇）	迁陵（县治，属牂牁郡）	三国蜀汉（220—263年）	后民间称“龙标故城”。推测应有城墙。待发掘
	迁陵（县治，属武陵郡）	三国东吴（263—277年）	
	迁陵（县治，属武陵郡）	晋（277—约310年）	晋永嘉后至唐初，未实辖
仓库堡（湖南省保靖县比耳镇）	三亭（县治，属溪州）	唐（635—907年）	推测应有城墙。待发掘

里耶诸古城历史身份的确认，对于里耶国家历史文化名镇历史文化遗产的科学保护与发展具有重要意义。一是里耶盆地渺茫的古史线索从此变得相当清晰、充实；二是里耶镇历史文化遗产的保护内容从此变得更为丰富、多样，比如，可考虑把三国时代的龙标城遗址、唐代的三亭县遗址纳入其中；三是里耶镇历史文化遗产的旅游利用从此有了新的潜力，比如，可以考虑把诸古城遗址联系起来进行展示。这也使我们认识到，进行历史文化村镇的保护与发展研究，离不开科学、翔实的历史文化基础研究。

（本文原刊《湖南省博物馆馆刊》2010年号）

附 录 2

“五谿”本义考

提要： 自来学者皆认为“五谿（溪）”指的是古代对今湘西地区少数民族居住的五条河流的总称。本文指出，这种说法并不正确；东汉初期，“五谿”的正确写法本是“武谿”，指的仅是流经今湖南省吉首市一带的沅江支流武水，根本没有数量上的含义；东汉以降，随着武谿流域人民向周围地区的扩散，“武谿”之名讹变而为“五谿”，古代学者亦由此附会出了各种各样的释义。本文结论对于我们了解我国南方地区一些地名的本底语言含义具有重要意义。

一 引言

对于研究我国古代南方民族历史地理问题的学者来说，“五谿（溪）”无疑是一个十分熟悉的名字，因为，自汉代开始，经魏晋南北朝唐宋以迄元明，千百年间，“五谿”之名曾频繁地出现于史籍之中。

“五谿”之所以出名，应该是因为这里居住着引起历代封建统治者不安的“蛮夷”少数民族。萧齐时黄闵即说，“五谿十洞，颇为边患；自马伏波征南之后，虽为郡县，其民叛扰，代或有之，盖恃山险所致”①。“五谿”何指？在今天研究南方民族历史地理问题的学者看来，这个问题虽然有些争议，但争议并不是很大，因为，谁都知道，五谿就是指汉以降时人对武陵地区（当今湘西地区）五条河流的合称——这样的解释可不是今人的发明，而是1500多年前盛弘之（刘宋人）、沈约（441—513年）、郦道元（466年或472—527年）等学者就有的说法。试看下列

① 《太平御览》卷171《辰州》引《沅陵记》。

记载：

（1）晋司马彪《续汉书·郡国志四》梁刘昭注引盛弘之《荆州记》曰：

（临沅）县南临沅水，水源出牂牁且兰县，至（武陵）郡界分为五谿，故云五谿蛮。

（2）沈约《宋书》卷97《蛮夷传·荆雍州蛮传》云：

（荆雍州蛮）所在多深险，居武陵者有雄谿、樠谿、辰谿、酉谿、舞谿，谓之五谿蛮。

（3）郦道元《水经注》卷37《沅水》云：

武陵有五谿，谓雄谿、樠谿、无谿、酉谿，辰谿其一焉。夹谿悉是蛮左所居，故谓此蛮五谿蛮也。

显然，照这些古代学者的意思，五谿就是指的雄谿、樠谿、酉谿、无（舞）谿、辰谿这五条河流（见图12—1）。这样的解释出来之后，很快就得到唐人的征引。如唐初李延寿认同沈约的说法，以雄、樠、辰、酉、武（音同舞）为五谿[①]，章怀太子李贤在给《后汉书》作注时，则认同《水经注》的说法，以雄、樠、酉、潕（音同无）、辰为五谿[②]。

不过，就在唐代，关于五谿的具体所指已经开始有所变化，如唐梁载言所记故老言以酉、辰、巫、武、沅为五谿[③]，李吉甫则以酉、武、沅、辰、熊、朗六水为五谿[④]。尽管如此，但自唐以后，五谿所指为沅水

① 《南史》卷79《荆雍州蛮传》。

② 《后汉书》卷24《马援传》李贤注引。按：李贤注又云“土俗‘雄’作‘熊’，‘樠’作‘朗’，‘潕’作‘武’，在今辰州界”。其中，“潕”作“武”的说法是错误的。据《水经注·沅水》，“无（潕、舞）水”“武谿”为二水，分别即今沅江支流潕水、武水。参见后文。

③ 《太平御览》卷171《州郡部·江南道下》引《十道志》。

④ 《元和郡县图志》卷30《江南道六》。

的几条支流甚至包括沅水在内的说法却是不易之论，至今也没有任何人怀疑。例如《苗族史》的作者就指出：“对于五溪的说法，尽管不一致，但诸家都确定，五溪系指现今湖南省西部的沅水中上游及其几条支流。”①

那么，这样的说法是不是正确？笔者以为，这样的说法其实并不正确，因为，五谿原本没有数量上的意义，自然不是指五六条河流的意思。为什么这么说？笔者试从传统“五谿”释义所存在的问题谈起。

二 传统“五谿”释义的问题

之所以说五谿不当是指雄谿、樠谿、酉谿、潕谿、辰谿之类的五六条河流，是因为如此解释明显存在三个方面的问题。

问题之一，是早期历史文献中“五谿”常常被写作“武谿”。

现存史籍中，五谿之名最早是与东汉初年朝廷对武陵蛮夷的征伐事件相联系的。在《后汉书》卷24《马援传》中，关于汉光武帝建武年间刘尚、马援等人对武陵蛮夷所进行的军事行动是如此记载的：

> （建武）二十四年，武威将军刘尚击武陵五谿蛮夷，深入，军没。（马）援因复请行，时年六十二。（光武）帝愍其老，未许之。援自请曰：“臣尚能被甲上马。”帝令试之。援据鞍顾眄，以示可用。帝笑曰：“矍铄哉是翁也。”遂遣援率中郎将马武、耿舒、刘匡、孙永等，将十二郡募士及弛刑四万余人征五谿。

显然，在《马援传》中，刘尚、马援所征伐的对象明确是五谿蛮夷。可是，同在《后汉书》中，关于该事件的其他相关记载却是这样的：

（1）《后汉书》卷86《南蛮传》：

> 光武中兴，武陵蛮夷特盛。建武二十三年，精夫相单程等据其险隘，大寇郡县。遣武威将军刘尚发南郡、长沙、武陵兵万余人，乘船溯沅水入武谿击之。尚轻敌入险，山深水疾，舟船不得上。蛮氏知尚粮少入远，又不晓道径，遂屯聚守险。尚食尽引还，蛮缘路

① 伍新福、龙伯亚：《苗族史》，四川民族出版社1992年版，第79页。

徼战，尚军大败，悉为所没。二十四年，相单程等下攻临沅，遣谒者李嵩、中山太守马成击之，不能克。明年春，遣伏波将军马援、中郎将刘匡、马武、孙永等，将兵至临沅，击破之。

（2）《后汉书》卷22《马成传》：

（建武）二十四年，（马成）南击武谿蛮贼，无功，上太守印绶。

《续汉书》中关于该事件的记载亦与之类同：

（1）《续汉书·五行志四》：

世祖建武二十二年九月，郡国四十二地震，……其后武谿蛮夷反，为寇害，至南郡，发荆州诸郡兵，遣武威将军刘尚击之，为夷所围，复发兵赴之，尚遂为所没。

（2）《续汉书·五行志六》：

（建武）二十五年三月戊申晦，日有蚀之，在毕十五度。毕为边兵。其冬十月，以武谿蛮夷为寇害，伏波将军马援将兵击之。

综合上述五条文献的内容，我们可以比较清楚地了解汉光武帝建武二十三（47年）、二十四年、二十五年朝廷连续出兵征伐武陵蛮夷事件的来龙去脉。然而，令人感到蹊跷的是，《马援传》中的“五谿”，在上述后四条文献中都是被写作“武谿”的。其实，除了《后汉书》《续汉书》之外，《水经注》中也有“新息侯马援征武谿蛮”[①] 这样的文字。

“五谿”为什么可以写作“武谿”？想来应该是因为“五”“武”二字读音相同（参见后）。既然“五谿”可以被写作“武谿”，那么，它就很可能不是指的五条河流。

问题之二，是汉晋时代武陵地区河流众多，并不止五条。

① 《水经注》卷37《沅水》。

众所周知，在古代武陵郡一带地区，最大的河流是沅水，其他河流基本上是沅水的各级支流。而在现存汉晋时代的历史文献中，以“谿”为通名的河流并不少。试看《水经注·沅水》在上引“五谿”释义之前的一段文字：

> 沅水东径无阳县，南临运水。水源出东南岸许山，西北径其县南，流注于熊谿。……熊谿下注沅水。沅水又东径辰阳县，县有龙谿，水南出于龙峤之山，北流入于沅。……沅水又东，与序谿合。……沅水又东，合溆水，水导源溆谿，北流注沅。沅水又东径辰阳县南，东合辰水。水出县三山谷，东南流，独母水注之。水源南出龙门山，历独母谿，北入辰水。……，名之为辰谿口。

这段话中提到的带“谿”名的六条河流，“辰谿”进入了“五谿”中，“熊谿”即“雄谿”，而龙谿、序谿、溆谿、独母谿等都没有进入五谿之中。大约正是由于古代武陵地区以“谿”为通名的河流甚多，因此，前引李吉甫书中一方面在说“五谿”，另一方面却莫名其妙地列出了六谿。其实，以今天湘西地区沅江（水）流域的地理状况而论，不计较小的支流，较大的支流就有渠水、巫水、㵲水、溆水、辰水、武水、酉水等七条。

问题之三，是“五谿”释义内容有牵强附会之嫌。

表现之一，是最早对“五谿”名称进行解释的盛弘之，其《荆州记》所谓沅水“分为五谿，故云五谿蛮”云云，明显与沅水流域的基本地理状况相违，有望文生义之嫌。因为，如果五谿是指雄谿、樠谿、酉谿、㵲谿、辰谿五水的话，照他的意思，显然是沅水支分为五水，而不是沅水接纳五水。其实，在《水经注·沅水》中，类似的错误也不少，如上引“沅水又东径辰阳县南，东合辰水”“辰水又右会沅水”之类的文字。(见图12—1)

表现之二，是最先列入五谿中的雄谿、樠谿、酉谿、㵲谿、辰谿五条河流，除了上述雄谿、辰谿之外，樠谿即朗溪（当今渠水），而㵲谿、酉谿，无疑分别是指作为沅水支流的无水、酉水。然而，在此前东汉班固所撰的《汉书·地理志》中，无水、酉水、辰水等重要沅水支流都不称“谿”；[①]《水经注·沅水》中关于“无水”“酉水”的两段记载较为详细，并且其中亦无“潕（无）谿”“酉谿”之称。《水经注·沅水》中的记载是这样的：

（1）无水出故且兰，南流至无阳故县。县对无水，因以氏县。无水又东南入沅，谓之无口。

（2）酉水导源益州巴郡临江县，故武陵之充县酉源山，东南流，……酉水又东径迁陵县故城北，王莽更名曰迁陆也。酉水东径酉阳故县南，县故酉陵也。酉水又东径沅陵县北，……酉水又南注沅水，阚駰谓之受水，其水所决入，名曰酉口。

其实，从现存历史文献看，武陵地区的河流渐有“谿”之名称，大体是自东汉才开始的。因此，把潕谿、酉谿等名列入五谿中，明显是有生拉硬扯之嫌的。

由于上述诸问题的存在，我们自然要怀疑传统“五谿”解释的正确性。那么，应该如何解释“五谿”才是正确的？

三　“五谿”本为“武谿”之误

上引范晔《后汉书》、郦道元《水经注》中“五谿”“武谿”名称同出，那么，这两个名称哪一个是正确的？也许有人会说，作为地名，只要音同，使用哪个字可能无关紧要。但是，笔者以为，对这两个名称来说，用字正确与否可能是十分重要的，因为，这涉及东汉王朝的军事行动目标问题：行动目标是五条河流还是一条河流，在军事上可不是能够混为一谈的。由于《后汉书》《水经注》中“五谿”“武谿”混用，我们自然无法依据《后汉书》《水经注》的记载来认定“五谿”“武谿”的对与错。要证明“五谿”“武谿”的对与错，显然，最有说服力的材料应该来自东汉本朝。众所周知，记录东汉本代的官修史书，有一部著名的由班固、刘珍等人编成的《东观汉记》。尽管《东观汉记》早已佚失不存，但是，在其佚文中，我们还是找到了这样一句关于马援及其子马廖的

---

① 《汉书》卷29《地理志下》。

记载：

（马）援击武谿无功，卒于师，（马）廖不得嗣爵。①

可见，在东汉当代的官方记录中，马援的征伐目的地明确是“武谿”。非但如此，作为征伐行动最高统帅的伏波将军马援，在征伐过程中曾留下了一首珍贵的乐府诗，其诗题也正是名作《武谿深》的。《武谿深》诗赖晋人崔豹的《古今注》才得以保存至今，全诗内容如下：

滔滔武谿一何深，
鸟飞不度，兽不敢临，
嗟哉武谿多毒淫！②

显然，《东观汉记》佚文和《武谿深》诗题与内容，无可辩驳地证明，晋唐时代史籍中所谓东汉马援征伐目的地“五谿”，实乃“武谿”之误。

那么，武谿何在？应该说，关于武谿的较详细记载，仍然是出自《水经注》中：

（沅）水又径沅陵县西，有武谿，源出武山，与酉阳分山。水源石上有盘瓠迹犹存矣。盘瓠者，高辛氏之畜狗也，其毛五色，高辛氏患犬戎之暴，乃募天下有能得犬戎之将军吴将军头者，妻以少女。下令之后，盘瓠遂衔吴将军之首于阙下，帝大喜，未知所报。女闻之，以为信不可违，请行，乃以配之，盘瓠负女入南山，上石室中。所处险绝，人迹不至。帝悲思之，遣使不得进，经二年，生六男六女。盘瓠死，因自相夫妻。织绩木皮，染以草实，好五色衣，裁制皆有尾。其母白帝，赐以名山。其后滋蔓，号曰蛮夷。今武陵郡夷，

① 《后汉书》卷24《马援传附子廖传》李贤注引。

② （晋）崔豹：《古今注》卷中《音乐第三》。按：此诗前有序曰：“《武谿深》，马援南征之所作也。援门生爰寄生善吹笛，援作歌，令寄生吹笛以和之，名曰《武谿深》。”

即盘瓠之种落也。其狗皮毛，嫡孙世宝录之。武水南流注于沅。[1]

汉晋时代的沅陵县即治今湖南省沅陵县城，隋末，沅陵县分置出卢溪县，"武溪"当时又叫南溪或卢溪，就在卢溪县治（今湖南省泸溪县城）附近汇入沅水。[2] 唐李贤说，"武谿水在今辰州泸谿县西"[3]。唐以后至今，在泸溪县城附近汇入沅江（水）的支流仍名武水。武水流域明清时代就是湘西苗族最重要的聚居地，至今仍是湘西土家族苗族自治州首府吉首市的所在。我们知道，神犬"盘瓠"被认为是苗瑶民族的崇拜图腾。既然武谿源地的"武山"是汉晋传说中蛮夷祖神盘瓠的遗迹所在，这就说明早在汉以前，武谿流域很可能已是武陵郡蛮夷最为集中的居住区。

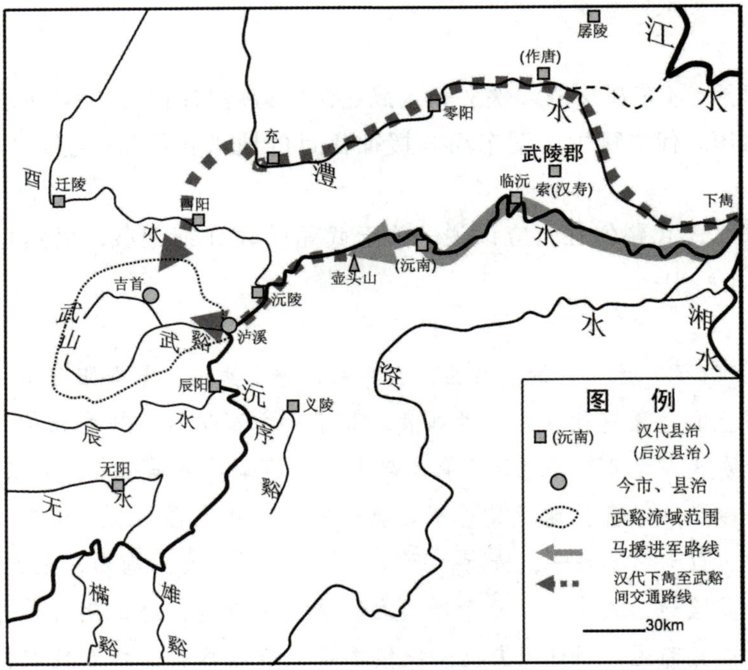

图12—1 汉代"武（五）谿"位置图

---

① 《水经注》卷37《沅水》。

② 《元和郡县图志》卷30《江南道六》。

③ 《后汉书》卷22《马成传》注。

应该说，托名盘瓠的历史遗迹在今湘西苗族居住区比比皆是，但是，影响范围大的并不多，而位于湖南凤凰、花垣、吉首三县边地的盘瓠洞（今属凤凰县地），其影响范围就相当之大。据称，由于该盘瓠洞中有相传为盘瓠之遗像的狗形石雕，因而，长期以来，湖南省凤凰、泸溪、古丈、吉首、保靖、花垣及贵州省松桃等县苗民常集于此，敬奉香火，祭祀盘瓠。① 而这个盘瓠洞正好就是位于武水发源的武陵山区，该地很可能就是汉晋时代武山的所在。大约正是由于作为沅水支流的武谿流域是汉代武陵郡蛮的最重要聚居区，因此，居住在武谿流域的蛮夷，也就成了东汉朝廷征伐的主要对象（见图12—1）。

四 从“武谿”到“五谿”的讹变

既然“五谿”本为“武谿”之误，那么，“五谿”之误开始于何时？产生的原因何在？要回答这些问题，我们必须考察“五谿”名称的来龙去脉。

从现存史籍看，“五谿”一名最早出现于陈寿（233—297年）所撰《三国志》。在《三国志》中，有多处文字提到了“五谿”名称。例如：

（1）章武元年（221年），……将军吴班、冯习自巫攻破（李）异等，军次秭归，武陵五谿蛮夷遣使请兵。二年春……二月，先主自秭归率诸将进军，缘山截岭，于夷道猇亭驻营，自佷山通武陵，遣侍中马良安慰五谿蛮夷，咸相率响应。②

（2）永安六年（263年），蜀并于魏，武陵五谿夷与蜀接界，时论惧其叛乱，乃以（钟离）牧为平魏将军，领武陵太守，往之郡。魏遣汉葭县长郭纯试守武陵太守，率涪陵民入蜀迁陵界，屯于赤沙，诱致诸夷邑君，或起应纯，又进攻酉阳县，郡中震惧。牧问朝吏曰：“西蜀倾覆，边境见侵，何以御之？”皆对曰：“今（迁陵、酉阳）二县山险，诸夷阻兵，不可以军惊扰，惊扰则诸夷盘结。宜以渐安，

① 参见《中国各民族宗教与神话大词典·苗族部分》，学苑出版社1990年版，第468页。
② 《三国志》卷32《蜀书·先主传》。

可遣恩信吏宣教慰劳。”牧曰：“不然。外境内侵，诳诱人民，当及其根柢未深而扑取之，此救火贵速之势也。”敕外趣严，掾史沮议者便行军法。抚夷将军高尚说牧曰：“昔潘太常（濬）督兵五万，然后以讨五谿夷耳。是时刘氏连和，诸夷率化。今既无往日之援，而郭纯已据迁陵，而明府以三千兵深入，尚未见其利也。”牧曰：“非常之事，何得循旧？”即率所领，晨夜进道，缘山险行，垂二千里，从塞上，斩恶民怀异心者魁帅百余人及其支党凡千余级，纯等散，五谿平。①

从这两段文字内容考察，其时五谿的地域范围事实上已经把酉水流域包括在内。因为，文中提及的迁陵（治今湖南省龙山县里耶镇）、酉阳（治今湖南省古丈县北境）二县都位于酉水流域，而马良“安慰五谿蛮夷”的出发地佷山（治今湖北省长阳县西），也属于与酉水流域相邻的清江流域。我们知道，陈寿生活于三国至西晋年间，所著《三国志》可以说是三国当代史。陈寿于此使用“五谿”而不用“武谿”，说明东汉末年以来，“五谿”之名就已经广泛使用了。

其实，早在东汉初年，武谿蛮的活动范围就应该已经远达澧水流域。这从《后汉书》卷24《马援传》中的有关内容就看得出来：

初，（马援）军次下雋（治今湖北通城西），有两道可入（武谿）：从壶头（山，今湖南沅陵东北）则路近而水崄，从充（县，治今湖南张家界西）则涂夷而运远。帝初以为疑。及军至，耿舒欲从充道，援以为弃日费粮，不如进壶头，搤其喉咽，充贼自破。以事上之，帝从援策。三月，进营壶头。贼乘高守隘，水疾，船不得上。

马援军队要征伐武谿蛮，当时可以选择的道路显然就是溯沅水和循澧水（一段）两条：溯沅水要过壶头，循澧水则要过充县。壶头、充县一带既然都有“贼”据守，这说明两地附近已属于蛮夷控制区。因此，

① 《三国志》卷60《吴书·钟离牧传》。

文献中"武谿"名称讹变为"五谿"的情况，应该也说明了东汉以来武陵蛮夷活动地域范围的扩大。

前已述"五谿"名称并不能准确反映沅水上游流域的地理状况，可是，为什么东汉末年又会用五谿而不是三谿、四谿或六谿、七谿之名取代"武谿"？笔者以为，这应该是武谿、五谿二名读音近同所致。

需要指出的是，虽然今天在汉语北方方言中"武""五"二字读音近同，但是，在上古、中古音中，"武""五"二字的读音并不相同。据音韵学家研究，上古"五"属疑纽鱼韵，可拟音为 $ŋa^2$；"武"属明纽鱼韵，可拟音为 $mǐwa^2$；中古"五""武"二字则分别可拟音为 $ŋu^2$、$mǐu^2$。① 不过，这种拟音结果的依据多出自古代中原地区的语言材料。在南方长江流域地区，笔者以为，既然前述《后汉书》中二字可以互换，"五""武"二字的读音应该近同，即读音与 $mǐwa^2$、$mǐu^2$ 接近，而大异于今天汉语普通话的读音。今粤方言中，"武"仍然读 $mou^4$②，明显还保留着古音的遗迹。

由于武谿流域至迟自汉代以来即是苗族人民的聚居区，而把河流称为"谿"，也明显不是汉语言中的习惯称呼，因此，笔者以为，汉语"武谿"一名应该是源自对古代苗瑶民族语言的记音。那么，在古代苗瑶语言中，"武谿"的含义是什么？我们知道，在人类语言发展的童年时期，人们都是习惯于通过物体的形貌特征来区分同类地理事物的，如大江、长江、泰山、太湖等。今天的湘西苗语，通常也是用语素 mil 来修饰"大"的地理事物和地理现象的，如大雨（苗文 mil nongs）、大风（苗文 mil git）、大路（苗文 mil goud）、大坝（苗文 mil jant）等③。大河在今湘西苗文中作 mil ub 或 mil ghot ub（ghot 为沟谷之意④，ub 为水之意），而今苗文 mil ghot 读为 $mi^{22}qɔ^{54}$，这不但与"武谿"的上古拟音 $mǐwa^2$ $khie^1$、

---

① 参见李珍华、周长楫编撰《汉字古今音表》（修订本），中华书局 1999 年版，第 107 页、102 页。

② 方言记音参见上揭李珍华、周长楫编撰《汉字古今音表》（修订本），第 102 页。

③ 石启贵：《湘西苗族实地调查报告》（增订本），湖南人民出版社 2002 年版，第 543、546 页。

④ 参见石如金编著《苗汉汉苗词典》（湘西方言），岳麓书社 1997 年版，第 207 页。又，本苗语含义的确认，还得到了吉首大学苗族语言学者杨再彪教授的帮助。

中古拟音 mǐu^{2} khiei^{1}①较为接近，而且，就是 ghot 的含义也与汉字“谿”的本义相通。东汉许慎《说文》云：“谿，山渎无所通者。从谷，奚声。”东汉高诱云：“有水曰涧，无水曰谿。”② 后来，“谿”字大约由于引申出了流水的意思③，中古以降而被改写成“溪”。因此，“武谿”的古苗语意义当就是大河谷的意思，其古苗语语音很可能就接近 mi^{22} qɔ^{54}。在今湘西地区，自古迄今，河流名称的古代读音与“武谿（水）”近同的还有“无（上古拟音 mǐwa^{1}、中古拟音 mǐu^{1}）谿（水）”“潕（上古、中古拟音皆同无）谿（水）”“舞（上古、中古拟音皆同武）谿（水）”“巫（上古、中古拟音皆同无）谿（水）”等④，这些河名的古苗语含义当皆为大河谷。汉文史籍中之所以有不同的音译用字，自然是为了不同河流的区别起见。尽管如此，而像前述唐李贤作注一样，仍不免混淆。

汉以后，由于“武”“五”等字南方读音的逐渐改变，加之“武谿”蛮夷向周围多条河谷地区的不断扩散，中原人民不知究竟，于是，用字面带有数量意义的“五谿”取代了“武谿”，“武谿”之名也就只好将错就错而讹变为“五谿”。刘宋范晔撰《后汉书》时，可能由于所据史料来源时代不一，即既有东汉本朝的，也有东汉之后的，因此，才造成了书中“武谿”“五谿”同出的现象——当然，正是有赖于这样的记载，才帮助我们解开了延续千百年的“五谿”之谜。

五　结语

综上所考，我们已经知道，东汉初期，“五谿”的正确写法本是“武谿”，指的仅是流经今湖南省吉首市一带的沅江支流武水，根本没有数量上的含义；东汉以降，随着武谿流域人民向周围地区的扩散，“武谿”之名讹变而为“五谿”，古代学者亦由此附会出了各种各样的释义。“五谿”名称的来龙去脉大致可以图示（图 12—2）如下：

---

① 拟音参见上揭李珍华、周长楫编撰《汉字古今音表》（修订本），第 102、122 页。

② 《吕氏春秋·察微》高诱注。

③ 按：《尔雅·释水》云：“水注川曰谿。”

④ 拟音参见上揭李珍华、周长楫编撰《汉字古今音表》（修订本），第 87、103 页。

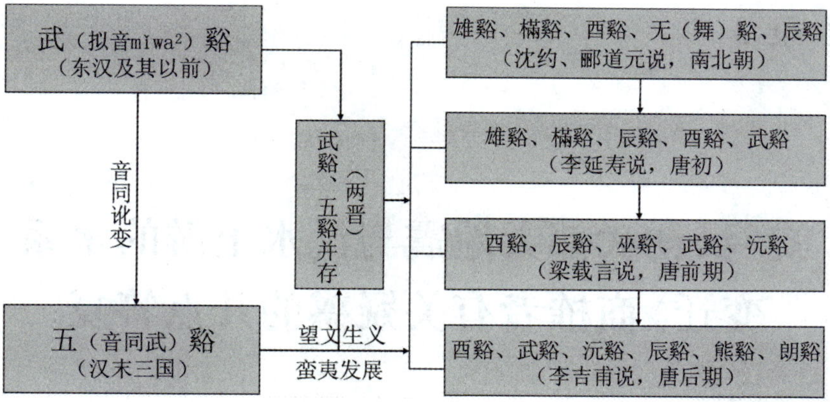

图12—2 “五谿”本义变迁图

长期以来，学者们关于我国南方地区很多地名的含义解释，或是牵强附会，或是望文生义，或是不得而知。应该说，本文的上述研究结论，或许对于我们了解我国南方地区一些地名的本底语言含义及其流变过程具有样本意义。

附 录 3

就《汉初武都大地震与汉水上游的水系变迁》商榷者有关疑惑的几点答复

提要：拙文《汉初武都大地震与汉水上游的水系变迁》发表后，引起了国内外史地学界部分学者的很大关注，《历史地理》杂志于2013年、2016年先后刊出二文与笔者商榷。由于质疑者在质疑拙文时以晚近学者观点为依据、所掌握的地学知识缺乏全面性与准确性、空间逻辑的运用和古今文献的解读也存在不足，因而，笔者以为这些商榷基本上是不成立的。

拙文《汉初武都大地震与汉水上游的水系变迁》在《历史研究》2010年第4期发表后，引起了国内外史地学界部分学者的很大关注。如日本就实大学教授李开元读拙文后即“对韩信‘从故道还’反攻关中的战略和路线，竟然获得了贯通古今的理解”；国内多家网站亦转载、评论该文。之所以如此，可能是因为该文具有较为重要的学术意义（科学解释了汉水上游变迁、诸葛亮出祁山的原因等很多学术谜题）与现实意义（为未来南水北调中线补水问题的解决提供历史路线）。《历史地理》杂志于2013年、2016年先后刊出二文（赵炳清、周运中：《〈汉初武都大地震与汉水上游的水系变迁〉之质疑——与周宏伟先生商榷》，刊《历史地理》第28辑；《汉初武都大地震与汉水上游的水系变迁之管见——与周宏伟先生商榷》，刊《历史地理》第34辑）与本人商榷。笔者拜读二文后，虽然觉得二文的看法基本上不成立，但是，对于年轻同行的学术热情还是十分钦佩的！本来我不想对拙文商榷者的观点进行评论，但《历史地理》编辑部把后文发给我，故此，主要联系后文（下称“该文”）的质疑，简单谈谈几点愚见，以与拙文商榷者共同探讨。

其一，讨论古代地理问题，似不宜轻易以晚近学者观点为依据。该文为了否认笔者嘉陵江上游诸水本是古汉水上源的观点，不惜否认《禹贡》《山海经·西山经》《汉书·地理志》《华阳国志·汉中志》等历史文献中基本一致的记载，而其否认这些历史文献的依据竟然是清代学者胡渭、当代学者任乃强等无依据的怀疑性认识。当然，这不是说古代历史文献中的记载就不能怀疑，就不可推翻，而是需要怀疑者、推翻者拿出同时代或者稍后时代的坚强、可信的历史文献或当代的科学依据——这是进行历史研究的常识。否则，先入为主，人云亦云，没有科学、独立的分析、思考，于学术进步无益。

其二，讨论自然地理问题，需要重视地学知识的全面性与准确性。一是地理科学知识。该文作者为了证明汉代武都的位置不在笔者认定的今陕西略阳，而是传统认识上今甘肃文县以北的“文县天池”不远，通过比较秦汉武都出产紫泥、今武都（陇南）附近亦产紫泥的情况来作为认定秦汉武都位置在今陇南市武都区的依据。应该说，该方法并不科学。因为，紫泥就是紫色土的泥化。如果紫色土在川陕甘交界一带只有该地出产，该文的观点或许有力。问题是事实并非如此。众所周知，紫色土（purplish soil）是发育于亚热带地区石灰性紫色砂页岩母质土壤，由于全剖面呈均一的紫色或紫红色而有其称。我国紫色土主要分布在亚热带地区，以四川盆地为主，在陕西南部地区分布亦不少。《陕西省志·地理志》说：“陕西省有紫色土134万亩。依其母质特性，可分为石灰性紫色土和中性紫色土两个亚类。主要分布在秦岭以南的山间盆地外围的低山丘陵和黄河沿岸的沟谷地、沟坡地及安康月河两岸的丘陵区。”（《陕西省志·地理志》，陕西人民出版社2000年版，第551页）《陕西土壤》进一步说：“中性紫色土发育于中性紫色岩和部分石灰性紫色砂、砾岩。面积为48.66万亩，占紫色土土类面积的36.20%，主要要分布在镇巴、宁强、西乡、洛南等县。成土母岩以紫红色砂砾岩为主，约占75%。”（郭兆元主编：《陕西土壤》，科学出版社1992年版，第221页）其中的宁强，即是笔者认定的汉初武都地震的发生地。因此，该文作者所谓“略阳虽属大的武都郡范围，但并不产紫泥”，并非客观事实。二是地质科学知识。该文为了否认笔者推断的汉初武都大地震导致今汉王山南坡发生巨大滑坡，使用区域岩性构成和地表黄土成分分析来作证据，初看起来似乎具有较强的科学性。可是，细究起来，这两方面的证据却都不具有说服力。从区域岩性来说，由于大型滑坡是表层地壳的短距离滑移，可以使受挤压地壳表层抬升，但不会对表层岩性产生多大影响。汉王山下的古汉水河床正好处于龙门山北段断裂带上，其实是循龙门山北段断裂带裂隙发育的。汉王山大型滑坡的发生，造成古汉水部分地段河床受挤压抬升，这在拙文（P57）中已经说得比较清楚，不知道商榷者为什么看不懂？从黄土成分来说，一则该文作者没有弄清楚其例证的汉中梁山，位置是在汉嘉分水岭的东南方向50公里以上，梁山上的黄土是无从冲积到汉嘉分水岭上的。二则该文作者没有分清楚原生黄土和次生黄土的差异。黄土是一种产生于第四纪地质历史时期干旱条件下的沉积物，有原生黄土、次生黄土之别。凡以风力搬运沉积又没有经过次生扰动的是原生黄土，而原生黄土经过流水冲刷、搬运和重新沉积而形成的、黄色的，又常具有层理和夹有砂、砾石层的土状沉积物，称为次生黄土。梁山上的黄土属于原生黄土，汉嘉分水岭卵石层上的黄土属于次生黄土。以此，自然不能随便断言“分水岭上的卵石层与冲积黄土完全是地质时代的遗迹，与历史时期相去甚远，更不是距今两千年前的汉代遗物”。

其三，讨论古地位置问题，需要特别注意空间逻辑。目前，国内研习历史地理学的学者，本科绝大部分来自于历史学专业，没有接受过系统的地理学专业训练，在研究过程中很容易表现出空间逻辑思维较差的问题。例如，该文作者为了证明“天池大泽”的位置不在拙文认定的今陕西略阳，先后引用时代不同、性质不同的数种文献以为证据：（1）《水经注·漾水》：“汉武帝元鼎六年，开以为武都郡，天池大泽在西，故以都为目矣。王莽更名乐平郡，县曰循虏。常璩、范晔云，郡居河池，一名仇池，池方百顷，即指此也。”（2）《元和郡县志》卷39：“湫池，在（芳州丹岭）[①] 县西八十里通弥山中，周回百余里，概古之天池大泽，白水之源，盖出此也。”（3）雍正《甘肃通志》卷6：“天池，在文县北一百四十三里，一名天魏湫，在天魏山下。”（4）《汉书补注》：“（王）先

---

① 为笔者所补，该文作者引用时无。

谦曰：《续志》刘注《华阳国志》云有天池泽，疑文有脱误。天池大泽即仇池。《纪要》：'天池山在徽县南三十里'。《提纲》：'洮州卫湫池是也，即白水之源'。"引毕之后，其结论居然是"可见自古以来对于天池大泽所在并无异议"。应该说，只要研究者有基本的空间逻辑思维，即会发现上述文献中的相关记载与晚近学者的认识在空间逻辑上实在错乱无比。因为，第一，汉代天池大泽左近的"河池"，为西汉所置县，一般认为在今甘肃省徽县一带（参见《中国历史地图集》第二册，第29—30页）；第二，唐代芳州及所属丹岭县，位置约当今甘肃省迭部县，其境内的"湫池"，与徽县的直线距离大约在300公里以上；第三，清代文县，当今甘肃省文县，其北境的"天池"，与徽县、迭部县的直线距离皆在150公里以上。如此风马牛亦未必相及的三地，如何能够混为一谈？

其四，解读古今文献论文，不宜有悖于原文含义。一是需要认真解读历史文献。由于该文作者在上述三个方面均存在不足，因而，所坚持的"秦末汉初之武都道就位于今陇南（原名武都，后改名陇南）"的传统认识，自然是不能成立的。其实，只要我们认真阅读该文作者似乎阅读过的《元和郡县图志》卷39《武州》，下列关于武州（治今甘肃省陇南市武都区）来历的文字意义应该是很清楚的：

> 《禹贡》梁州之域。古西戎地也。战国时，白马氐居焉，氐即西戎之别种也。元鼎六年，开白马氐，以其地为武都郡。魏太祖以杨阜为武都太守。及刘备取汉中，魏文帝徙武都于美阳，即今好畤县界也。后诸葛亮使将攻武都、阴平，遂克定二郡，其地始入于蜀。蜀平后，晋复以为郡。及永嘉南迁，中原背叛，武都又为氐杨茂搜所据，群氐推以为王。其后杨难当为宋所破，其苗裔复拥众据武都之仇池山，在今成州界。后魏平仇池，于仙陵山东置武都镇，宣武帝于镇城复置武都郡，废帝改置武州。隋大业三年又改为武都郡，武德元年复为武州。

由这段记载，我们基本上可知武都郡的历史演变过程：（1）西汉武都郡开置时，在白马氐活动地区，其辖域大致为今甘肃省成县至陕西略阳一带无疑（参见《中国历史地图集》第二册，第29—30页）。（2）三国时，魏文帝迁武都郡治于关中平原美阳县，地当今陕西省扶风县东；而蜀诸葛亮据有汉武都郡旧地。（3）南朝宋时，后仇池国破后，杨难当（429—442年在位）后裔拥众据有“武都之仇池山，在今成州界”，其地仍在今甘肃省成县、西和县一带。（4）北魏平仇池后，先“于仙陵山东置武都镇”（即今陇南市武都区），宣武帝时（483—515年）复改置武都郡。显然，北魏时期今陇南市武都区才有“武都”之名。在此之前，“武都”之名与今陇南市武都区无关。二是需要正确解读拙文中的重要概念。拙文中曾提到，“经典河流袭夺的理论，基本不能用来解释古潜水‘袭夺’古汉水的具体历史过程”。该文作者却因此告诉我们说：“河流袭夺理论从来都不是只有溯源侵蚀一种模式，……周文所提出的‘溢流侵蚀’概念并不是一种新的河流袭夺模式，它的实质与侧蚀引起的河流袭夺是相类似的。”笔者觉得，拙文“经典”的意思是指具有典范性、代表性，似并不难理解。之所以使用“经典河流袭夺理论”一词，是因为《地理学词典》中“河流袭夺”词条（《地理学词典》，上海辞书出版社1983年版，第477页）的解释内容就溯源侵蚀一种模式。虽然如此，笔者好像也没有说“河流袭夺只有溯源侵蚀一种模式”之类的话。况且，河流的“侧蚀”亦即旁蚀，指的是“河岸岸坡或河（沟）谷谷坡受水流冲刷而后退的现象”（《地理学词典》，第595页），其作用在于横向拓宽河床，与笔者提出的“溢流侵蚀”概念以纵向下蚀为特点，好像主要方向完全不同。

以上四点是笔者对拙文商榷者观点的主要看法，未必十分恰当。感谢学术界对拙文的热情关注与质疑！由于这些关注与质疑，笔者能够对拙文经常回头审视、思考。学术研究需要不断创新、需要严肃质疑。希望历史地理学者能够在创新与质疑中取得令人瞩目的成绩。

是为答复。

后　　记

在编完本书之后的今年暑假，对于西南古史地理问题，我又进行了一些阅读、思考，其间又有了一些新的发现，只是已经来不及成文，无法把这些新的发现反映到本书之中。我想，再过几年，本书或许能出续集。

感谢研究西南古史地理十多年中曾给我帮助的诸位老师、朋友！感谢陕西师范大学西北历史环境与经济社会发展研究院同仁对本书出版的支持！感谢中国社会科学出版社张林编辑等的细心校核！

周宏伟

2017 年 9 月 30 日国庆前夕于西安